佛蕴禅思

荆三隆　邵之茜　著

陕西新华出版传媒集团
太白文艺出版社

再版说明

荆三隆教授所著的“三隆讲经堂”系列图书，包括《金刚经新解》《百喻经新解》《圆觉经新解》《佛蕴禅思》和《佛道名言品鉴》。其以简明的语言，由浅入深，由此即彼，将佛典中的精华部分一一阐释给读者。自 2007 年出版以来，该书系一直受到广大读者的喜爱。 在此契机下，我们重新打造“三隆讲经堂”系列图书。为了在内容方面尽量保持原貌，根据作者的意见，我们保留了初版和再版时的前言和后记，以反映陆续修订的过程。我们对整套书按照现行的出版要求重新设计、加工，以全新的面貌奉献给广大读者，希望继续关注和喜爱。

目　录

缘　起

本书是2005年以来，笔者对于佛教思想文化在培育民族精神中的积极作用研究的成果。

研究佛教在培育民族精神的积极作用，讨论佛学参与民主政治建设以及思想道德建设，汲取佛教文化的优秀成果，推进先进文化的体系构建是一项具有理论价值和实践意义的工作。从历史上看，由印度佛学到中国佛学体现了中外文化的互动交融，今天，如何在这一背景下，将佛教惜生向善、和谐尚德的人文理性作为思想资源，发挥其弘扬和培育民族精神、推动现代社会文明建设的作用，就成为我们必须深入探讨的问题。如何将佛教与中国社会的发展结合，与人民的日常生活交融汇合，也一直是中国佛教高度关注、学术界十分重视的热点问题。

早在20世纪初，太虚法师就提出了“人生佛教”的主张，在他创办的《海潮音》杂志中，就提出了求人类生存发达是人生佛学之第一义，而这种承载“人海思潮中的觉者”的使命感，就在于引导现代人正确思维，以发扬佛学开启人心的指向，有益社会进步。印顺法师在对印度早期佛教、大乘佛学潜心精研的基础上，从佛教思想的历史发展上，论证了佛在人间的理论依据，极大地推进了“人间佛教”运动的不断深入开展，为佛教不断融入中国现代社会的实践，做出了不懈的努力。当代的星云法师承接了汉传大乘佛教的实践特征，将弘法利生的理念化为人间教化的丰富内涵，教化与行动无碍、契理与契机并行，极大地推动了现代佛教事业的蓬勃开展，为使中国传统文化中的佛学思想不断深入人心，融入社会生活，走出了一条前景宽广的、与现代社会广泛互动的大道，在许多方面都可以开阔我们的视野，诸如：

一、举办各种形式的以弘扬佛教思想为初衷的法会。其内涵、内容、规模都可以因地制宜、随缘随机施设。除佛教内部的受戒法会外，可以包括：各种佛教节日，如浴佛节（汉传佛教认为农历四月初八是佛诞日，故从东汉至今，就一直有纪念佛陀诞生的活动）、观音诞（农历的二月十九日为观音菩萨的诞生日）、腊八节（在农历十二月初八，相传是佛陀成道的日子，故信众称这一天为“佛成道日”）。

二、进行与民生社会互动的各种活动。这些活动的内容方式具有灵活、多样、不拘一格的特点，如：供斋、义卖（信众所捐物品，包括字画、工艺品等）、募捐（为赈灾、救难、济贫）、设光明灯（在佛殿设不灭之灯，以报恩消灾、福慧延寿，以求国泰民安、风调雨顺、吉祥康泰、阖府平安）、置灵骨塔（信众去世后将骨灰安置于专设之塔，清明可供亲友祭拜，既文明又经济，且不与民、与墓园争地）。

三、兴办佛教文化事业。其内容和形式更加丰富多彩，如兴办公益事业（孤儿院、养老院、诊所）、观光游览（寺庙多在风光秀美、赏心悦目处，所谓“天下名山僧占多”）、出版、书画文物展览、才艺讲座、语言培训、放生，有条件的还兴办佛陀教育，设立大学，如台湾的玄奘大学等。

将佛教与世俗的社会生活进行对接，不仅可以促进慈善和公益事业的开展，满足社会生活中不同阶层民众的心理需求，还可以对生活中政府没有顾及或办得不完美的工作进行补充，对我们构建和谐社会起到积极的作用。

许多学者也从佛教哲学或佛教史的研究方向出发，关注佛学与当代社会的关系问题，做了一些很有价值的研究工作。如任继愈先生就提出了“现代文明与宗教对话”的观点，卓新平也阐发了对“现代社会中宗教对话的困境与希望”的思考，魏道儒也有“有益于宗教对话的佛教传统资源”的探索。

本书的立意在于，以佛教与当代社会经济生活、社会文明、道德与文化建设的关系为论述的中心，来揭示佛教文化在培育民族精神中的积极作用，从而调动佛教思想资源中的优秀成分，来激发社会活力，促进社会和谐安定，平稳发展。

在内容方面，本书以佛家思想的十三个层面与培育民族精神的互动关系为研究对象，依次分为修身、治学、道德、哲理、处世、景物、友谊、律己、言语、自然、见识、进取、政事。这样的结构安排既可以反映总体上的合一，又可以表现个体上的差异。这也是建立在作者对佛家思想的认识和对文化建设的独立思考的基础上的，是前期研究成果《儒释道三家名言品鉴》《儒释思想比较研究》两本著述的延伸和进一步探究。

在表述上，努力做到理论与现实相结合，把佛学研究与当代教界“人间佛教”“人间净土”的实践和体验联系起来，注意在语言表达上的通俗性，使所有完成九年义务教育的人，都能够自如地阅读，是我们的心愿。为此，本书期望做到的是：

一、打破只读自家经典、不问天下世事的思想壁垒，将佛教经、律、论三藏的基本思想内容与当今社会发展的现实联系起来，使宏观的理论阐述和现实具体领域的分析求证统一起来，完成本书所预设的目的。

二、发挥当代信息传播的优势，利用光盘版的典籍资料，借助网络资源，关注庙、院、堂、庵、室以及网络上提供的相关活动和信息，做到对学术资源的充分利用。

三、把理论与实践，把佛学和社会文化事业、精神文明建设联系起来，发掘佛教文化的优秀内涵，力求真实地反映当前佛教思想文化教育的状况，发掘佛教文化的优秀内涵，如孝父母、敬师长、善交友、和邻里、谨守法、精进业、慈悲心等，弘扬这些有利于教化人心、促进社会经济发展、促进文化建设和爱国爱教的思想，将佛教对人生、社会有益的丰富内容，体现到匡扶人心、教化世间的现实之中。需要说明的是，笔者在撰述中，所出佛典以各宗通用、又经自己阐释出版的经籍为主，如《百喻经》《金刚经》《楞伽经》《楞严经》《圆觉经》等。除必需外，力避大段引用原典，通常引述经文时，采用说明所引经卷后，直接用现代汉语述出。这是由于时下电子版《大藏经》流布海内，佛典在网上随手可览，有兴趣者阅读、查对原典已非难事，也是改变近年笔者所出的《印度哲学与佛学》《印度佛学与中国佛学文集》发行量甚少、读者有限这一现状的一次尝试，尚祈读者海涵。

荆三隆

2007年正月于西安电子科技大学

导论　法海探源

佛教是今天世界上现存最古老的宗教，在世界三大宗教中，它比基督教早五百余年，比伊斯兰教早一千多年。佛教产生于公元前6世纪的古印度，在两千五百多年的漫长岁月里，在世界各地广泛传播，特别是在亚洲各国，至今仍有很大的影响。

一、佛陀的故事与传说

佛教的创始人佛陀，原名悉达多，姓乔达摩，是释迦族的王子，生于迦毗罗卫城，即今天尼泊尔境内恀罗伽普尔一带的蓝毗尼。据斯里兰卡史料记载，佛陀生于公元前563年，卒于公元前483年。他是迦毗罗卫城的国王苏图阅那（净饭王）的王子，二十九岁出家修行，三十五岁成道，以后的四十五年间，他一直致力于弘法的实践活动，足迹遍及恒河流域，八十岁时寂于拘尸城。

在佛教广泛传播的历史岁月里，信众们对作为佛教创始人的悉达多倾注了极大的热情，给予了他人世间最大的崇敬，表现了最为虔诚的信奉、供养。他的尊称很多，可以考订的有两百七十多个，其中人们熟悉的主要有：

佛陀，意为觉者，原指摆脱了世间的一切束缚，到达了涅槃境地的人，并非专指悉达多，以后随着佛教的发展，才成为特指佛教创始人的尊称。

如来，是指没有过失。

释迦牟尼，指释迦族的圣者。

释迦狮子，意指释迦族的俊杰，因狮子常喻人中之雄，故梵语中常有“人中狮子”的称谓。

此外，还有常用的十种名号：

如来。

应供，即阿罗汉，是小乘佛教修行的最高果位。

正遍知，指具有一切正确知识的人。

明行足，意为断绝肉体上的诱惑而获得一切觉行上满足的，即在知识和行为上都十分完美的人。

善逝，意为摆脱了世间的系缚，离开人世，永不复返。

世间解，指参透了世间因果关系的人。

无上士，意为占据了一切，是众生灵中地位最高的人。

调御丈夫，指其有极大力量，可以制服众生者。

天人师，意为人、神之师。

世尊，意为深解一切法，简称为佛。

具有上述十种人的德行，受世人尊敬，故称世尊。

在佛教文献中，佛陀的生平充满了离奇而美妙的传说，仅从中找出较为可信的史实，以说明当时的情况。

洞山良价禪師曾言
莫要向萬里無寸草處去始得
又問 秖如萬里無寸草處作麼生去
石霜楚圓禪師聽聞後云
何不道出門便是草
萬里無寸草處不離
處處都是草
超越了有草又無草
才能脫離執著的煩惱
聖嚴師父法語 弟子劉建志作畫
乙亥年臘月

佛陀出生不久，母亲就去世了，由姨母将他抚养成人。父亲对他寄予重望，期望聪慧的太子能成为统御天下的“转轮王”。佛陀少时的启蒙老师叫选友，这位学者按传统教育的要求，教佛陀研习古代宗教诗体著作《四吠陀》和《五明》。五明即：

声明，为当时的音韵训诂之学。

工巧明，即工艺技术之学。

医方明，是医药学。

因明，为逻辑推理之学。

内明，指宗承大意，探究心灵与彼岸世界的宗教之学。

这种婆罗门教贵族式的传统教育，对佛陀创立他的学说产生了重要的影响。成年后的佛陀怀者大，感者深，时常为在酷暑中挥汗如雨、辛勤劳动的农夫所触动；对在田地不断被抽打役使的耕牛而于心不忍；为动物之间的弱肉强食而不安；在病痛而无助的病人面前无限伤感，在死亡的人们跟前悲悯、无奈。这些都使他对宫廷生活日益厌倦，并通过所见的生、老、病、死等现象，深感人生的苦恼。人生无常和一切皆苦的思想遂由此产生，从而决心出家修道以探求免除人生痛苦的方法。经过许多波折，他终于在二十九岁时放弃了王位，告别了年轻美貌的妻子——觉善王之女耶输陀罗和孩子罗睺罗，摆脱了宫廷生活的束缚，出家以探索人生的究竟，走上了一条漫漫的寻求解脱人生苦难的真谛之路。

佛陀出家后，曾向古代印度哲学的派别之一——数论派学者请教如何断绝生、老、病、死四苦的方法，讨论了许多有关人生哲理的问题。经过研习，佛陀对数论派哲学关于“有我”和“无我”的论述产生了疑问，认为：如果无我，就无所谓不想或并非不想，即“非想非非想处”；若有我，则有知，而有知则有染，从而被世俗的欲望束缚，不能解脱。

由于佛陀不满足数论派的学说，转而按照婆罗门教传统的规定，度过了六年严格的苦行生活，期待以肉体上的苦难来换取心灵上的安乐。但是六年栖身于山林的苦行，并未使佛陀获得心灵的抚慰和解脱，从此他就否定了婆罗门教的一套教义，并萌发了创立新的宗教学说的想法。

据说佛陀净身受食，并登钵罗笈菩提山，渡尼连禅那河到达伽耶的毕波罗树（后称为菩提树）下，静坐沉思，超凡脱尘，觉海远航，探索度脱人生苦海劫波、获得身心解脱的正道。经过四十九天的“反观内照”，他终于认识到世间一切痛苦皆由一系列的因果关系构成，如果消灭了产生痛苦的最初原因，就除去了痛苦的本源，达到超然物我、自在清澄的涅槃境界。成道后的佛陀，随后度化了憍陈如、摩诃男、跋提、婆沙波、阿说示，并俱得阿罗汉果。由于是佛陀首次传教，参悟人生，故称“初转法轮”。值此，佛阿罗汉为佛宝，四谛为法宝，五罗汉为僧宝，于是三宝俱足，标志着佛教的形成。此后的四十五年间，佛陀以一灯照暗室，四处光明，一烛传百烛，百烛传千烛、万烛，以人生真谛的心火照亮众生心灵的愿力，面对世俗社会的一切挑战，跋山涉水、栉风沐雨，为众生去度脱生死的苦海，自觉觉他，无私奉献。佛陀去世后，他的遗骨（佛舍利）被奉为圣物。

二、佛教的基本教义

所谓基本教义，指佛陀及其去世以后由弟子编辑、整理的学说，前后历时二百余年。在此期间，佛陀弟子及信众进行过三次集结，就是对佛教教义进行了三次整理和确认，又称合诵。佛教经典的编辑最早约在公元前3世纪至公元1世纪之间，因此说佛教在阿育王时期才算真正确立。通常把这一时期的佛教称为早期佛教。

研究佛教史的学者依据佛教传播的历史和地理情况，将其分为南传佛教和北传佛教。南传佛教指斯里兰卡、缅甸、泰国等地的佛教，其经典是用巴利文写的；北传佛教指中国和朝鲜、日本的佛教，其经典是用梵文记录的，传入我国后有汉译、藏译和蒙文译本。无论南传、北传还是小乘佛教、大乘佛教，其所宗的基本教义是一致的。

（一）法与三法印

法是早期佛教学说的核心，是贯穿于物质世界和精神世界的规律。所谓佛法无边，宇宙间一切现象都是法的表现。人认识的根本目的，就是涤荡心灵栖息之所的欲望，对自己精神的反观内照，使人欲横流的灵魂得到升华，去恶从善，到达圆满和谐的境地。传说中佛陀在菩提树下的成正觉，就是认识了法，从而获得了彻底解脱的认识。佛典中“法建世间”就体现了法的含义和作用。

由法的理论出发，就形成了三法印的学说。法印，是佛教特有的学说，法即佛法，印指印记、标志，意即真正佛法的标准。三法印，巴利佛典为无常、无我和苦，据《大智度论》第二十二卷为诸行无常（一切世间之物皆变化无常）、诸法无我（一切现象都是各种条件的和合，没有本质的实体）、寂静涅槃（超脱了生死轮回的清澄永寂的境界）。三法印构成了早期佛教全部理论的基础，由此产生了四谛、十二因缘、五蕴、十二处、十八界、涅槃论等一系列学说。

（二）四谛学说

四谛又称四圣谛，指佛教对人生价值判断的四条真理，分别是苦谛、集谛、灭谛、道谛。四谛不仅表现为一种人生哲学，而且包含着对自然和社会的观察和评价，并由此形成了佛教独具特色的世界观，是佛教的理论基础。分述如下：

苦谛

苦谛是“人生是苦”的价值判断。《中阿含·象迹喻经》云：

“云何苦圣谛？谓生苦、老苦、病苦、死苦、怨憎会苦、爱别离苦、所求不得苦、略五盛阴苦。”

以上合称“八苦”，早期佛教把人生的一切现象都认为是苦。

一谓生苦。人十月胎中，一朝分娩，胎儿、胎盘、胎膜皆从母体而出，在母亲的紧张、痛苦之中，随着阵阵苦的啼哭声降临世间。佛陀的母亲就是在生下他七日后染病而走的。

二者老苦。所谓少年吃苦皆是福，老来艰辛倍凄凉。老者弓腰拄杖，体衰而行，气息奄奄，孤苦伶仃。

三是病苦。人食五谷，焉能无疾？民谚称：有啥不敢有病，没啥不敢没钱。这其中意味，遇者自知，且一生不仅有身体疾病，还有难以言喻的心理疾病。

四为死苦。人皆不可免。无论你对生命是如何眷恋，索命之神迟早终会光顾，且不谈那些因疾病、战争、灾难而早夭者。

五讲怨憎会苦。怨恨、憎恶的事，本求之远离，却反而聚集。

六说爱别离苦。对亲爱者本想常聚，反而离别分散。

七述求不得苦。但凡切切思得之物，却求之而不得，所谓人生如意只一二，不如意事常八九。

八陈五盛阴苦。由物质合成之身，苦难缠绕，七情六欲，皆成苦难。

凡此种种，无不是苦。敢问有谁能脱离了这八苦呢？人世就是在生死的不断更替之中，在茫无涯涘的苦海中挣扎与轮回。无论是达官显贵，还是平民百姓，都必须面对这种代代传承的蒙难的人生。既然人生总是在如此痛苦的重压下喘息，那么彻底从精神上摆脱这种充满苦难的人生，就成为人生的最高目的。

应当注意的是，苦谛是早期佛教人生观的出发点，其理论基础是诸行无常，无常就意味着不断轮回的痛苦。把生老病死等自然规律归纳为痛苦，在客观上抹杀了不同社会阶层中的不平等和人的社会属性，将自然规律等同于社会规律。在贫穷无助和屈辱中度过一生的人，在其衰老、患病、死亡时，所面对的苦难与绝望、无奈和企盼无疑是苦涩的；而身处富贵温柔，在锦衣玉食、香车宝马中终其一生的人，在面对死亡时，恐怕更多的是对生的留恋、对死的恐惧与无奈。这种差别是不应忽视和抹杀的，亦非一个苦字所能涵盖的。如果把现实生活中痛苦的社会原因用苦谛代替，那么，要摆脱痛苦，就只有求助于苦海彼岸的精神世界。

集谛

集谛是穷究产生苦的原因。同时，也是对世界一切现象形成原因的分析。所谓一切现象皆依因缘和合而产生，依因缘离散而消失，那么，现实世界以及人生一切痛苦又是怎样产生的呢？这就是早期佛教集谛所要回答的问题。早期佛教把产生一切痛苦的原因归结于欲。贪欲如欲海情波，永无止息。烦恼犹如海船，水涨船高，最终使人颠倒沉溺，永远沉沦。《中阿含·分别圣谛经》云：

“诸贤，云何爱习苦习圣谛？谓众生实有爱内六处，眼处、耳、鼻、舌、身、意处。于中若有爱、有腻、有染、有著者，是名为习。”

这里把集谛直接称为爱集、苦集圣谛，就是说爱欲是痛苦的原因，并以地、水、火、风、空、识六界，色、受、想、行、识五蕴，眼、耳、鼻、舌、身、意六根，色、声、香、味、触、法六境（六根与六境合为十二处），来说明爱欲是一切痛苦和烦恼产生的原因。这是用欲望或本能的心理分析，以取代社会原因的分析，因此这种学说比其他宗教的天定、命定的说教要精巧得多。

所谓有爱，才会有难以割舍之情，然人生短暂，生灭无常，不可避免会有令人肝肠寸断的生离死别以及七情六欲引起无限烦恼。早期佛教对人生表现出极大关注，视其为教义的出发点，并对人类的欲望做了进一步的分析，分为三种：

（1）爱欲，主要指对性的渴望与追求。求之不得，必生烦恼，欲火中烧，丧失理智，难免祸患加身。

（2）有欲，对生存的欲望。然青春不永驻，生命总无常。

（3）繁华欲，指追求权力、名利的欲望。但世事如烟，朱门显贵，转瞬风消云散；帝景豪廷，终了空阶落花。“旧时王谢堂前燕，飞入寻常百姓家。”

欲望产生痛苦和烦恼，究其因则是无明。无明，就是对自己的身心皆由因缘而生，一切无常、无我的道理不能认识，从而形成了诸多烦恼。消灭了无明，就消灭了产生一切苦恼的根本原因。

实际上，上述的这三种欲望，除了人类自然与本能的因素之外，它掩盖了不同经济地位、社会地位、文化地位的人们在欲望上的不同，混淆了社会性的差异。在饥饿中行将倒毙的人，与有钱、有闲为肥胖而发愁的人，这二者之间的差异性是显而易见的。早期佛教的一切说教都是从普遍的人性出发来考察和解释社会现象，从而把符合统治者的观点作为不具有实际意义的普遍的观点，把现实与渴望等同，这就使被统治者将无奈的目光投向不可得到的来世，而统治者尽可以心安理得地享受着一切。

灭谛

灭谛就是消灭欲望和无明，以灭除产生痛苦的根源，达到绝对寂静的涅槃境地。《分别圣谛经》云：

"诸贤，云何爱灭苦灭圣谛？谓众生实有爱内六处，眼处、耳、鼻、舌、身、意处。彼若解脱不染不著，断舍吐尽无欲灭止没者，是名苦灭。"

就是说，灭尽了爱欲，就灭尽了烦恼，灭尽了执着和产生苦难的无明，就可以达到人生所追求的理想境界——涅槃。

涅槃，是人生苦难的终极解脱，又称不死、绝对寂静、清凉，实际上就是消灭思想、消灭本能的精神死亡的境界。就这一点来说，佛教是较之其他宗教更为彻底的宗教。涅槃一般有三种说法：

（1）有余涅槃，指活着，肉身尚存。

（2）无余涅槃，灭智、焚尸、扬灰，一切皆空。

（3）实相涅槃，大乘中观祖师龙树所述，谓涅槃与世间并无差别，只是了知实相万有的本质，皆归于空，知此者，即入涅槃境界。从而沟通了现实与理想信仰、此岸与彼岸世界，被中国佛教所吸纳。

涅槃是早期佛教的最高理想，是至善极乐，是人生的终极目的。它从客观永恒的法则支配世界和人的精神的观点出发，以辩证法的万物皆流、一切无常、一切无我，来论证万物皆苦皆灭，并进而说明人生的最高目的，是彻底从生死轮回的无尽法则中解脱出来，达到彻底消灭精神、消灭本能、消灭一切思想的寂灭（涅槃）。这种唯心主义辩证法的核心是灭，而不是更新、发展。早期佛教辩证法中没有发展这个概念，而是坏灭，这是一个不应忽视的问题。

道谛

道谛就是到达涅槃境界的方法，是指达到超越生死轮回、超越有无、不可言传、不可思议、只能心领神会的寂静境界的修行实践。《分别圣谛经》云：

“诸贤，云何苦灭道圣谛？谓正见、正志、正语、正业、正命、正方便、正念、正定。”

以上合称“八正道”，扼要介绍如下：

正见，指端正信仰，不离四谛。

正志，又称正思维，依四谛之理进行思考。

正语，离妄语、绮语、恶口、两舌等罪过。

正业，远离杀生、盗窃、邪淫等恶行。

正命，不追求过分的生活享受。

正方便，又称正精进，即勤勉努力，止恶行善。

正念，指端正意念，远离邪恶。

正定，排除杂念，专心禅定。

其中，最重要的是正见，其余皆从正见出发，进行精勤不懈的修行。八正道也就是“苦乐俱遣，出于苦乐之外”的非苦非乐的中道。与八正道相关的是六度即布施、持戒、忍辱、精进、禅定、智慧。八正道与六度可归纳为三学，即慧、戒、定，其内容极为复杂，本处不论，在以后各章都会涉及，但大体上慧涉及佛典经论的体悟，戒是佛典的律论部分，定是禅法，是修行的实践。

总之，四谛是早期佛教的根本教义，是从苦的人生定义出发，去分析苦的原因，探索消灭苦难的途径，指出彻底消除苦难的方法。由于其最终使人以“正见”脱离世俗社会，所以人们会产生这是一种消极的人生观的认识。这是有道理的，但不能简单化。四谛学说的产生不仅有着历史的合理性，还存在着发展演化的必然性。在佛教传入我国两千年的岁月中，四谛学说流布广泛，深入人心，其主要原因在于：

首先，四谛学说对苦难的社会是否定的，它是建立在有着诸多的不平等、充满无数苦难的社会之上的。只要人类的社会生活中还存在着苦难、压迫、巧取豪夺，就具有产生和适合这种学说的土壤。即使当它依存的社会条件消失后，受人的自身条件和自然规律的限制，生老病死不会消失，苦谛也不会消失。在文化传统中，反映民生苦难、为民请命也成为中国文人心怀苍生、忧国忧民的报效情结。所谓“三日不书民疾苦，文章辜负苍生多”，正是这种情结的反映。

其次，四谛学说的出发点是使人们脱离苦难，得到解脱。这是善的情怀，表现了人性中闪光的一面。佛教教义始终都是以人为中心的思想学说，对一切现象的分析都是建立在对人生关注的基础上，这是其教义的一大特点。今天，教界人间佛教的理念就是关注社会人生特征的延续，如果只看到其脱离世俗社会的表象，而忽视了其教义中贴近生活、源于生活的内涵，同样会导致认识论上的错误。

另外，四谛学说中的苦、集二谛是建立在对人的客观和认真的观察与思考之上的，反映了自然状态中的人生，是冷静和理性的。人生是苦，难免于苦，因而“苦尽甘来”“吃得苦中苦，方为人上人”的认识有之；“人生落地苦难来”“人生识字忧患始”的体味有之；“宝剑锋从磨砺出，梅花香自苦寒来”的人生比喻也常为人称道。这些内容都以“苦”为识，但指向却迥然各异，别有意趣，成为民族文化中的人生格言，反映了人皆认可的公理。另外还与我们民族固有文化中的共识相吻合。所谓“天将降大任于斯人也，必先苦其心志”，孟子的苦乐观，更有以苦为乐的认识，能够面对人生苦难，肩负起改造人生与社会的重担，则反映了具有时代特点的精神风貌。因此四谛学说中的合理内核不应一概抹杀。

（三）十二因缘

十二因缘又称十二缘起，是对人生的说明，亦即是佛教对有情众生生死流转的说明，由十二个互缘的分支来说明。

（1）无明，指无知或愚痴，由此妄行，成痛苦、烦恼之根。

（2）行，行为、造作，由无明而行，成身、口、意三业，做善或恶或不善不恶之事。

（3）识，心识，由前业发生，遇缘入胎，形成生命之思。

（4）名色，身心之合、精神物质之和。名是心识，色为父母精卵，是生命胎胞的组成条件。

（5）六入，指眼、耳、鼻、舌、身、意六根，在胎中形成，六入是人生的胚胎时期。其中前五根是感官，属物质；意根是摄取五根的精神现象。

（6）触，感觉。出生后六根与外界接触，产生知觉。如幼年阶段。

（7）受，感受、感情。若身心成长的青少年阶段。

（8）爱，迷恋与追求，由受而来，且“爱为秽海”。

（9）取，占有，则“众恶归焉”。

（10）有，存在。佛教指三有：欲有、色有、无色有，亦称三界。

（11）生，今生或来生，是死之因。再由业力投胎，完成新生。无生则无死，亦无死苦，苦谛。

（12）老死，生之果，从而生死流转不已，苦则随之而来。

十二因缘说明人生的生死循环，十二个概念互为因果。无明是根本，无明缘行，行缘识，识缘名色，名色缘六入，六入缘触，触缘受，受缘爱，爱缘取，取缘有，有缘生，生缘老死，不断流转，故称流转门。

如果悟道，觉悟十二缘起的人生道理，则消灭无明，无明灭、则行灭，行灭则识灭，识灭则名色灭，乃至来世的生、死亦灭，故称还灭门。

佛陀用十二缘起说明人生的一切活动都是相互依存、互为因果，是人的一轮回、一生死，通于过去、现在、未来三世。由过去无明和行的二因，缘起现在的识、名色、六入、触、受五果。从现在爱、取、有的三因，缘起未来生和老死的二果。这样的生死循环，叫轮回。由惑、业为因，成生死苦果。按“三世二重因果论”，过去、现在、未来为三世；

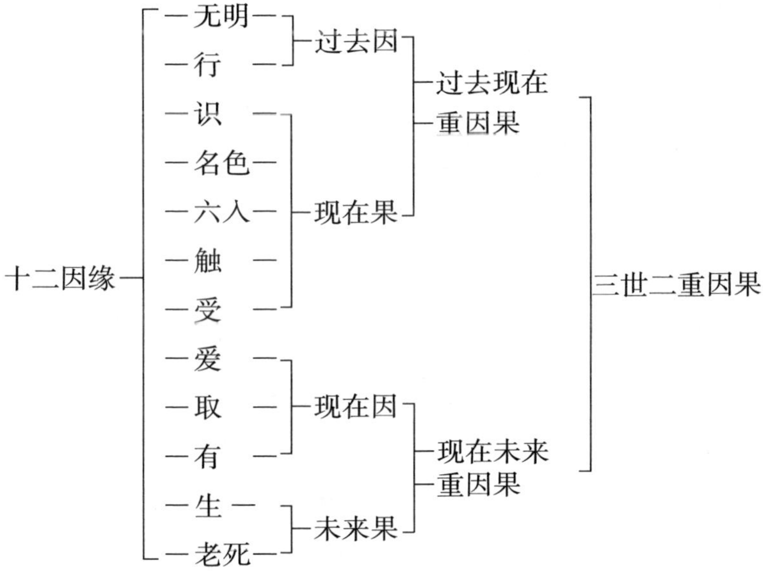

过去、现在一重因果，现在、未来一重因果。其基本关系，见上页表：

佛陀的基本教义是以对人生的观察作为出发点的，对于自然和社会的认识，也是由对人的考察开始的。佛教的世界观表现在它的缘起论之中，在它看来，世界上的一切现象皆由因缘而生，所以因缘一旦不存在了，任何事物和现象也就不复存在了。既然一切现象皆由因缘而生，因缘灭则现象灭，所以任何常住不灭的现象都是没有的，一切现象皆如流水、瀑布、旋转火轮似的变动不已。这种理论排斥了一切现象由某种力量创造或由自己创造出来的学说，也排斥了有我论的学说。因此，无我论是早期佛教缘起论所包含的辩证法思想的必然产物，也是早期佛教无常论的扩大与发展。缘起、无常、无我，这三者的结合形成了早期佛教的一大特点。

早期佛教的世界观是由其人生观扩展而成的，严格地说，其庞大的宗教唯心主义体系是建立在对人生仔细观察和认真分析的基础之上的，是以人生观代替了整个的世界观。从缘起论出发，观察人生精神、意识的活动，就形成了早期佛教的十二因缘论。

一般把因缘所发生的作用称作缘起，所以十二因缘论从其发生的作用方面来说又称作十二缘起。十二缘起的序列有两种：往观（逆观）和还观（顺观）。往观是由果求因，还观是由因求果。按还观的次序说十二因缘为：无明、行、识、名色、六入（或称六处）、触、受、爱、取、有、生、老死。老死以及由此产生的一切痛苦的最终原因是无明。关于无明的概念在印度哲学史上由来已久，早在《梨俱吠陀》末期的《无有歌》中，就叙述了宇宙的起源，并说种子依于热力而展开为欲，由欲而展开为现识，于是宇宙形成。这时虽然还没有出现无明的概念，但种子说却已孕育了无明思想的萌芽。到吠陀的终结，即公元前5世纪的《奥义书》时期，无明为现实界本源的思想已经产生，并以意欲作为一切活动的源泉。早期佛教利用了这些传统的思想资料，并在早期数论派和耆那教学说的影响下，把缘起说扩展为十二因缘的学说。这十二因缘的学说既成为早期佛教学说中最重要的组成部分，同时也是佛教学说中最难理解的部分，从而引起了历史上的佛教徒和佛学家的重视。在《长阿含经·大缘方便经》中较全面地论述了十二因缘的学说，请看：

“十二缘法之光明，甚深难解。阿难，此十二因缘难见难知。诸天魔梵沙门婆罗门未见缘者，若欲思量观察分别其义者，则皆荒迷无能见者。阿难，我今语汝，老死有缘。若有问言，何等是老死缘？应答彼言，生是老死缘。若复问言，谁是生缘？应答彼言，有是生缘。若复问言，谁是有缘？应答彼言，取是有缘。若复问言，谁是取缘？应答彼言，爱是取缘。若复问言，谁是爱缘？应答彼言，受是爱缘。若复问言，谁是受缘？应答彼言，触是受缘。若复问言，谁是触缘？应答彼言，六入是触缘。若复问言，谁是六入缘？应答彼言，名色是六入缘。若复问言，谁是名色缘？应答彼言，识是名色缘。若复问言，谁是识缘？应答彼言，行是识缘。若复问言，谁是行缘？应答彼言，痴是行缘。阿难，如是缘痴有行，缘行有识，缘识有名色，缘名色有六入，缘六入有触，缘触有受，缘受有爱，缘爱有取，缘取有有，缘有有生，缘生有老死、忧悲、苦恼，大患所集，是为此大苦因缘。”

这段话从往观和还观两方面论述了十二因缘，在汉译佛典中是时代较早、论述也较完整的一段。此外，在《阿含经》中关于十二因缘的论述不少，内容与此段略同，如《长阿含经·大本经》等。

应当指出的是，缘起论对人生的观察，在前述十项就已经把主要内容包括了。本来缘起、无常、无我学说与轮回和解脱理论是不融合的，所谓既然我本归于无，何以要轮回和解脱？但为了强调轮回与解脱，又加进了行和无明。行与有在含义上是相通的，从业力即一种连绵不断的潜力来看，现在产生的果谓之有，反之由现在已有的果看过去所造的业就谓之行。行之反复，就造成了生死不断的现象，这就是轮回，轮回之苦的原因在于无明，即对自身皆由因缘而生的道理没有明确的认识，所以形成苦恼。在以上十二因缘的严密形式里，主要内容在佛陀时期就已经形成了。但十二因缘中最主要的方面究竟是什么呢？在十二因缘中，早期佛教是以有、名色和识为中心来组织这一学说的，因此认真分析这三项之间的关系，就可对十二因缘的实质有所理解。所谓有，并非客观的物质存在，而是主、客观的统一，是名色和识的统一，是精神上的存在。早期佛教学说中唯一能表示客观物质存在的概念是色而非有，在名色的关系中，色是依赖于名而存在的；在五蕴说中，色是依赖于受、想、行、识而存在的。在名色和识的关系中，也和色依附于名一样，也是名色依附于识。关于这一点，巴利Suttanipato（经集）有："一切依赖识而成立。"这就是说，无识则无一切。《长阿含经·坚固经》称：

何由无四大，地水火风灭。
何由无粗细，及长短好丑。
何由无名色，永灭无有余。
应答识无形，无量自有光。
此灭四大灭，粗细好丑灭。
于此名色灭，识灭余亦灭。

思维不存在了，客观世界的一切物质现象也就烟消云散了。早期佛教就是这样从对人生的观察和分析来认识世界的，并形成了佛教独特的人生观和世界观，它的唯心主义和认识论充分体现在十二因缘论的学说中，不仅是人类思维的一朵"空花"，而且它的产生本身就具有一定的历史合理性，有认识价值。

三、佛教有别于其他宗教的特点

佛教经过两千余年的传播和发展，对中国传统文化产生了巨大的影响，在长期的发展过程中，促进了我国人民与印度以及东南亚各国人民之间的友好往来，结成了源远流长的深厚友谊。佛教在不同国家和地区形成了各自不同的特点，但基本特征仍然是一致的，主要体现在：

（一）佛教是否认神的宗教

佛陀的基本教义可以概括为“诸行无常，诸法无我，一切皆苦”，没有永恒的存在，从而是否定神、否认灵魂的宗教，也是彻底消灭精神的宗教，因此它比有神的宗教更能泯灭人的意志。因为要在否认神的前提下获得解脱，并在思维中消灭思维本身，这就需要更为精密的思想。同时，这种思维本身又可以引起人们无穷的探索，从而导致了以后部派佛教的分裂和部帙浩瀚的经典律论的产生。大小乘的对立，瑜伽和中观的论战，中国佛教八宗的法脉传承，都表明了这一点。在宗教史长期的发展演变中，只有佛教没有所谓以“为信仰而战”发动的流血战争，它的战争是发动于思维领域中的心智的较量。佛陀的无常论和无我论是紧密联系的，因为他认为世界上的一切现象都是由我想而产生的，我想是瞬息万变的，世界上一切现象也是瞬息万变的。同时，人的身心又是世界现象中的一个部分，因此也是变幻不实的。既然如此，就不存在永恒的、主宰的神或灵魂，一切无常，人们一旦耽于妄想，就必然产生迷惑。由于我想是瞬息万变的，从而身心和世界一切现象也随之瞬息万变，于是迷惑愈深，最后形成的我想已非开始时的我想，此境非彼境了。这里无疑有着深刻的辩证法思想。

（二）庞大的理论体系，丰富的文化内涵

在一切宗教中，只有佛教在对世界的认识上形成了最庄严、最完整、最精密、最庞大的体系。这一体系包括了对整个世界的一个完整的理论，这就是它的缘起论；它的包罗万象的纲领就是四谛；它的因明学和白话宣讲就是宗教中最通俗的逻辑；它的关于佛陀的神话和传说巧妙地维护着它的唯灵论的荣誉；对佛陀一生的美化倾注了信众们全部的热情；它的戒律为佛教信徒的道德提供了完整的标准，为人类伦理文化建设树立了一座不朽的丰碑；它的那些文学艺术、梵音巴呗，特别是有关佛陀的造像、雕刻、绘画和寺院的建筑，都以极庄严的形式补充和诠释着它的教义。因此，我们认为佛教是意识形态史上最典型的宗教，也是最完整地表现了宗教特征的最古老又最具生命力的宗教。

（三）汉译典籍最完整，数量最多

研究佛教，必须借助汉译佛教文献。印度大乘佛教的产生是与《大乘经》的出现联系在一起的，而关于大乘经的原始材料在印度已经湮没无存，因此研究印度佛学只能从中国现存的汉译典籍的分析和研究中来进行。佛教典籍总集《大藏经》，有各种文字版，现存有梵文、巴利文、汉文、藏文、满文、蒙文、日文、西夏文（残本），以汉文本保留资料最全。事实上，汉译典籍中保存的古印度的有关佛教史的资料，不仅年代较早，而且远比迄今为止所能见到的其他文

字的资料都多。印度是一个不注重历史文献记录的国度，缺乏如中国《春秋》《史记》这类内容翔实、纪年准确的历史著作，因此为研究佛教的学者留下了许多历史疑难。

四、印度佛学与中国汉传佛教的基本线索

印度佛学大体上经历了这样几个阶段：早期佛教，即佛陀创教时期，从公元前6世纪至公元前4世纪；部派佛教时期，由于对教义的理解分歧，形成了众多的派别，存在了五百余年；从公元1世纪至12世纪，是大乘佛教时期，其中小乘佛教仍有发展延续，大约到5世纪末。大乘佛教在一千多年的发展中，也可以分为初期、中期、晚期三个阶段，各有三四百年的过程。到12世纪末，信奉伊斯兰教的阿富汗君王穆哈马德大举入侵印度，摧毁了佛教。到13世纪初，印度仅有的佛教寺庙超行寺的烧毁，标志着佛教的消失。今天印度的佛教，是19世纪回传故乡的。

所谓大乘，梵文音译为摩诃衍那，意谓广大的运载一切众生到达涅槃境地的舟车。所以佛教把凡是能够使人们获得解脱方便的皆称为乘。在公元1世纪形成的大乘佛教，自称能承载世间的一切生灵，由生死轮回的此岸世界到达消灭了烦恼并获得永远平安、寂静的彼岸世界。为了表现出这一教派与历史上的其他教派的区别，他们把原始佛教和分裂成不同教派时期的部派佛教都贬称小乘，从而自诩为大。需要强调的是，大乘佛教的产生是与大乘经的出现联系在一起的，

可是关于大乘经的原始材料在印度已经湮没无存，因此对大乘佛教的研究只能从中国现存的汉译典籍的分析和探究中进行。

佛教在纪元前后开始传入我国，《魏略·西戎传》记载汉哀帝元寿元年（前2），大月氏王使者伊存口授博士弟子景卢以《浮屠经》，这是目前发现的佛教传入汉地的最早记录。汉译大乘经最早出现于公元2世纪中叶，即东汉桓帝（147—167）末年来到洛阳的月氏国僧人支娄迦谶先后译出的十四部二十七卷经典。支娄迦谶是目前所知的第一个在中国腹地翻译传播大乘佛学的高僧。

三国两晋时期（220—420）的佛教，以经典翻译为特点。一方面，中国僧人朱士行在曹魏甘露五年（260），西行求法至于阗（今新疆和田），遣弟子在西晋太康三年（282）将《放光般若经》凡九十章送回洛阳。朱士行成为西行求法的第一人，开中印佛教双向互动之“西行求法”和“法脉东传”的先河。另一方面，大规模的佛典翻译工作取得成效，魏晋时期译出七百余部，凡一千四百余卷佛典，影响最大的僧人有竺法护和鸠摩罗什，是中外文化交流史上的壮举。魏晋玄学轻两汉经学训诂考据之风，重义理阐发，以《周易》《老子》《庄子》三玄为典，崇尚虚无，大乘般若之“性空”理趣，很快就博得了士大夫、文人雅士的喜爱。他们以玄学思想解释佛典名相概念的“格义”方法，在客观上推动了佛教的广泛传播。

南北朝时期（420—589），尽管国家分裂，政权更迭，但佛教却得到长足的发展。统治者的尊崇是重要原因，如梁武帝号召朝野信佛，自己讲经解义，主张儒、道、佛三教同源，所谓“南朝四百八十寺，多少楼台烟雨中”，唐代诗人杜牧吟诵掩映在江南水乡如画春色中的南朝古刹的诗句，给人以无尽的联想。

佛教传入我国后逐渐和中国的传统思想文化相融合，在隋唐时期形成了蔚为大观的局面。在这一时期，形成了具有民族特色的中国佛教，创立了众多的宗派，呈现出万紫千红、群星灿烂的局面。高僧大德辈出，经典文献涌现，仅中国佛教的三大语系（汉语系、藏语系、巴利语系）中的汉语系佛教的主要学派就有天台宗、三论宗、法相宗、律宗、净土宗、禅宗、华严宗、密宗等众多宗派。佛教在思想上与魏晋玄学相通，在唐代与儒、道形成三家合流的局面，至宋又成为理学的思想基础之一，又历度明清，至今一直是中国文人的传统学问，成为博大深厚的中国传统文化的重要内容。因此我们的研究工作应当具有冷静而客观的态度，要注重于在印度古代思想文化与中国传统文化相结合的大背景上进行溯本探源的研究，经文典籍和思想观点的比较与研究工作也应如此，只有这样才能把工作卓有成效地开展下去。

第一章　佛教的修身思想与人格培养

修身养性，是中国传统文化中的重要内容。所谓修身、齐家、治国、平天下，包含着丰富的内容，有品性、才情、人生态度、心理素质、延年益寿等，涉及衣食住行、利禄功名、酒色财气、生老病死，十分广泛。

诸如在品性上，对于年轻气盛、血气方刚的人，要用柔和来调养，以柔克刚，使人明白上善若水，水滴石穿，月满则亏、水满则溢的道理。对于行为顺意、恣情妄行之人，要开导其知规则、懂进退，没有规矩则不成方圆。花不知时节，则发之早衰；人不知约束，则必致灾祸。对于患得患失、心胸狭隘的贪利之人，就要阔其胸怀，懂得所谓“舍得”的人生道理，不“舍”者，则不“得”。两害相衡取其轻，两利相权取其重；鱼与熊掌难兼得，逢凶化吉转为安。更要激发其高尚的志向，志存高远，必定神清气闲。至于平庸散漫、自暴自弃的人，则用良师益友来影响他，领会“天生我材必有用，人生之路自己走”的道理。一分汗水，换一分收益；栽什么树苗，结什么果；撒什么种子，开什么花。知晓小逆之后必有小顺，大逆之后必有大顺，大难不死、必有后福的“天意”，从而振奋精神，去迎接人生风雨后的那一道彩虹。

调养气血，修身以自好；近善去恶，福寿以延年。《荀子·修身》曰：“志意修，则骄富贵，道义重，则轻王公，内省而外物轻矣。”高尚的人，物为我用，低下的人，被利益所驱动，命以物牵。草木一秋，人生一世，或富贵通达、一帆风顺，或穷困劳苦，步履艰辛。这是不争的现实，但绝不是衡量一个人品格高低贵贱的标准。孟子云：“穷则独善其身，达则兼济天下。”（《孟子·尽心上》）身处逆境，洁身以自好，通达帝廷，则效命于天下。且：

“彼以其富，我以吾仁；彼以其爵，我以吾义，吾何慊乎哉！”（《孟子·公孙丑下》）有的人位拥有金钱而自得，我却宁愿靠仁义和爱心面对人世；有的人位高权重，依据的是权势，标榜的是地位，而我却愿为真理和正义而奋斗，这样的一生，又何以为憾呢？正所谓金钱不等于一切，权势也换不来幸福，金山银山，买不来真心爱恋，权柄谋略，终化成一缕青烟。所谓庭院养不出千里马，温室里育不出万年松。万丈高楼，皆出于平地，滔天巨浪，必成于大海。才有：

“故天将降大任于斯人也，必先苦其心志，劳其筋骨，饿其体肤，空乏其身，行拂乱其所为，所以动心忍性，曾益其所不能。”（《孟子·告子下》）

栋梁之材，必出于幽谷。不经过艰苦的磨难，何以历练其身？不内修其里，又何以砥砺心志、增长才干？

一、一心造万法，万法唯一心

佛教作为外来的文化系统，有其发展演化的历史进程。其修身理论以及独特的宗教实践，不仅拓展了中国文化的理论空间，同时又以世俗之心难以领会的“不二法门”（即方法），构成了一整套修身的具体方式，是独具的宗教实践和体验，对历代中国文人都产生了极其深刻的影响，这就是一心造万法，万法唯一心。佛教把心作为人们存在的基本原理，“三界唯一心，心外无别法”“一心一切法，一切法一心”。

（一）稚子之智

一个孩子手里握着一个鸽子蛋，为了挑战爷爷的智慧，问爷爷：“我手中的蛋，你猜是好的，还是烂的。”爷爷慈祥地看着小孙子，笑了。他知道如果答好的，孙子会把蛋捏碎；如果说烂的，孙子就会把蛋放在手心，来证明爷爷的错误。如果是你，将怎样回答孩子的问题？爷爷是这样说的：“结论就在你的心中，心之为好，则好；心之念破，则破。”正所谓好坏善恶由己造，是非曲直在一心。

修行佛理，说到底，就是为了明心见性，常住真心，明了心性自然清静，永葆本自清澄的心之本性。大乘佛教认为，心为宇宙间各种现象形成的根本，一切现象，一切对事物的区别和认识，皆缘于六根（眼、耳、鼻、舌、身、意），生六境（色、声、香、味、触、法），生八识（眼识、耳识、鼻识、舌识、身识、意识、末那识、阿赖耶识），从而妄念生生不息，旋而生出有的心念，从而堕入人生烦恼的无边苦海劫波之中。

人身之中，六根是感官，六境是反映，六识是思想，贪欲痴迷、腐朽堕落、行恶向善，皆出于六识，六识总出于心。如眼，见色成境，因境而生美识，由美识而生贪恋之心，从而声色熏心、沉溺迷离，男欢女爱、贪婪不放，直至于元神尽失、气血殆尽。所谓丹田难守，方寸易乱，欲引情牵，扰得花心焦灼，顷刻难安，色眼到色境，色境生色心，妄心不灭，人何以能宁能静？

（二）佛祖论心

让时光倒退两千五百年，这时北印舍卫城的国王胜军，为救度已故的父王，在盂兰盆节准备了许多精美的菜肴，设筵迎接佛陀和文殊菩萨等得道高僧，到内宫供奉。只有佛陀的堂弟阿难事先另有约请，一人外出未赴筵。在返回的途中，阿难独自拿着乞食的钵，进了舍卫城，挨家挨户化缘，期望能得到饭食，消除一天来赶路的饥渴劳顿。在经过摩登伽女的住处时，她的女儿钵吉帝为阿难相貌所动，想与其结为夫妻，因此以死相逼，让母亲施咒迷倒阿难，从而使阿难如鱼随钩，不能自持。钵吉帝色眼迷蒙，情引魂牵，手拉着阿难的手来到了床边，她用纤纤玉指抚摸阿难，爱恋无限，使阿难方寸大乱，意乱情迷，堕入欲海情波，破了戒身。

佛感知阿难被迷幻术所控，不能自拔，立刻返回寺院。舍卫王和众臣、信众都随佛而行，以明其就里。佛回到寺院后，随即派文殊菩萨持佛咒前往保护阿难。文殊破迷幻术，提示阿难幡然醒悟后，并带少女钵吉帝一同来到佛住的寺院。

阿难见到佛，行礼后悲痛地抽泣着，悔恨自己在佛弟子中以“多闻第一”著称，一向注重博闻强记，却没有修成完全的意志力，恳求佛讲解修行止、观、禅、定，应先修哪一种。大家都欣然倾听佛祖的开示。佛说：“一切修行方法，都要通过修行心念定止的佛法之门，进入觉悟的境地。”

佛告诉阿难说：“你我血脉相连，情同手足。当初你发愿出家修行时，在佛法中见到何种特殊的表现形态，从而产生了舍弃人间所重的恩爱呢？”

阿难回答：“我见你有三十二种特异的体貌，绝妙殊胜，心中常暗自思忖，这样的相貌不是情欲爱恋所生成。为何呢？性欲之气粗俗浑浊，由腥气臊味相互构成，不能产生独有的明净美妙之体，是紫气与金光聚集。因此渴望仰慕，随您剃度，出家修行。”

佛说：“说得对，阿难。你们应当知道：众生从因缘和合，有生以来生死不绝，这都是由于不知本自澄明的心性，产生了妄有的心念。这种妄念的想法不真实，因此，众生才会在生与死的烦恼中周而复始。你今天要探索无上的觉悟，认识真实明净的心性，应当用真心回答我的提问。

“一切觉悟者，都必须用率直真诚的心，讲心里话，从而脱离生死苦海，才能由修证之始地证悟到成佛的果地，这中间不能有任何曲意隐瞒的态度和做法。

“阿难，当初你发愿修证佛理，缘于我的三十二种特殊的体貌，是用什么来看？谁来渴求这种热爱的欲念呢？”

阿难对佛说：“佛啊，产生那样的热爱和渴望，是由心所想，由目所观来完成的。是由眼睛看见您殊胜的相貌，从而在心中产生了渴求的想法。因此我发愿：舍生死轮回，修证真谛。”

佛告诉阿难：“如你所说，你的渴求来源于心中。如果不认识心与眼睛所起的作用，就不能了解眼所见的事物对内心产生的影响，从而降伏如扬尘般受纷扰的心中妄念。好比一位国王，在领土被敌人侵犯时，要发兵讨伐。他的军队首要的任务是应当知道敌人在哪里。由于你心中有热爱，从而被渴望支配，就会产生连绵的烦恼，这烦恼之因，就是你的心有想、目所见。那么，你的心之所想、眼之所见，此时又在何处呢？”

阿难回答：“世间的众生灵，都把认识之心安居在身体之内。正如看您如青莲之花的慧眼，就在您的面部。我现在观察事物、听音、闻香、触味的眼、耳、鼻、舌，都在我的脸上。认识事物的心，就在我身体之中。”

佛启发阿难说：“你此时正坐在我的讲经堂，你观祇陀太子的园林，现在何处呢？”

阿难答：“这个宽大的双层楼阁的讲经堂，在给孤独长者买下的园林里。现在当年祇陀太子的园林就在讲经堂的外面。”

佛又问：“阿难，现在讲经堂中，先见到什么？”

阿难答：“我现在讲经堂中，先见到您，其次看到大家。从这里往外望去，就看到祇树园林。”

佛再问：“阿难，你望到祇树园林，是如何看到的呢？”

阿难答道：“佛，这宽大的讲经堂，门窗豁然大开。因此在堂中的我，可以望见。”

佛问：“如你所说，身在讲经堂，门窗豁然开朗，因此可以望见祇树园林。有人身在讲经堂，看不见我，只看见堂外景物。”

阿难说：“佛，在讲经堂不见您，而只能见外边的园林清泉，是没有道理的。”

佛说：“阿难，你就是这样。

“你的心灵，若一切都明白，那么你现在所明白的心，在你的身体里，这时首先要认识自身。有许多人，先观照内身，后观察外部事物。即使不能看见心、肝、脾、胃，但长的指甲、头发、筋络的曲折和脉搏的跳动，是应当明白的，能不知道吗？

“不能认识身体之内，又如何能明白外部世界呢？因此，你说觉悟并认识了心灵，就在身体之内，不是正确的道理。”

阿难说：“我听了您的佛法义理，认识到我的心，实在是在身体之外。为何这样说呢？好比灯火，在室内点亮，灯火一定会先照亮室内，然后从大门再照到室外的庭院。众生看不到身内，只看见身外。这就如灯火，放置在室外，就不能照亮室内。这个道理是明白的，不会再有所疑惑了。这和你讲的义理一样，是不会错了吧。”

佛问：“刚才弟子们随我化斋，回到祇陀园林时，我已用完了斋饭。那么，一个人吃斋饭时，其他人能饱不？”

阿难答：“不能，修行者们虽然证悟了真谛，但作为躯体的生命各不相同，怎么能一人吃斋，大家都饱了呢？”

佛说：“如果你觉悟了的认识之心，是实在地在身体之外，那么身体与之外的心灵就互不相干。则心所知道的，身体就不能感觉到；感觉在身体上的，心中也不能知道了。我现在让你看，我如细白棉似的柔软的手，你眼看见时，心里能知道不呢？”

阿难回答说：“能，世人之尊。”

佛说：“如眼见心知，又怎么说心在体外呢？所以应当知道，你说觉悟了的认识之心在身体之外，这是错的。”

阿难对佛说：“世之尊者，如您所说，看不见在体内的五脏，所以心不在身体之内。身与心可以互相认识知道，不互相脱离，因此心不在身体之外。我现在考虑，心应在体内一个地方。”

佛问：“现在看来，心应在何处？”

阿难答道：“这个能明白知道的心，既然不能知道体内，但却能见到体外的事物。如果问我现在的理解，是潜伏在眼睛里面。好比有人用透明的琉璃碗盖住双眼，虽然有东西盖在上面，但并不能阻挡人的视线。人们的眼睛有所见，就随时能够分辨是什么东西。所以我觉悟了的能认识的心，不能见到体内的原因，是心在眼睛里面的缘故。十分清楚地看到外面的事物，没有障碍，这是心灵潜伏在眼里的缘故。”

佛又问阿难：“如你所说，潜伏在眼内的心犹如透明的琉璃。那么人如用琉璃眼镜，应当看到山峰河流，能见到琉璃不呢？”

“是的，佛祖。这个人用琉璃眼镜时，事实上能见到琉璃。”

佛问阿难：“你的心如果和琉璃镜盖眼的道理相合，在眼里。那么当见到山峰河流的时候，为何却见不到眼呢？如果能见即能知了。如果不能见到眼睛，又怎么能说那明白事物的心是潜伏在眼中，如琉璃碗盖眼，不碍视线呢？因此应当知道，你说觉悟了的能认识的心灵潜伏在眼里，就像琉璃碗盖眼的道理，是不成立的。”

阿难对佛说：“世人之尊，我现在又有这样的想法。人们的身体，五脏六腑在体内，眼耳鼻口等七窍在表面。在体内的就不能见到，在身体外部的就看得明白。现在我对您说，睁眼就能看明白的就称为能见到的外表；闭上眼就什么都见不到，在黑暗中就称为见内。这个看法对不对呢？”

佛问阿难：“当你闭上眼处于见不到的黑暗之时，这黑暗的境界和你的眼相对应，还是不相对应？如果与你的眼相对应，那么看不见的黑暗就在眼前，这又怎么能成为身体之内呢？如果认为在身内，那么在黑暗的屋里，没有日、月、灯的光亮，这屋中的黑暗都成了你的胆、胃、小肠、大肠、三焦、膀胱了。倘若这是不对的，眼与黑暗不对应，又如何能称为见得到呢？倘若离开了对外部所见，闭眼就能见内，是相对应的。闭眼所见的黑暗，就称为身体之内。那么睁开眼就能见到身体的表面，又为何不能看见自己的脸面呢？如果睁开眼并不能见到自己的脸面，那么闭眼也看不到体内，闭眼与能见内的看法不能成立。倘若闭眼时，又仿佛见到面目，那么这个能明了知道的心灵以及能观察事物的眼睛就在虚无的空间，怎能说成是在身体之内呢？假如心与眼都在虚无的空间，自然就并非是你的身体。如心、眼所想所见，都由自身所产生，那么在你面前的我，也就成了你的身体了。当你的眼睛看到的，身体应当并未有觉察。如果你一定要固执地认为身体与眼有两种感觉，那么心与眼应当具有两种知觉，这样你的这个身体应当能成就两个佛身了。所以应当明白，你所讲的眼见到黑暗时，就称为见到了的体内的看法，是错误的。”

阿难说：“我曾经听您对出家的僧尼和在家修行的信众宣讲，由于心念产生的缘故，从而各种纷扰的事物产生；因为各种事物形态的产生，所以各种想法就从心里产生了。我现在考虑，能产生思想的实际上就是自己的心灵，随着各种事物的产生，心念也就跟着产生。心既不在内，也不在外，同样也不在表面这三处。”

佛告诉阿难：“你现在说的，由各种形态的事物产生各种认识，随时相互对应，心随万物产生。这心若没有形体，那么就不能与各种事物相对应。如果没有形体状态就可以和事物相对应，那么就会有眼耳鼻舌身意之六根与色声香味触法六尘和眼识、耳识、鼻识、舌识、身识、意识六识所组成的十八界之外的十九界，并因此产生七尘，这是不正确的。倘若心有形体，那么你用手拍击自己的身体，你就会知道这种被拍的心识是从身体内产生的，还是从体外进入的。如心识是从内部产生的，还应当能见到内脏；若是从外面进入的，也应当见到你的脸部。”

阿难说：“看见事物的是眼睛，认识事物的是心不是眼，这种见解没有道理。”

佛说：“如果眼能看见，那么你在屋里，能见到屋外的门不？另外那些已死的生灵，眼仍在，也应能看见事物了。倘若真的能见到，又怎么说是死了呢？阿难，还有你能够知觉、认识的心灵，如果一定有形体，那么是一个，还是有多个呢？心在你的身体上，是遍及全身，还是不遍及全身？心若是一个形体，那么你用手拍击一个肢体时，其他二肢应当有感觉，倘若其他全有感觉，拍击应当无处不在。若拍击是在所有地方有所觉，那么你的心是一个形体的感觉就不能成立。如果讲心是众多形体的感觉，那么就成了众多的人，哪一个形体是你的呢？如果心是遍及身体各处的，如同上面所讲的拍击的例子。如果心不能遍及全身，那么当你同时摸头和脚时，头有感觉，脚应无感觉。你现在却不这样。因此应当知道心与物相对应，心随物有是不正确的。”

阿难说：“我也曾听您与文殊等佛弟子谈事物的真实和本质时曾说，心不在内，也不在外面。那么我认为，心内不见脏器，在外不见面目。内不有知，所以心在内不成立。身与心相对应，又不知己面目，在外部也没有道理。现在知道了心的形态，在身内也不见器官，应当在中间。”

佛说：“你说在中间，这不能含糊，不能没有一个部位。现在你认为心在中间，中间在何处？因为心所在的地方，应当在身体上。如果在身上，那么在旁边就不是中间，在中间和在体内相同。如果在身体的前边或后边、左边或右边，应有标志、表现，或者无标志、表现。没有标志或表现与无相同，有标志或表现则心没有一个确定的地方。为什么呢？如人以标志做记号，当标志在中间时，从东边看时，它在西边，从南边看时它又成了北边，标志在身体的位置既然是混乱的，那么你的心就应该是杂乱的。”

阿难说：“我所说的中间不是这两种。如您所讲过的，眼与事物互为因缘，见物就产生有的感觉。因为眼见物有不同，但事物本身并不感知。心念就是产生于对所见之物的认识，这就是心的所在。”

佛说：“你的心如果在眼与物的中间，那么这心的形体，是兼有眼、物二者，还是只是其一？倘若心兼有两体，心体与物体纷杂混乱。物体本身没有知觉，心有知觉，两者是对立的，那么何处是中间呢？所以兼有二体不能成立，心不知眼的形体，也不同于无知觉的物体，那么在中间的心，以什么为表现形态呢？所以应当知道，心灵在中间的认识是错误的。”

阿难对佛说：“我以前曾听见您对大目犍连、须菩提、富楼那、舍利弗四位大弟子共同宣讲佛门义理，经常讲能觉悟、认识、分别事物的心性，既不在身内，也不在体外，同样不在心与物的中间，没有实际形态。不能执着地认为心有实体，产生意念就称之为心。那么我认为心并不在任何地方，是否可叫作心呢？”

佛说：“你说有觉察认识和区别事物的心性，并不在某一处。世界的天空、山川鸟兽，所有东西，可以说一切事物的形态，你都不在心中，是有心或是无心。那么就好比龟长毛兔生角一样，本来就不存在。这又怎么能说是不执着呢？如有所谓的不执着于有，那么也不能说是无。没有表现形态的是无，不是无却有心的形态。不执着有心的这种念头，又怎么能说是没有执着呢？因此应当知道，一切都不执着的心念，称为觉悟认识的心灵，是错误的。”

这时阿难在听众之中，立即从坐垫上起身，袒露着右肩，用右膝着地跪下，两手相合丁胸前，恭敬地对佛说：“我是您最小的堂弟。承蒙您的慈悲爱护，虽然现在出家修行，但仍特别关注怜悯。所以注重博学多闻，定力不及不能脱离烦恼。不能降伏迷幻邪咒，被邪术搞得晕头转向，沉溺在纵欲的屋里，这都是不知自己真实的心灵在何处。期望世上尊者发大慈悲的怜悯之心，为大家指明修行正念定止的道路。让一切恶人恶念都堕入深渊。”说完以后，阿难又五体投地地向佛再拜，与会的信众们都倾心渴求真谛，翘首以待，虔诚地聆听佛的教诲。

这时的佛，从面部放射出各种光芒，灿烂夺目，如千百个太阳一样。一切佛所居住的地方，六种运动的形态，摇动、升腾、震荡、冲击、吼声、爆裂声，在一切国土上都开始显现。佛的威力、神通使一切都汇集于一个真实清澄的境界中。在这个境界里，所有有成就的证悟者，都安详地处在自己的国土中，将两手合掌于胸前，聆听教诲。

佛对阿难说："一切生灵，从本初以来，由各种迷惑形成妄有的认识，由各种前因汇集的妄念如凶恶的夜叉。各种修行者，不能成就彻底觉悟以至于修证到闻法信和自证觉悟的人以及其他教派的修行者，各天界的魔王和追随者都是不能认识两种根本的道理，错误地修证。就好比用水煮沙子，想使之成为美味佳肴，纵使经过长久艰苦的努力，最终也不能如愿。是哪两种根本义理呢？阿难，一是从本初以来的生死轮回，就是你现在和人们所具有的妄有烦恼之心；二是从本初以来本自具有的清净心，就如众生认识中有本觉悟的心性，因各种机缘生妄念，使真实的心性被遗弃。因为人们失却了本心清澄的心性，虽然终日修行，但终归不能觉悟，从而进入生死相续六道轮回的苦难之中。"①

以上就是《楞严经》中被佛门称为修悟之门的"七处征心"，佛用有、无双遣之法以消除阿难的攀缘之心，充分运用了生动精彩的比喻，如用"国王发兵"喻阿难"发心"修行，却不知"心"为何物，好比"发兵"却不知"敌"在何处，从而引出心在身之内、在身之外、在眼、在见明见暗

① 《楞严经》卷一，《大正藏》19卷。

之间、在思维中、在身之内外之间、在虚无之七处讨论，意趣盎然，机锋流转，睿智深邃，情节牵心动魄，如抽丝剥茧，逐层深入。所述一波未平，一波又起，将阿难修行的妄有心识，直逼得使尽浑身解数，终归于“无著”。所谓剑走偏锋，直点阴阳之极，从而佛把征心之论皆指向一切现象本自虚幻，一切烦恼的生成之因，皆在于心。一切心识亦为虚幻，必须以破妄有破万法的大智慧，直探心源，除妄归真，从而随幻随灭，运用于心，这就是“万法唯一心”，也就是明心见性的“大乘第一义谛”。

（三）修身之思

“心常调畅第一安乐”[①]，佛陀的修身理论是以修“心”为出发点的，一切修行都要落在对治“妄有之心”上。身心健康，人皆所愿，舒畅的心理状态就是首要因素。人如若心平气和，就如临清泉，身心清爽，超脱色尘，“心火灭已，身得清凉”。认为真实的心性，本自于无，如磨铜镜，妄尘之垢，净污则明。身体、意识都好比是幻念污垢，只有将污染了的身心形态尽除，才能清净。

修身就是要修悟对整个世界的认识和看法，反映的是对人这一认识主体的基本看法，是认识论的阐发，同样具有现实意义。在生活中，许多时候，人们常常对人生的意义和价值感到迷惘，被动地把自身视为待价而沽的商品，所谓的

① 《实相般若波罗蜜经》。

乙亥年臘月
聖嚴師父法語

成功和价值，就是能在市场交易中卖出一个好价钱。推销自己，是时代的要求，成功地推销自己，是时代的宠儿。所以，一切都量化在金钱上。学习是一种投资，教育也是投资，乃至于感情也是投资，似乎人生的一切都在追寻着一个目标，就是个人价值的最大化。在我们的生活里，人们所关注的不是“这有认识价值吗？是真理吗？”而是众口执一地发问“这有何用？”人们都屈服、拜倒在现实、功利的脚下，摇尾乞怜般地挣扎着。人们都活得很苦、很累。下岗的人，有闲却无钱，面对孩子升学、就业，养老和疾病，房子和票子等问题，没法活得轻松。有着体面的工作，房子、票子、车子俱全的人，同样活得艰辛，子女的教育、人事关系的协调、定职定级的考评、岗位评聘的竞争、纷至沓来的报表、永远干不完的工作和名目繁杂、日益飙升的指标体系，加上人情的冷漠，这些都让处在不同环境的人们感到压抑，心情沉重，也正是如此，人们开始注意如何从功利化、物化了的人转化为在世界观指导下的生活的人，注重在“求真”的现实中去“求美”。

佛教的修身理论就是一种“生活的认识论”，认为对于外界世界，包括自身的一切现象与形态都应保持清醒的认识，这就是“正念”。万法皆空，认识到一切都是人们意识的虚幻空华，从而多一分宁静，少一分浮华，用慈心观想社会人生，感恩之心则多一分，角逐之念则少一分，心平则意气平，气平则平安随喜，圆融和谐。参悟自身都是由各种因缘构成，是一个不断变化中的短暂的现象形态。人生百年，如电光石火、白驹过隙，像夕阳残照，似在风雨中摇曳的火苗，如晨露在枝叶上的闪烁，不过忽然而已，一死方知万事空。来时人生无一物，去时一物终了无。身心都是由四大元素地、水、火、风聚合而成，由六根产生相应的六境，生成六识，形成妄有之心，从而使人们为了现实利益追逐一世，奔波劳碌一生。这好比一只孵化成熟的鸡蛋，小鸡常常无力啄开厚硬的蛋壳，须借母鸡外力的轻啄，小鸡就可以破壳而出，分享灿烂多彩的风雨阳光、无限生机一样。人如果被束缚在利益的重壳之内，就永远不能脱离利欲的重压，会活得很累，如果能跳出利欲的无限诱惑，打破为名利所活着的坚壳，就会重新审视人生，面对生活。在苦难面前，不再悲悯，人生落地苦自来，多一点冷静；在富贵利禄、酒色功名面前，多一分矜持自重和把握，任运随缘，惜身感恩。所以佛家常谓“明心见性”，就是要打破妄有的坚壳，“观心无常”，“心如平原走马，易放难收”。一切归结于心，就是说在于人们对主观世界和客观世界的认识。心有多大，世界就有多大；心有多累，生活就有多少拖累。反之，心有多美，人生就有多美；心中是幸福的，在苦难中也同样会感恩。

佛学中对于利欲的知妄而求真的思想价值，是能够被人们所认知的，但是对于人生人人关注的男欢女爱，人类津津乐道的，被称为“永恒主题”的爱情如何来认识呢？恰逢最近电视台正在热烈讨论着在网上被炒得火热的姐弟恋、师生恋的问题，人们争先恐后地纷纷发表着自己的见解，莫衷一是，但是最终却在对什么是爱情这个讨论的前提都无法有一个基本定义的状况下收场了，就难免给人以作秀之嫌。我们讨论佛学与当代社会，如果对这一颇具争议、敏感的话题避而不谈，是不对的。

首先，应当让大家都畅所欲言，发表不同意见。这里的意见是指认真思考的，包括并不成熟的意见，当然不包括带有侮辱他人的话语。这就体现了社会对不同认识的包容性。用我们的职业准则就是：我可以坚持反对你的看法、观点或认识，但我却应当用生命来捍卫你表达自己思想的权利，学术研究没有禁区。

爱情是什么？笔者认为，它是生理和心理的双重渴求和需要，如“云想衣裳花想容”。只有心理表现，缺乏生理行为的爱情是畸形、变异、病态的；只有生理，缺失心理内涵的只是人的自然本能，是性欲的对象化；生理与心理的共同满足，这只能是一种渴求，是一种对爱情的理想，这种理想永远无法超越社会现实中政治、经济、文化、生理差别的制约。

爱情的结局是什么？爱得越深，痛苦也愈深。生离死别之苦，对爱得深的人来说，显然更甚。“不求同生，但求同死”，似乎是一方死了，一方不能独生，其实这正是对死别的恐惧。这本身就是一个悖论：我爱你，我死，难道对方也应死，也要被剥夺生的权利？反之同理。

“两情若是久长时，又岂在朝朝暮暮？”这是人生的无奈，人生之苦莫过于相思。刻骨铭心的相思直搅得魂销神迷、衣带渐宽，“清减了小腰围”。终了“花自飘零水自流”，苦吟《一剪梅》。

一对少男少女说一生“不离不弃”，是靠不住的誓言，如果兑现了，不排除上演人生的悲剧。两位未成年的学生，在成长中，双方都一定会变化。两个“不”字，这本身就缺少“变”的要素。十年以后，十五岁的小男生又将是怎样？或许当年的“信誓旦旦”，已成今日的喜新厌旧。因此，也许有情有义，有舍弃离合，才是生活的本来面目。

“曾经沧海难为水，除却巫山不是云”的爱，只能是“相思岭上相思泪，不到三声合断肠”，故有“春心莫共花争发，一寸相思一寸灰”的泣血悲歌。

一位心理咨询师谈了自己的看法：爱没有对与错，只有更好。我们理解这是一种善的希冀，观点却并不正确。爱情应当有归宿，枝头开花要结果。爱情不仅自私，而且排他。爱情必须要讲对、讲错，要有法律的底线，否则没有《婚姻法》为爱情底线的社会在今天是难以存在的。

爱情也应当讲对错，应当符合社会的伦理规范、职业道德。一位成年的教师，无论从社会伦理、职业道德上，都不应当和未成年的学生讲“不离不弃”的爱情。不论男方还是女方，如果发生了性行为，都应当视为“诱奸”。不论是男老师和女学生，还是女教师和小男生，未成年的少男少女在学校学习，无论是社会、学校、家庭都对他们有着不可推卸的伦理规范和道德培养的责任，这是一位成年人保护未成年人最基本的法律常识，是一位教师应有的责任和义务。

师生之间，在交往中，容易产生有异于世俗功利婚姻的“师生恋”，如果在交往中产生了爱恋，对未毕业者，就应当呵护至毕业。这样，对本人、家庭、社会都是一种认真负责的态度。应当把选择权交付于对方，至少要等对方成年，再让其选择。

另有一位电台的主持人，声称自己十四岁就有了性体验，称曾经幸福的，永远都幸福。这是极不严肃的说词，按这个逻辑来说，如果是一位未成年的少女怀了孕，她将面临何种选择？结果会如何？有几个不痛苦的？这样的事还少吗？这有诱使青少年恣情纵欲、最终造成一生痛苦的倾向，应当请其自重。

佛家以为，人最难割舍的就是情欲，连佛十大弟子之一的阿难，都上演了一出“盛筵惊魂”的剧目，更何况世人。一切爱恋，皆由各种因缘而生，由根至境到识，一切本自于幻，寻声逐色，缱绻恋念，终成水月空华。岁月催人老，袖底难留香。要以般若之智断除色缘，将滚滚红尘的喧嚣化作澄明灵觉、宁谧无著的人生感悟。四大皆空，若执着于情色，无一不以悲情凄迷而告终，孔雀东南飞，梁祝断魂化蝶，罗密欧与朱丽叶的悲剧，无一不令人唏嘘感叹。

应当指出，关于“四大”地、水、火、风的学说，并非佛教的独创，在印度古代的哲学思想中就早有关于“五大”的论述，这就是地、水、火、风、空。佛教沿用了传统的四大物质说，加以改造。在六根中，眼、耳、鼻、舌、身的肉体，是由物质即四大构成，而意是精神因素，是一种在本源中“似有”的由缘气积聚的形态。从这里我们不难看到，佛教对于身体与意识的认识是完整而细致的，具有唯物的内核，充满辩证因素，它与佛教的人生论和对世界的看法联系在一起，认为世界是客观的，依因缘而生，并通过眼耳鼻舌身至色声香味触法，形成心识，亦即从各种感官到意识，反映到人的主观世界中，这其中包括心理的机制，进而通过“止观”，即禅定智慧，通过主观的意识俯视透析客观世界，完成对主体、客体的“反观内照”“如实观察”，从而认识客观世界的无常、主观世界的无我，达到彻悟人生的境界。这种境界不仅否定了历史上的婆罗门神权，连人的意识和存在都一同否定了，即“幻身灭故，幻心亦灭”，从而否定了整个世界。它从认识上讲是唯心的，从社会发展看对动荡的社会、冷漠惨淡的人生，又何尝不是持有一种冷眼相看的否定呢？人类不总是在由一个否定上升到另一个否定的过程中不断发展和完善的吗？或许正是佛教义理中具有的这种否定的态度，在千百年的流传中才逐渐获得了人们广泛的接受。

佛陀的修身理论，是由对象、方法推及整个物质世界和精神境界。从发生作用的物质形态六根到反映物质的六境，这是唯物的反映学说，由此产生的六识，是以物质世界的认识为基础的，是客观世界和主观世界的结合体。佛学理论体系的严谨、博大已初见端倪。佛家修身理论建立在其人生观和世界观的基础之上，广博而宏大，具有辽阔的理论空间。所谓海阔凭鱼跃，天高任鸟飞。它打破了有限与无限的界线，超越了现实与想象的时空坐标，展现了一个广大的世界，以悟觉万有的空灵，参透大千世界的纷纭万象。修心之博，不仅“性空”，还详涉“妄有”，即谈空不碍论有。不仅是“有”，而且有得“邪乎”，看一看佛教对世界的描述，可谓百态纷呈，多姿多彩。佛教把世界分成三大境界，这本身就是创造，用人类有限的生命去联想无限的世界，不仅需要智慧，其胆识也是非凡的，因为这种联想必须是同它的基本教义吻合的，又必须具有内在的逻辑联系，否则就既是零散、杂乱的，也经不起世人的诘难和推敲。其对欲界世界的构想十分严密，仅欲界的天的概念就很有趣，把天设想为六重天，各有不同，从而天外天的构想就使人神思无限。同时在天内尚有天，如忉利天中，以帝释天为中，四方各有八天，可谓别有洞天。而现实中的人如何与构想中的天国、人间、鬼道、地狱、畜生联系起来呢？佛教把人与其一生的所作所为结合在一起，这就构成了环环相因的因果关系。在这种因果关系中可以涵盖一个人一生的言行，乃至于一投足、一念头，都会有所验证，这对于人的教化和感召作用是难以估量的。那些根据因果轮回学说创造的大量的佛教故事和传说，也早已广泛流传，如果收集整理一下，又何尝不是皇皇巨著呢？更重要的是这种义理学说已经深深根植于民族的文化心态之中，获得了一切善良人们的广泛赞同，所谓“善有善报，恶有恶报”“积善之家必有余庆”“善不积不足以成名”“愿好人一生平安”等。不仅有来世报，还有现世果报，这种认识积淀在人与人交往的关系准则中，起着净化人的心灵、规范人的道德观念的作用，在当今世界多元文化冲撞、并存的环境中，将永远保持着它独特的东方气息。这使我们想起一句古老的格言：光明来自东方。古老东方思想文化的光辉映耀千秋，将与人类相伴共存。

二、修悟禅观——心灵体验

佛教不仅有系统的修身理论，有通常所计的四念处、四正勤、四如意足、五根、五力、七觉支、八正道等三十七种修行内容，还有其独有的修行方法，这就是在一定时间内闭门的安居修行。我国一般安居期在阴历四月十六至七月十五，称为夏安居，共三个月，在此期间不外出，致力于坐禅修学，这与教义、学术研究有直接的关系。正如一些佛教信徒所持的观点，要正确地理解佛教教义中的真谛，必须要经过“实修”人生经历，而理论、分析乃至于逻辑推理，都不过是世俗的人类很有限的“比量”的运用罢了，尽管他们也承认学者们引经据典的论述对于佛教理论、经文的认识有一定的价值，但真正意义上的理解，就要靠“实证”的“唯修相应”了。这是不无道理的，因为佛教不仅仅是历史上存在的信仰，而且是现实中的信仰；不仅是历史上的信众用生命来实现的人类的实修、实践活动，而且是现实世界中许多人毕生的亲证活动。安居这种佛教的修习，其实并不神秘，原指在印度热带的雨季集中修行。中国大部属大陆季风性气候，夏季十分干旱、炎热，是不便出门的。能够静住一处，修心习典，实在是一种很好的精神与肉体的享受。若能在水边林下伴有清风、朗月，真算得上是一种很有品位的“解脱”。当然这只是一种世人的“平常心”罢了。

对待佛教的修行义理与实践，当然是不能以常人之心而论的，不能仅仅从社会现象、文化现象、历史现象的角度去把握，而应当认识到其中所包孕着的宗教内涵、信仰者的真实。在佛教徒们看来，这是人类有限而狭隘的经验不能理解和证实的，是不可思议的，而人类的认识也不过是“妄念”所动的心识活动。

另外，佛教到大乘阶段，尽管在禅修上很推崇顿悟之说，但是在修行实践上，都反对急功近利的见性成佛。所悟也是有着不同层次的，即宋代禅师的“大悟七八次，小悟无其数”。一步到西天，要有殊胜根机、因缘。

（一）大乘禅观思想

大乘空观，色相纷纭，穷之则无相，音声呼吼，究之则无言。迷者执着于形声，悟者则知其俱寂。万法唯心，佛法的指向在于探究人的心性，其核心是心与法即心与现象形态的考量，一切修行禅观的理论和实践，都是立足于心识上而进行的，其途径不外乎两种：

1. 从法性契入

观一切法性，本自清静，法相如幻。面对人生百态、气象万千，以法界为境契入，进入佛理研判，无论是“唯识”，或是“般若性空”“梦幻空华”，都从色、受、想、行、识五蕴进行体悟，了知清净本源。

2. 从心性探源

万法形态，皆由因缘即条件的和合而生，一切现象，从本质上看都是心识的妄有，因为一切无常，由于从无始以来形成的妄念而无明，从而对自我根尘的反观内照，落实到“治心”，所谓佛说四万八千法，对治八万四千心。这只是言说心念之多罢了，最终在于“明心见性”。

3. 思想价值

大乘禅修的心性学说和对治妄心的禅观以及宗教修持的实践活动，是对人心性的一种认真的心理推究。把一切法界都视为处于流动、幻化之中，无常、无恒，而“妄有”的偏见就在于看不到“我”的变化，不能认识体现“我”的现象形态，即由外因和内因构成的条件，都是各种因缘的离散聚合，因去果无，缘尽人散。一切事物，本自于“空”，如持守“有”与“我”的执着，就无法脱离生、死、爱、欲等无尽的烦恼。这种学说把人们的思维推向了极为精巧的高度，对人类思辨以及心理系统探索的理论贡献都不应低估。佛门修身的目标在于驱有除妄，进入无我的境地。追求人心的灵觉、修悟，是“灵性”的飞跃，因而是唯灵的。

佛门空观无我的义理在现实生活中也有积极意义，如“人到无求品自高”“无私才能无畏”“无欲则刚”“人生的意义在于奉献”，这些有益的格言，都蕴含着无我论的内涵。从文化视域上考量，也有思想价值。那种反省自心、自观内照、探索妄心形态的思维方式，在物质至上、日益喧嚣的世界中，对于教化人心和培养健全的人格有其独特的认识价值和理论意义。

（二）“圆觉三观”

佛陀在《圆觉经》中对修身证悟的法门有详尽的说明，共计二十五种方式：即七止、七观、七禅，这二十一种途径再加上静止、定观、静虑以及三法圆融的圆修，共计二十五种清净轮。但通览全篇，着力讲授的仍是“圆觉三观”。即：

止

止指打坐，这是人类独有的方式，坐亦有益于防止散漫。置身于一个清静的“闲杂人等，请勿打扰”的场所，将全身的肌肉与神经松弛下来，使脑部的血液分流到身体的各个部位之中，使心脏的负担在人为的可控因素下降到最低限度，这样身心就会感到轻松、舒畅，平安喜乐。这对于今天处于纷扰的生活环境中，忙于大小公务、紧张学习的现代人来说，能在一个既清心又放松的环境中调适身心，不失为一种优雅的生活保健之法。修止，严格的“坐法”有两种：如意吉祥坐，左脚在下，右脚置于左大腿，左腿置于右大腿；反之，两脚置法相反，称不动金刚坐。背直，两手圈结，只用鼻息，非病不得口吸，眼微张。初学者不易做到，筋骨僵硬，无柔性者则更难。此外，尚有许多坐法，皆有规矩，但以上述两种坐法最难。之后就是调息，大致分为四个层次：

鼻息，以胸部的肺为主，进入自然状态；

腹息，气至小腹、丹田，呼吸越来越慢，越趋于深细绵长；

胎息，以每一孔穴为息；

龟息，几至自行运气。

后两个层次，是经佛教改造了的瑜伽修行方法，这种方法近几年广受都市白领女性的青睐。其义理和科学意义上的鉴定以及与人体机理的关系，至今并未完全整理清楚。但其法与我国传统的道家“吐纳”修身之法，有义趣相通之处。

止之修，有调养身心、扶正祛邪的功效。当然，不掌握一定的方法“盲修”“瞎练”，也会适得其反的。

修“止”祛病法，将心念专注于病处，对疾病会产生一定的消除化解的功效，但须意守丹田，经久而不散。其义理在于，“止”到定处，意念专注，人、我、法皆置之度外，人且已空，万相皆无，况病乎？当然，如果从医药学的角度看，本来佛教中的“医方明”，就是治病的专门职业。诸如今天人所共知的藏传佛教中的藏医、藏药，其气沉丹田，打通气脉，使全身放松、血液通畅之法，对有些疾病确有一定疗效，当是可信的。换一个角度看，如果名扬海内的少林功法可以强身，那么除病也同此理。本来强身健体与祛病防疾就是一个问题的两个侧面，相互联系，取向一致。

观

就是“调心”的观想。这是大乘灵觉最基础的修行方法，它通过静虑凝神的观察和思考，了知一切形态的“真实本质”，从而让人思其过、悔其心、净其心，脱离妄有世尘的纠葛，远离一切烦恼。“圆觉三观”中的观想，不外乎“行”“事”“法”。这里仅对观想的主要对象和内容做一扼要说明。

白骨观，佛教对人生与社会的观察。首先是从对自身的观悟开始的。白骨观法，涉及每一个人最终都必须面对的自然规律问题，这就是死亡。无论人生是多么美好，不管生活充满了多少艰辛和苦难，无论是帝王或是乞丐，最终都会成为一堆白骨，化作尘埃，这是无法逾越的铁律。愈是留恋不舍，愈是无奈、悲哀。若用纯粹自然的观点，去透析自己和身边的人，好比在电子计算机断层扫描CT之中看到的人人皆为一副骨架。面对一副副骨架，观想一堆堆白骨，对人生的归宿了然于心，自然就淡化了对死的意识。试想当一个人眼里的俊男靓妹都不过是一架白骨的时候，欲望与渴求也会打个折扣的。所谓一腔欲火，化作红莲，原始的人的本能“食色”也由于“向上一行”，由欲化为灵性的感悟而归于雨过云凝的宁静。这是由表及里、反观慧命、破除外相的心理活动。

不净观，这是从自身他身的细微处着眼，对现象进行解构。一是局部观，即凝神于“局部”或人身的任何一部分，观想其“不洁”之处，如头部，有头皮、油垢、眼屎、鼻涕、耳屎、痰、唾液、口臭；二是内外观，由内到外，或由外至内观察人身，内为白骨一堆，外为皱皮一张，内包肉、筋、大小便、污垢、秽物；三为放大观，如置于显微镜下，人身无处不是由各种细菌附着、包裹，无一是处，无一可留恋。人常讲的“洁癖”，就包含有这种心理机制，这种观法最终都是以心识代替了客观。

功德自然观，如观想大海浩瀚辽阔，容纳百川，复为云雨，滋润万物生灵，是生命之源，且千姿百态，如“无常”一般，永不止息，永远变幻，从而知心波如海，妄念如潮，发愿除妄念、断烦恼，知“万法唯心”。另外，凡自然之物，皆以感恩之心观想，如日月星辰的运行，给我们以晦朔之变，四时更换，五谷丰登，鸟语花香，带给人们美的感念、善的心愿。

因缘观，观想世间万物，皆由因缘和合而成，本自不实，一切无常，如梦中事、镜中像、空中花。观想自身的妄有，察辨心念的妄生妄灭，人间万象，纤毫翳羽，富贵权谋，皆生不带来、死不带去，因缘尽时终须净，未尽尚待缘尽时。因此，要惜时奋进，勤修求证，断除恶业，以结善缘，从而知一切事皆有因，识一切人亦有缘，萌生知一切心、知一切事、察一切物、度一切人的愿心，形成大乘佛教人世法的理论基础。

假想观，此观可疗伤治病。如某处有病患，观想此处得到治愈，运心力于此处，专注不移，久而久之，能产生意想不到的疗效。类似心理学的意念治疗法，通过心理暗示、诱导，使身心趋于向上的健康状况，达到治病的效果。二者当有异曲同工之妙，至少有一点可以确定，此法对于自身疾病的治愈，特别是慢性病的治疗，是大有裨益的。其原因，就是有信心、有恒心，对治病持乐观态度，这是很重要的。

此外，中国佛教天台宗所立观心法门有三种：

历事观，将万相逐一于心，于实理成观，知万法皆幻。

附法观，从内心观悟“四谛”“十二因缘”的义理，使万象不息而自息，六根不净而自静，无纤无尘。

约行观，又称直达观，一念之心，定为所观之境，在心观其为“即空、即假、即中”，意谓万境虽殊，形态万千差别，但本质是“空”，是“幻有”而非真，要不落于“二边”，即“常有”与“中断”，一切无常，且念念相续。

还有菩萨六观法，分别是住观、行观、向观、地观、无相观、一切种智差别观。《观无量寿经》还有向净土境界往生之人，不同的十六种观想，以及“四种观行”。

总之，上述皆为佛教反观内照妄心，惑散屏消，一念不生，洞察人、我、法皆空的般若智慧，是对观想形态加以厘清，念起念落，随生随灭，一一参悟，知自于幻的亲历和心理体验。

禅

禅，是梵文音译“禅那”之略，意为“静虑”“思维修”，是修行者“心注一境”的思维观照。中国佛教通常“禅”与“定”并称为“禅定”。其分为四个阶段，称为四禅：

初禅，指禅定的初步阶段。这时，沉思专一，排除情欲，消除不善之心，即“离”。由此渐进，即生喜乐，由于此时尚有思考之想、心虑之念，故曰初禅。就是说，初禅只是离欲的阶段。

二禅，由初禅进而安住一想，达到表象的沉静，产生一种更高境界的喜乐，称二禅。

三禅，由二禅进一步修养，舍离喜乐而趋于完全安静的境地，于是达到轻安的妙乐。这时已经产生了灵觉的智慧，但由于还有身心妙乐的感觉，故离静寂尚有距离。

四禅，由三禅再进一步，完全超脱苦乐，连自身的存在也已忘却，从而达到止观平定，舍念清澄，进入解脱的境界。

禅，是修行的方法，目的是断惑证真，真如圆满。对于其他人来讲，是一种不可思议的修行体验，不易被未亲证者所认识，是本体自悟，既无所有亦无所无的境界。

禅，在佛门“三学”“六度”，即“戒、定、慧”与“布施、持戒、忍辱、精进、禅定、智慧”之中，都是极重要的环节。这就是所谓“三乘学人，欲求圣道，必须修禅。离此无门，离此无路”。《圆觉经》是主张并明示三个层次渐修的，这被中国佛教的禅宗称为如来禅，是以经文为根据的藉教悟宗；而禅宗的顿悟则被称为教外别传的祖师禅。

由于每个人的根机、气质有所不同，因此证悟境界也千差万别，但大体上有信、愿、愤、疑四个根本。一信，信佛、信法、信僧（即师父），要坚定圆满佛性，在于“信”与“行”。二愿，发愿度众生，这种思想把修行者与世人连接起来，有丰富的内涵，与杜甫“安得广厦千万间”的情怀、宁苦身以利人的境界有共同之处。三愤，即发愤进取，惜时专一，这一点对于做好任何事情来说，都是不能缺少

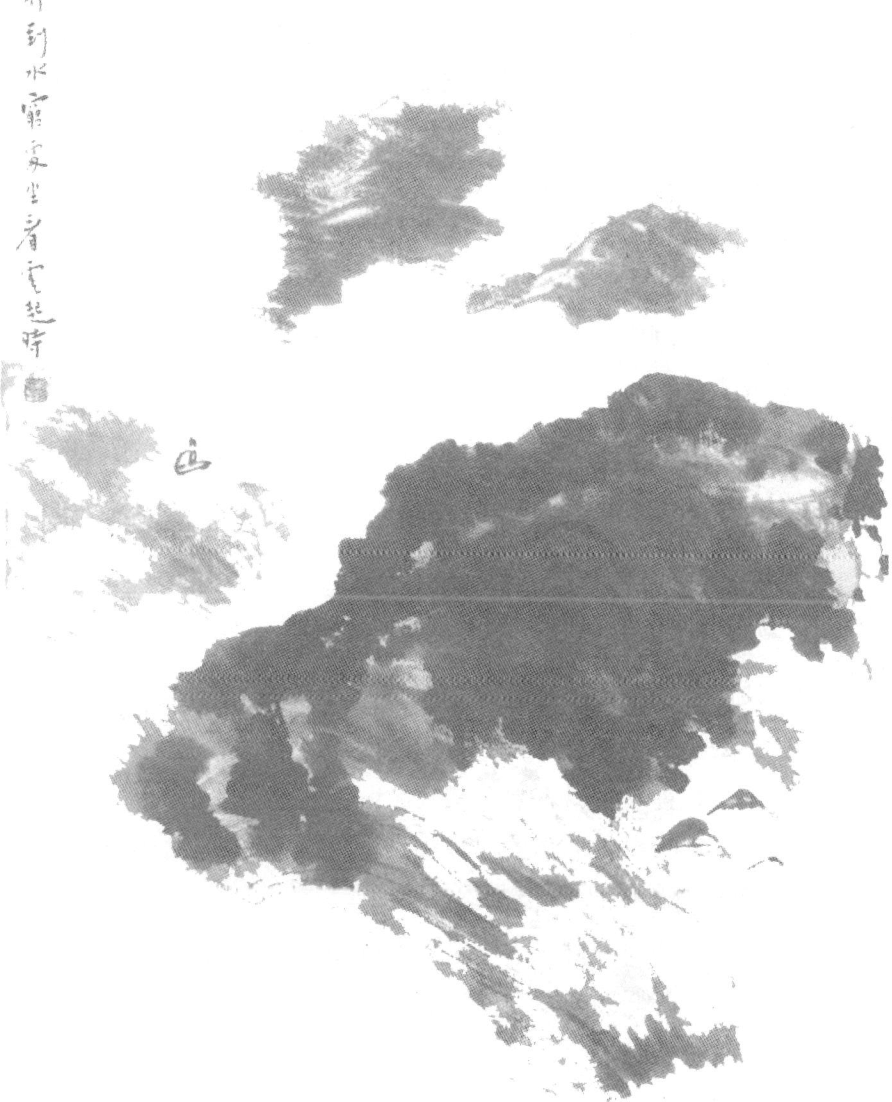
行到水窮處坐看雲起時

的。四疑，疑者，问也。如参“话头”，不是给一个答案，也不是等待答案，而是寻找答案，一路寻下去，问到不自问时，从而由疑情如潮、问题成堆到明心见性、出妄成觉。不疑不悟，大疑大悟，极具辩证思维，不仅以疑参悟，法脉弘传，而且对中国文化中的问学之学产生积极影响。不仅在佛门是“禅院梅子熟”，在学界亦呈“学苑桂花香”。客观地看，对禅定这种“静中思虑”“转迷成悟”的思维方法，从生理学、心理学的科学角度去揭示和认识它，仍有很长的一段路要走。

（三）止、观辨微

对于佛家止、观的修持法门，可以听到一种以“想”看“观”，以“识”谈止、观的看法。

首先让我们看一看以主观想象评价禅观的看法，认为禅观实质上是一种形象思维，好似一种名副其实的想象，并且和文学创作过程中的想象有某些相通之处。

第一，禅观多以表象为基础。所谓表象，就是人的记忆所保留的客观事物的形象，是艺术构思中不可或缺的因素，多数禅法皆赖表象以奏其功。

第二，禅观的过程与形象密不可分，其特征是依靠对心造幻境的凝神观照来领会佛理，它要求修行者凭借表象，发挥想象力来构想形象，“系心在像，不令他念”，道出了形象思维的特征。

我们认为，从文艺创作中的想象和形象思维的角度，揭示止、观的心理机制以及认识过程，是很有见地的理解，但是这种理解仅仅停留在止、观禅法的“表象”。理由是：

第一，禅观有形象思维的因素，但要素却是在观想中，主要运用的是抽象思维的方式，如因缘观、不净观、白骨观等，都是从十二因缘的缘起论、无常论为观想的出发点，主观认识大于客观想象，思辨大于表象，是一种高度集中、从主体到自我的透视和历练。

第二，止观是愿力的表现形式，其目的是证真得悟，由此岸到彼岸的过程，最终是灭，是万象归无，皆出妄念。止观是息念、止象的过程，充满灵性的思辨。

还有一种由认识论的立场出发来理解禅观，认为禅观从本质上说是一种神秘主义的直观，它以信仰代替理智，以内省代替实践，目的是要引导人们抛弃现实去领悟彼岸世界的真理。因此，它舍真实而求虚幻，要修行者离开客观现实沉浸于虚无的冥想之中，并把心造的幻境当成最高的真实。从想象活动本身来说，禅观要求的是一种程式化的思维，严格按照既定的范本复制出某种境象。从想象活动的结果来说，禅观追求的是达到离“文字相”的神秘境界。禅法是始于外界获得表象，经过宗教信仰指导下的程式化的“想象”，在修行者心中造出种种幻境，由对这些幻境的静观去体味“象外之意”，最终达到悟象为幻、悟己为幻、悟物为幻的目的。

这种认识，也是有明显的缺失和不足，理由是：

第一，认为是“神秘”的直观，本身就是一种缺乏亲修实证的搪塞之词，如看镜中花、水中月，以揣度的“妄有”之心，是无法理解化妄见性的佛理。正所谓，观人食果不知味，隔岸观火不知灼。

第二，“以信仰代理智”之说是缺乏说服力的。信仰本身是要用智慧去认识、体会的。大乘佛学的止观修行，就是一种高度的理性活动，从思辨到思辨，从抽象到抽象，观想是以大乘经院哲学为理论基础的，是以般若智慧来赢得人们的心悦诚服，皈依信奉的。以人生时空的有限对决佛教世界的无限，从而在现实中难以证实，也难以证伪，进而由无穷的理论探索换得人们真诚的信仰，从而达到无须证实和证伪的信仰高度，这是大乘佛学理论的重要特征之一。

第三，以“内省”代“实践”，这种说法是不客观的。禅观本身就是实实在在的宗教实践，实践不仅包括外在的行为，也包括内在的心理、生理感受。禅观本身就是佛教徒的真实心路历程，只要经历过，就会留下心理的足迹，而非简单的幻境。

第四，说禅观是程式化的思维和想象，程式是道场表象，禅门之多，方法之众，是不能用程式再现的。佛说八万四千法，对治八万四千心，只是言其多罢了，谓之如恒河沙数。一花一世界，一树一精神，世上没有相同的叶，更没有两颗相同的心，若是程式化地按既定的范本复制，那无疑就是“水月道场”的诠释了。

（四）修心中的“五十禅境”

《楞严经》以其对禅门要义禅定的精微阐发，得到了历代教学两界的关注，它对修心中五十种“禅境”的睿智而超妙的思索，打开了一扇修身先修心、通往心灵幽境的大门。《楞严经·卷九》中，佛陀论述了修定时色、受、想、行、识所分别对应的十种禅境，亦称魔境，即妄有心魔的五十种现象形态，指出修禅定破五阴之境与六根之妄同理，五灭则一亦不存，归结于妄始于识，万法唯心①。仅就色阴十境之经、译、解，分述如次：

【经文】

阿难，当在此中，精研妙明，四大不织，少选之间，身能出碍。此名精明流溢前境。斯但功用，暂得如是，非为圣证，不作圣心，名善境界。若作圣解，即受群邪。

阿难，复以此心，精研妙明，其身内彻。是人忽然于其身内，拾出蛲蛔。身相宛然，亦无伤毁。此名精明流溢形体。斯但精行，暂得如是，非为圣证，不作圣心，名善境界。若作圣解，即受群邪。

又以此心，内外精研，其时魂魄意志精神，除执受身，余皆涉入，互为宾主。忽于空中闻说法音，或闻十方同敷密义。此名精魄递相离合，成就善种，暂得如是，非为圣证，不作圣心，名善境界。若作圣解，即受群邪。

又以此心，澄露皎彻，内光发明，十方遍作阎浮檀色。

---

① 参见拙作《白话楞严经》，三秦出版社，2003年8月第二次印刷，第346—403页。

一切种类，化为如来。于是忽见毗卢遮那[1]，踞天光台，千佛围绕，百亿国土，及与莲华俱时出现。此名心魂灵悟所染。心光研明，照诸世界，暂得如是，非为圣证，不作圣心，名善境界。若作圣解，即受群邪。

又以此心，精研妙明，观察不停，抑按降伏，制止超越。于时忽然十方虚空，成七宝色，或百宝色。同时遍满，不相留碍，青黄赤白，各各纯现。此名抑按功力逾分。暂得如是，非为圣证，不作圣心，名善境界。若作圣解，即受群邪。

又以此心，研究澄彻，精光不乱。忽于夜半，在暗室内见种种物，不殊白昼。而暗室物亦不除灭。此名心细密澄其见，所视洞幽。暂得如是，非为圣证，不作圣心，名善境界。若作圣解，即受群邪。

又以此心，圆入虚融，四肢忽然同于草木，火烧刀斫，曾无所觉。又则火光不能烧爇，纵割其肉，犹如削木。此名尘并，排四大性，一向入纯。暂得如是，非为圣证，不作圣心，名善境界。若作圣解，即受群邪。

又以此心，成就清净，净心功极，忽见大地十方山河，皆成佛国。具足七宝，光明遍满。又见恒沙诸佛如来，遍满空界，楼殿华丽。下见地狱，上观天宫，得无障碍。此名欣厌凝思日深，想久化成。非为圣证，不作圣心，名善境界。

---

① 毗卢遮那：梵文音译，意为“光明遍照”“大日”。佛教各派解释不同。华严宗认为是报身佛，天台宗、密宗以为是法身佛，法相宗以毗卢遮那佛为自性身。

若作圣解，即受群邪。

又以此心，研究深远，忽于中夜，遥见远方市井街巷，亲族眷属，或闻其语。此名迫心逼极飞出，故多隔见。非为圣证，不作圣心，名善境界。若作圣解，即受群邪。

又以此心，研究精极，见善知识，形体变移，少选无端，种种迁改。此名邪心含受魑魅，或遭天魔入其心腹。无端说法，通达妙义。非为圣证，不作圣心，魔事销歇。若作圣解，即受群邪。

阿难，如是十种禅那现境，皆是色阴用心交互，故现斯事。众生顽迷，不自忖量，逢此因缘，迷不自识，谓言登圣。大妄语成，堕无间狱。汝等当依如来灭后，于末法中宣示斯义。无令天魔得其方便，保护覆护，成无上道。

【译文】

阿难，应当在止观之中精细研究美妙澄明之心，那么由地、水、火、风所构成的身体并无如密织的网，在顷刻之间，身体就能脱出妄有的阻碍。这叫作精妙澄明流溢到眼前的境界。这是止观功用的形态，暂时得到的空境，不是得证圣道，也不认为是圣道而生欢喜之心，就称为很好的境界。如果认为证得圣道，就会落入群魔的邪恶中。

阿难，还要以止观之心，精细研究其美妙澄明，可观见身体内的一切。此人能在自己体内，看到并取出蛲虫、蛔虫等寄生虫，身体仍安然如故，并没有受伤。这叫作精妙澄明流溢到身体。这只是止观定力行到精妙，暂时得到的，不是

山花開似錦
澗水湛如藍

证得佛理，也不认为证得了佛果而生欢喜心，就称为好的境界。如果认为证得佛理，就会落入群魔的邪恶中。

还要以此止观之心，由内到外精细研究，这时魂魄意志和精神，除了还承受其身体外，其余都能相互摄入，并相互成为宾主。能在忽然之间听到空中传来的讲说佛法的声音，或者是听到十方虚空里同时传来的解说玄妙密义之理。这叫作精神和魂魄与外界相互传递、分离和结合，成就了善业之因暂时得到的结果，并非证悟佛理，在心里也不认为如此，这称为好的境界。如果认为证得了佛理，就会落入群魔的邪恶中。

还要以此止观之心显出皎洁澄明清澈的特征，从内心放射出光明，使一切世界都变成紫金光的色彩。一切十二种类的生灵，都化为佛。这时会忽然看见法身佛，安坐在天上光明的台阶之上，有千佛围绕，虚空中的一切地方以及莲花都同时出现在眼前。这叫作心灵和魂魄受到觉悟灵光的感染。心中灵光研发光明，照映一切世界，是暂时如此，并非证得佛理，在心里也不这样认为，称为好的境界。如果认为证得了佛理，就会落入群魔的邪恶中。

还要以此止观之心，精细研究而美妙明净，在不停的观察中抑制纷扰降伏妄念，制止住妄心的超出逾越，这时会忽然看到十方虚空，成七宝的色彩，或者成为百宝的颜色。同时遍布空间，不相互阻碍，青、黄、红、白，各种都分别显现出来。这称为止观之心的定力抑制妄有心专致过分。是暂时这样，并非证得佛理，在心里也不这样认为，称为好的境界。如果认为证得了佛理，就会落入群魔的邪恶中。

还要以此止观之心，研究到清澄明澈，精妙之光不散乱。忽然会于夜间，在黑暗的室内见到各种事物，和白天没有区别，而且暗室内的事物也不消失。这叫作修心细密见性澄明，所见如洞中探幽。是暂时如此，并非证悟佛理，心里也不这样认识，称为好的境界。如果认为证得了佛理，就会落入群魔的邪恶中。

还要以此止观之心，圆融并化入虚空，使身体双手双脚忽然之间同于草木，火烧刀砍，没有感觉。用火光焚烧不能使其发热，纵使是用刀割其肉，犹如削木头一样。这叫作现象物质形态合并，排除了地、水、火、风的物质性，一心进入止定。是暂时如此，并非证悟了佛理，心里也不会有这样的想法，称为好的境界。如果认为证得了佛理，就会落人群魔的邪恶中。

还要以此止观之心，成就清净境地，净心之功到极致，会忽然见到一切大地山河，都成为佛国净土。具有七宝，光明洒遍大地。还见有如恒河沙数般的佛，遍及布满虚空界，有华丽的宫殿楼阁。往下可见地狱之况，往上可观天宫之景，没有阻碍屏障。这叫作欣喜佛国厌恶浊世的凝神静思日见深厚，久想变化而成。这并非证得佛理，心里也不会有这样的想法，称为好的境界。如果认为证得了佛理，就会落入群魔的邪恶中。

还要以此止观之心，研究到深远至极，会忽然在半夜遥遥看见远方的市镇和街巷以及亲人家眷，或者听到他们的话语。这叫作急迫修心而其飞出身体，从而能隔远方看见。这并非证悟了佛理，心中也不这样想称为好的境界。如果认为证悟了佛理，就会落入群魔的邪恶中。

还要以此止观之心，研究到精妙至极，会见到掌握了事物真谛的觉悟者，身体形态变化迁移，瞬息万变，有各种改变的状况。这叫作有邪念之心包含并接受了鬼怪，或者是遭遇到天魔入于心，从而无端解说法理，通达精妙的意义。这并非证悟了佛理，在心里也不这样认为，称为好的境界。如果认为证悟了佛理，就会落入群魔的邪恶中。

阿难，这就是十种禅定修行中显现的境界，都是现象的形态在心中交互作用，因此呈现出来的事物。众生们迷惑于顽固的现象形态，不能自己加以忖思考量，每遇到这些境界，就迷惑起来不能识别，自认为证得了圣明的境地，妄自尊大称其有成就，从而堕入无边的地狱之中。你们应当在佛寂灭之后，在末法时期宣讲这些义理。不使天魔有机可乘，保护并爱护修行的人，成就无上智慧的佛果。

在修止观三昧的色阴十禅境中，蕴含了丰富的心理因素。这些心理因素并不神秘，也不是修禅观之人独有的心理机制，是现实形态和理想心态的一种显现，表现了人类丰富的想象力和再造联想思维的特征，是对现实生活中的人们不无益处的修心之态。从生理和心理的角度考量，不失为一种释放和缓解生理和心理压力的一种静虑之法。对应色阴十禅境的现象，这里依次加以解说，以感受其现实生活基础和瞬息变幻的思想火花。

（1）超然无碍之境

这是一种进入到运思状态的境界。所谓物我两忘，纤尘不染，一切皆无可无不可，进入到杂念皆息、相对空寂的境地。人们在凝神专注时，将心念纷扰暂为止息，不失为一种自我意识的调整，也是使心灵得到片刻安宁的良方。

（2）观内取物之境

这应是坐禅时的一种“可信传言”。理由一：坐久而不食，体内寄生虫也会感到饥饿，由各种通道向外蠕动觅食，这时由禅者取之，是可以理解的事。理由二：人静坐时久，处于静态，体内寄生虫感受到外部的平静，到体外产卵时，由禅者取之，亦有可能。古人对寄生虫并不为怪，民间就有视其为“消食”虫之说。由于受卫生条件的制约，饮生水、人畜同饮一源的情况，在乡间为寻常之事。虫多者，亦易出，由饥者、静者出之，可能性亦大。今天体内无此寄生虫者，再静也不会“有所取”，终归于无。

（3）内外交融之境

此由止观入定而产生的一种迷离恍惚的神态。这时能将平时常想、常听之事或当下心念萦绕、神走魂牵之事，变成一种若醒若梦、若即若离的情景，从而“耳里犹闻”，使之心驰神往，“余音袅袅”，犹声之在旁，一一显现。这样，就形成了听到空中传来的弘法之音、听到了十万虚空传来的解说玄妙密义的心灵境界。

（4）澄心映佛之境

这可以视为由止观进入的“心想事成”、随喜功德、契理契机的彼岸境遇，是由信入迷、由迷而成痴、由痴而成就佛境的灵性展示，是由专注诚笃的心灵所致的一种情景幻现。笔者也有过类似的心理体验，虽历经三十余载，当时之境况，至今仍历历在目。那是我头一次坐飞机，当这架小型的军用飞机上下起伏，盘旋在浩瀚的腾格里沙海上空的时候，我神情亢奋，凝注大地。在骄阳的照耀下，黄澄澄的沙丘连绵起伏，一望无际，使人目眩，犹如置身于黄金的世界，眼前的一切都由黄金铸就，使人震撼。以后很长的一段日子，见到艳阳当空的时候，我仍眩晕不已。从这里去思考，倘若你真置身于这种由金子打造的境遇中，在漫无边际的金色世界里，独自一人，将是何等的感受呢？这是一种移情于物、产生幻化的境况。

（5）宝光相照之境

这是一种静思久坐时产生的情景。所谓眼冒金花、耳鸣若雷、五光十色、目不暇接的心境。

（6）夜如白昼之境

久坐由白天到黑暗，身心、眼睛与外部环境中的光线是逐渐协调、适应的，因此虽处暗中，景物仍依稀可辨，在夜里打坐时，夜深人静、星稀月朗，对周围的一切，都有可能耳真目明，分辨得格外清晰，故心径通幽如洞中观火。事实上，也只有在夜里，才能以静谧之心觅萤光点点，听虫鸣阵阵。明中有暗，暗中见明，事理亦同。

（7）身尘俱忘之境

定久身我两忘大致如是。或许是一来因血液坐久而滞，手足无感，知觉在一时间因缺血而导致的生理和心理现象。二者是“默默忘言，昭昭在前”“鹤梦烟寒，水衔秋远”，尘尘刹刹皆为空幻梦想，五蕴之身俱成万劫空灵，是一种事尘无碍、清流涧月似的忘怀之态。

（8）凝入佛土之境

似为修证者一心向佛，心驰神往，凝思专注，形成了心住佛国，我即成佛，入于佛国净土心态的写实。

（9）见闻通达之境

这是一种以止观心，精研至深，在夜半遥见远方市井、犹闻亲人话语的境遇，是心出体外，思绪通达于外隅，故隔远有所见闻的“遥感”心迹。所谓有过的，必留下痕迹，大雪后可无痕，而心体悟的焉能无迹？人凝神静思时，亲人的话语、熟悉的环境，以至于所敬重者、故人旧友之笑貌、音容，往往会浮现出来，呈现于前，或对答有序，或谆谆告诫、娓娓道来，常发人深省。这并不怪诞，是一种有奇妙之功的“神思”，属人脑中的联想再造机能。

（10）妙说法理之境

大乘佛学认为人人皆有佛性，那么修证者心有佛，有成佛之想亦虽妄而“不妄”，成自然之理。既可成佛，那么代佛立言、代佛弘法，也就是“顺理成章”之事。有入定之念，也当有代佛立言之愿，佛教史上诸多悬而未决的“托伪”之论，当与此心、此境所念不无关联。

总之，心识出于现象的色阴范围，又创造出更加纷繁而斑斓的色界来，而对治仍在于一心。知妄则得悟，反之则成魔，万法唯于一心的佛义也就自然而出。十境是在讨论了佛教基本教义的基础上提出的，内涵丰富，反映了佛教的人生观和对世界的根本看法，充满了哲理和思辨的智慧，是开启心扉的一把钥匙，同时也是认识、理解禅者心迹的一条小径，有曲径通幽、明心见智的作用。

色阴十境是修定者的一种心理体验，作者对此加以详细表述，会对修止观的信众在亲证之中产生一种“正面引导”或“印证此心”的客观效果。产生了“妄有”的心态，就应有“对治”的方法。因此，这不仅是十种心理之境，令人心驰神往之境，但逢之又必除、必戒的“魔境”，修者“遇魔”，克之者方可悟道，有辩证的体悟。这是一种认真的心理剖析，也是对修止观者心理状况的详尽描述。它把人们静虑时思维的想象、联想、再现、再造，以至于创造机能都真切地展现出来，并从十个不同的角度做了精细的分析，一方面反映了禅门认识过程中高度的智慧和理性，另一方面又可以使我们领略五阴五十禅境中、色阴十境表现出来的大乘佛学经院哲学的缜密。大乘佛教的心性学说以及对治妄心的实证，把人们的思维推向了极为精巧的阶段，对理念、思辨、心理探究的贡献是不可低估的。

第二章　生态自然观与和谐社会

人的一切活动，同自然界的四季更迭、行云流水、山河大地、鸟兽虫鱼，都是息息相通的。人本身就是自然中的一个部分，人的精神文化活动，包括科学发明、技术进步，都是对自然及其规律的认识过程，诸如生命的起源和发展，宇宙的过去、现在和未来，人与万物的关系。今天，人们都认识到，保护自然环境，就是保护人类赖以生存的基本条件。一掬清醇甘甜的水，就是对生命最淳朴的呵护；一口被污染的井，无疑是对人健康的亵渎。建立人与自然的和谐关系，是人类可持续发展的保障，也是对人类憧憬美好未来最真挚的祝福。

我们时时刻刻都享受着大自然的恩惠。阳光、风雨、森林、草原、无垠的大地、辽阔的海洋、争奇斗艳的花草、形态各异的昆虫、飞翔奔跑的鸟兽……它们的状况与生存，与我们说都息息相关。我们与自然同呼吸共命运，如同灵魂与肉体、思想与言行密不可分。这就是佛教缘起论中一切自然现象形态皆由因缘和合而成的基本思想。所谓此生故彼生，如风吹水，自然成纹。因此，自然界中的一切相互融合、相互联系，是不可分割的整体。一即融摄一切，一切蕴含于一，圆融无碍。如果我们伤及生命乃至周围的一切事物，就会伤及自我。正是在对世界整体认识的缘起论的理论指导下，佛家保护生态、尊重自然，也就成为顺理成章的自觉行动。缘起学说与当代环境保护学说的系统论、整体论不谋而合。

佛门的生态自然观不仅是独特的，而且是极具理论意义和实践价值的；不但有庞大的理论体系，而且有十分丰富的生态实践。值得注意的是，佛家自然观的实践效果从历史角度审视，佛教堪称自然环境保护的楷模、绿色环保组织的先驱；从现实角度观察，是人类爱护环境、和自然和谐相处的典范，具有示范性的作用。

放眼华夏大地，几乎所有的佛教文化场所都是重要的旅游胜地，以至于有人一度戏称国内旅游的特征是“白天看庙，晚上睡觉”。这庙有什么可看的呢？其实大有看头，大致可以分为两个层面：人文景观、自然景观。

从人文景观来说，庙是佛教的修持之地，是宗教活动场所，可看的内容很多，能看懂者却有限。这是由于庙宇往往有着深厚的文化内涵，其历史沿革、教义宗派、建筑特色、造像雕塑、人物事迹、文化典籍中的奥妙常常难以胜数，在此暂且不谈。

仅从自然景观上说，庙居山林者多，所谓“天下名山僧占多”。这些都是千百年来佛教徒精心呵护的地方，其保护下来的自然景观足以使人流连忘返，是文人墨客吟咏景致的物像胜境，从来都代不乏陈，难以计数。

何以庙大多都是内蕴优雅之地、景色迷人之境。这就不能不和佛教独具的世界观、完整的生态自然理论、丰富的宗教实践有着密切联系。

一、怡情山水间

佛家自然观的理论和实践，主观与客观的关系是完整、统一，而非对立、冲突。其自然观的特点是双向作用，皆为心识，皆由心生，物我平等无二。在这种理论指导下，人与自然的关系不仅是和谐互动，还是互具互有，即物即真，故表现出来的意境、情味不同凡人所思。不管是花开、荷绽、叶萌，还是花谢、荷凋、叶落，本真不变，是和谐的统一体。

（一）感悟山水

佛家对山水的观察认识素有据可考，从中可以略见其对自然万象的审美感悟。可谓郁郁青山，皆现般若；清清溪水，满目菩提。考查佛家自然观，知其思辨路径，方可行到水穷处，感悟认识法门，心解坐看云起时，唯信禅师法眼观自然，山水别有境。谓之：

“老僧三十年前未参禅时，见山是山，见水是水。及至后来，亲见知识，有个入处。见山不是山，见水不是水。而

青山原不動浮雲任去來
靈雲志勤禪師偈語

今得个休歇处，依前见山只是山，见水只是水。”①

继而又发问：“这三般见解，是同是别？”

法师所言，是禅修三十载对佛理参悟的心得，反映了佛教认识世界的方法论和自然观。义趣所在，以山水喻万法，心识定权衡。将所见、所识及佛家之觉借山水托出，呈现出了人境俱在、澄心自在的本来面目。万境圆通、超越物我的禅机，使一切随机自处，花是花来花自香，水是水来水长流。

第一层见解，“见山是山，见水是水”，这是客观的反映论。因山之高谓之山，因水之流谓之水，是山水自然形态的表述，与常人无异。

这一层即“妄有”之境。佛家认为山之高、水之流是各种因缘组合，今日之山，大抵是昨日之水，一切无常，由眼观而成识，万法唯心。

第二层见解，“见山不是山，见水不是水”，是唯心的认识论，因山之高，水之流，依因缘而成，缘灭则物消，知此由心造，心消水自无。故山水则依心而变，是主观唯心之论。禅师以此比喻修证过程中的“知迷”，即万法皆空，山、水、我之识皆妄的开悟。

这一层见解，是执于“两边”的迷惑，主客分离，有无对应，以心识为主导，但又落入“恶处”“恶空”的境地，用来比喻修证中的“初解因缘”的境界，是初悟始觉。

---

①《五灯会元》卷十七。

第三层见解，“见山只是山，见水只是水”，是主客圆融、山水一体的整体论，是佛教灵性的开悟论。所谓谈空不碍论有，心随境生，随起随灭，了无挂牵，心识无尘。

这一层，眼中的自然山水，称之为山，谓之为水。山有水，水含山，我与自然山水、万象形态皆入于心，是灵性的觉悟。

因此，我们可以简单地归纳为：佛教的山水自然观，是物我交融、随缘自在的统一体，即心中有山，山中有心，水里含山，山中寓水，即水即心。观山、观水与观心同在，体察此心与体察山水无异，本自清澄，主客皆忘。从而以佛家法眼看山，山更绿；观水，水自清。因此，大乘佛学的生态自然观，是物我圆融、和谐相通，没有物我关系的对峙，没有法我之间的对立性。从而使人与自然的关系从认识论上看互为因缘，本自一体，相互交融，妙法真如。

（二）珍爱自然

佛家以自然万物为机，开觉化悟，随机成趣的内容十分丰富。融于自然，犹以赤子之心吸吮乳汁，亲密无间，浑然一体。佛家人怡情于自然万物，体物寄情的禅诗偈语比比皆是，大都感悟细腻、独到，意境轻安随意，意蕴深幽，语简句洁，且没有固定的模式，常如空中飞雁、水月、镜花，在掠过无痕中，翻出新意，使人于吟咏之中回环往复，荡气回肠，观物察心，尘我两迁。请看：

1. 梅声笑寒

凛凛朔风遍界寒，
千林叶落水成圆。
透肌彻骨谁能委，
惟有梅花笑破寒。

——《五灯全书》卷一百十三

这是一首咏梅诗。其特点在于将梅情、诗心、禅意共熔一炉，把一枝心花寄于梅枝绽放，在冷寂中点燃一团火焰，遍彻寒界，将透过肌肤、骨力的寒冬换作驱冷化寒的自然心境。心主融寒客，禅心、绽梅，形成主客交融的温情暖意，主客无二。人、花、风、寒自在一心，圆融无碍，空寒静寂中的梅花笑语，声破云霓，暖骨温心。好一朵隆冬的梅花，在寒风中发出的欣然笑语暖透寒冬，怎一副体梅寓意的禅心衷肠！所谓纵有朔风吹遍，彻骨严寒，亦有斗寒人，尽管冬日百花凋败，却有寒梅笑傲霜雪，好像在预示着一个真谛：在送走了隆冬之后，就会迎来明媚的春色。作者在禅悟中表达了自己独特的审美感受。

2. 心如明月情如水

溪光野色浸楼台，
一笛遥闻奏落梅。
风送断云归岭去，
月和流水过桥来。

——《人天眼目·卷六》

小溪、田野、楼台，诗僧笔下的景物描述，远近俱现，动静相宜。清溪对楼台，呈现第一层两两相对的景物；风送云移对山岭，是一幅远景的展现，又是一层动与静的对比；月亮、水流、小桥是近景。人在桥上，方感月映于水，水伴月而流，这一组两两相对、动静相得的佳句，水与月、人与桥，对得自然贴切。其间遥闻牧笛于梅花绽放的田园，聆听与静观俱得其妙。这里还透出缕缕禅思，诗心如水月，来去无尘，景情如流水，了过了无。

诗歌画面清美，意境空灵，既明佛理，又知静趣，有益于身心健康。置身于田野、河畔，听悠扬的笛声于落梅时节，看徐徐的清风卷去浮云，踏月色赏梅花，过溪桥观流水，是一幅人与自然融洽和谐，十分静谧而优美的生活画卷。

再有：

梦幻水月，芭蕉野马。
深山之响，皆悉自然。

——《光赞经》卷八

意指人生梦幻，江天皓月，草木鱼虫，尘埃水声，都是大自然的造化之功。它不仅是美丽的，而且是神秘的，是与参悟者的心灵相知相连的。

3. 万般由来总是空

拥毳对芳丛，由来趣不同。
发从今日白，花是去年红。
艳冶随朝露，馨香逐晚风。
何须待零落，然后知虚空。

——《五灯会元》卷十

这是一首对境体悟诗。拥毳（cuì），毳原指鸟兽的细毛，这里借指梳理头发。时光如梭，人生有限，岁月催人老，奈何又如何。全诗趣指花前叹白发，人生各不同。年年花相似，岁岁人不同。不逐一时荣，但求一世清，回首顾往事，万般皆归空。知万缘尘心，又何必对白发、花红、朝露、晚风有所牵挂？悟空得觉，随有随无，方得一份逸趣闲情。正是：

山悠悠也水悠悠，
一杖雪深任自游。
树杪松花堪作食，
秋迴荷叶可为裘。

——《五灯全书》卷一百五补遗

禅家以青山为居，与碧水做伴。清心绝欲，粗茶淡饭，以树之梢、松之果为食，以秋之叶为榻。至简至朴的生活，却蕴含着生命本真的意趣。心澄而情自真，无欲则景更美。佛家认为，人只是万物之一，万物可数，而天地无极。无穷之天地变化，无不出于万物。如果没有万物生灭兴衰之变化，那么天地也会有终了之时。天地没有终极，是从万物的运动变化中得到证实的。万物若无变化，就不会有大自然蓬勃向上的生机。[①] 且“在天成象，在地成形，在日月为晦朔，在四时为寒暑，鼓之以雷霆，润之以风雨，且道在。”[②]即自然造化鬼斧神工，有其自身的规律。天有天象，地有地貌，有

① 参见《弘明集》卷四。

②《续传灯录》卷三十。

白天黑夜、春夏秋冬，有风暴雷霆，也有和风细雨。

二、众生平等与生命成因的理论

佛家认为生命平等，万法皆妄，万物本自圆满无际，反对一切执“我”的妄念。这就从理论上颠覆了人类为万物之灵、世界主宰的观点，打破了人类在自然界的优越感，抨击了人类中心的认识，开创了万物本一体、人类一浊物、本自皆妄有的认识，形成了佛家彻底平等的生态自然观。这对于当今全球生态和自然保护有着积极的促进作用。

（一）十二类众生的成因

佛家认为众生本自“妙圆平等”。由妄有之心，形成了种种差别，由业缘牵引，引发性动，心性动则妄有生，心有而一切皆有。在一切无常但人心执有的形态上，形成了现实世界以及一切众生灵。由妄有辗转生发，积染而成业，在过去、现在、未来三世妄有时空的作用下，穷通变化，形成十二种众生。

1. 卵生

由妄想业缘形成轮回颠倒之性，以念成气，气交则和合成八万四千纷乱万象的欲想，气刚则成卵胎，流转于世间，如鱼、鸟、龟、蛇之类，布满世界。

2. 胎生

由于这世界由有情混杂、互染，从而轮回不休，形成了爱欲妄有的困惑；由和合滋生为万千纷乱情想，因此产生了胞胎，流转于世间。如人、畜等，充满世界。

3. 湿生

由于这世界执着于潮湿和温度而轮回不休，妄有温暖的合成而发生颠倒，在暖的作用下生成八万四千翻动覆盖的混乱欲想，从而产生了由潮湿温润而生的肉体，流转于世间。如蠢蠢蠕动的毛虫等，充满世界。

4. 化生

由于这世界在变化中轮回不息，易物成惑，触类化生成八万四千由新旧更替纷乱的情想。从而产生了变化蜕变之形，流转于世间。由蛹虫蜕变为飞蛾，如蚊、蛾，充满世界。

5. 有色（指有形态和情意）

由于这世界留色成碍，轮回不休，因色障颠倒。由星火色泽合成八万四千精气火耀的纷乱妄想，从而就有了形态的硬化，流转于世间。由星辰的吉象休与凶象咎的精华光明产生，如萤火虫、含珍珠之蚌，这一类有色众生充满世界。

6. 无色（无形态和情意）

由于这世界有厌世弃俗的消身散尽的轮回之想，由本真之心成惑，由业力和合与暗昧组成了八万四千种有阴暗隐情的纷乱妄想，从而就有了无固定形态的变化，流转于世间。如空处、消散处、沉积处，诸如狂风、云霓等类，充满世界。

7. 有想（有精神而无形态）

由于这个世界有求神通的罔象轮回之想，由妄影情态生惑，妄想和合组成八万四千心理情结的纷乱迷想，从而就有了妄念的变更，流转于世间。如魑魅魍魉、万物精灵等类，充满世界。

8. 无想（无精神而有形态）

由于这世界有愚昧迟钝的顽有轮回之念，真心因痴有产生颠倒的迷惑，顽念和合组成了八万四千枯槁的纷乱迷想，从而就有了无想顽有的变更，流转于世间。如顽有之念化成的一切土、木、金、石，诸如动植物化石、忘夫石等类，充满世界。

9. 非有色（无坚固的形态、情态，而有短暂的现象形态）

由于这世界有假托现象形态的轮回之念，虚假颠倒。和合感染组成八万四千依托于物的纷乱迷想，从而就有了并非有自身形态依存于其他形态的变更，流转于世间。如依于水沫之水母，以蝦为眼目的菌类、各种寄生虫等，充满了世界。

10. 非无色（有暂时的形态、情态，无长时间的形态）

由于这世界有心灵呼唤，从而引发意念的轮回之想，使澄明之性产生迷惑。和合咒念组成万千心灵召唤的纷乱迷想。这样，就有了暂时的形态，从而变化更替，流转于世间。如诅咒、厌、心灵感应等，充满了世界。

11. 非有想（似有感觉而无情态）

由于这世界有执着妄心合成的轮回之念，妄上加妄而颠倒迷惑。和合异类组成万千回旋往复的纷乱迷想，从而就有

山花開似錦
澗水湛如藍

了似有感受而实无情态的交替，流转于世间。如细腰蜂负泥做蜂房而养螟蛉了，含羞草等，本质不同却相合而成，也充满世间。

12. 非无想（似无情态而实有之物）

由于这世界有积怨伤害的轮回之想，杀害心的颠倒。和合怨恨组成了八万四千吞食父母的心念，从而就有了并非无想的现象，由无想变更，流转于世间。如猫头鹰，抱土块以为子；又如破镜鸟，抱毒树上的果实为子，子长成后父母反遭其食（相传这两类鸟，饥时可食父母）。这类生物也充满了世界。这些就称为十二个种类的众生灵。[①]

由于一切生命、一切自然现象皆由妄有区别之心产生，由人之所见、所听、所闻、所尝、所触中产生了爱欲、贪恋，从而衍生不绝，充满世界。认为一切有情、有形、无情、无形的现象形态本自一体。十二类众生，本无高下，都由缘而生，只是关系的表现。这就彻底从观念上否定了人在自然界中“唯我独尊”的地位，否定了人对于万物自命不凡的“妄有之见”，呈现出人与自然互为依存、共处一体的整体论认识。这是佛教独具的生命理论，为人类与自然和谐共处提供了可资借鉴的思想资源。

（二）无情有性、物我同一

无情有性学说由唐代中国佛教天台宗九祖湛然所倡导，

①参见拙作《白话楞严经》卷七，三秦出版社，2003年第2次印刷版。

其理论的核心是佛性与法性不二，论证佛心遍宇，山水无别。人们所认为的没有情感和意识的事物，诸如山川草木、一瓦一石，包括辽阔大地的“万法”，即一切事物都是佛性的体现。这是中国佛学的一大创造，其佛性论对于人是否有佛性、是否能成佛的认识，又向前推进了一大步。这一步就是由人及物，论证万法尘缘是否有佛性，这在理论上就进入到了物我同一的范围。其意义在于，人对于物，本自湛明，物对于人，清澄不二，你中有我，我中有你，打破了二元对立的界限。这样人与自然的关系同一，爱护人类与珍爱自然无异，保护自然就是保护人类本身。

佛教的自然生态观的视域范围极为广大，遍及万法，包括整个自然界。把人与万物的共存共荣完全统一起来，这无疑与当代生态学中的大地伦理学说相吻合。佛学的万法皆有佛性说与大地伦理学的天地万物都有其尊严性的理论，在认识上不谋而合。无情有性学说展示了大乘佛学佛性万物平等不二的自然观。眼界无量，含摄一切；胸襟无量，包容万法。所谓“一花一世界，一叶一如来”“青青翠竹，尽是法身；郁郁黄花，无非般若”“十界互具”“一念三千”，一即一切，一切即一。佛教对世界的认识极大地开拓了人类保护自然环境的眼界，对摒弃人类中心、战天斗地的狭隘生存观念有颠覆性的作用，从而体现了爱护自然、保护环境（包括一切生命，大地、天空、江河湖海），就是保护我们自身的思想。仅对无情有性学说做扼要介绍。

1. 佛典中的“四大”和合，物我同一理论

佛教认为“世间一切根、尘、阴、处、界等，皆如来藏清净本然”“地、水、火、风，本性圆融，周遍法界，湛然常住”。[①]且：

“火腾水降，交发立坚，湿为巨海，乾为洲滩。以是义故，彼大海中火光常起；彼洲滩中江河常注。水势劣火，结为高山，是故山石击则成焰，融则成水；土势劣水，抽为草木，是故林薮遇烧成土，因绞成水。交妄发生，递相为种。以是因缘，世界相续。”[②]即：

火升而水降，相互作用，形成坚硬的物质形态。低湿的汇成大海，干燥的就形成了陆地以及沙丘。由于水火生发的道理，在大海中常有热焰升起，在陆地上有江河奔流不息。在水的力量不及火力的地方，凝结成高山，所以山石撞击就形成火焰，山石熔化就成为岩浆；在土地之力弱于水力之地，就生长出草丛树木，所以草木遇火就烧成灰土，扭曲绞压则有水出。交替的妄念产生了各种现象形态，形成了产生一切现象的原因，以地、水、火、风为因缘，使世界日升日落，相互接续不断。

一切事物都是由“四大”，即地、水、火、风这些种因交替转换，由各种条件的结合形成的，如水为海的种因，土为草木的种因。比如人，地是人骨肉形成的原因，水是人身一切津液形成的原因，火是人之体温形成的原因，风是人的

①② 《楞严经》卷四。

呼吸形成的原因，这些结合互为因果，成为人。而“四大”都是由心中的妄念相互结合而产生的现象形态，本幻不实，在无常中不断变化。因此，由“四大”和合而成的一切事物，一切动植物，物我同一，“如法界性，究竟圆满遍十方故。”[①]一切事物，实相真如，本自清净，平等无二。

2. 禅宗谈无情有性

唐代禅师南阳慧忠认为，无情识之物，佛性不失。“善恶不思，自在佛性”[②]，认为：“墙壁瓦砾，无情之物，并是大佛心”[③]，如下参话头[④]：

问：“承和尚说，无情说法”且“乞和尚垂示”。答：“汝若问无情说法，解他无情，方得闻我说法，汝但闻取无情说法去。”

又问：“只约如今有情方便之中，如何是无情因缘？”答：“如今一切动用之中，但凡圣两流都无少分。起灭便是出识，不属有无。炽然见觉，只闻无其情识系执。”

法师“佛我无二”“物我无二”“有情无情无二”的认识全然托出。一切执有与无、圣与凡、物与我之心，都是妄有之心的“执着”。提出的“无情说法”彻底打破了物与我分别的“我执”妄念，在自然观上就成为“物我同一”平等理念的基础。

---

① 《圆觉经》卷上。

② 《五灯会元》卷二。

③ 《祖堂集》卷三。

④ 《五灯会元》卷二。

3. 天台宗无情有性的理论建树

天台宗湛然继创始人智𫖮之后，进一步完善了无情有性的学说。这是针对中国佛教的另一宗派（不承认无情之物有佛性的华严宗）的佛性论有感而发的，为此撰《金刚錍》，宣扬自己的学说。金刚錍原指治疗眼疾的一种锋利工具，湛然法师借以批判华严宗人为“无明”所蔽，不知佛心周遍法界，法眼不眼，需去妄开眼。色法、心法，万法唯心，“若不立唯心，一切大教全为无用”，“故知一尘一心，即一切生佛之心性，何独自心之有无耶？”[①]且“我及众生，皆有此性，故名佛性”，“是故须云无情有性”。[②]

明确指出佛性圆满世界，是教义和佛国信仰国土的理论基础。一念、一尘、一投足，皆由心生，心性本真，如实不妄，所以佛心遍及一切，所谓佛法无边，佛性亦周遍。这就大大拉近了物我的距离，形成了二者互具、本自无二的认识论。在人与自然的关系上，对立的界限被取消了，完全融合为一体。这就使佛教的自然观具有了有情之人与无情之物平等无二的观点。

（三）业力不失、因果有报

业力果报学说是大乘佛教世间法的重要内容，在长期的世俗教化过程中，成为佛教自然观的一个不可或缺的组成部分。

---

① 《金刚錍》，《大正藏》第46册，第782页下。

② 同上，第784页下。

业，梵文意译，音译羯磨。意为造作，常指一切身心活动。一般分为三业：身业即行为，语业即语言，意业即各种思想活动。通常业与报合用，并称指各种人生的苦乐之果皆由善恶的业力而发。人的各种区别和社会差别也是由业来决定的，就是说由身、语、意三业的善恶为因，必将得到相应的果报。所谓“善有善果，恶有恶报”。业力不失，指业力上通过去，联结现在，下接未来，从而业报有善、不善、无记即不善不恶。《成实论》卷七有“善得爱报，不善得不爱报，无记无报”之说，这是业报的法则。业不但是“受身因缘”，而且万事万物，究其根本，皆从业出。业决定了一个人一生的亨通发达、机遇命运，并且称此为满业；所得到的现报、未来报则称为别报；导致共有的特性，如生在富裕地区或贫困地区，称之为引业，所得果报称为总报。此时的业报等于因果。

果，指果异于因而成熟，故又译为异熟，泛指依业、所造之因而得的报应、果报。果报通常有两种解释：一指因变为果，但果的性质与因不同，所谓因有善恶之分，而果无善恶之分。因善得果，称善果；增加添上的善因而得之的果报，称增上善果。二指因与果必隔世而熟，或变异而熟，即业之因必须在以后的岁月中得到果报。《成唯识论述记》卷二云：“或异时而熟，或变异而熟，或异类而熟。”即指此。

在业力果报学说影响下的佛教自然观就反映了促进人与自然和谐相处的理念。所谓种瓜得瓜，种豆得豆，有前人种树之业，则带来后人乘凉之果。如人们共同种草植树，就可以治理环境，防止水土流失。数十年坚持下来，使引业会带来环境改善的总报。如果人类无视环境保护，滥杀动物，滥砍滥伐，那么，就会由恶之因，招致恶之果。诸如全球气温变暖、冰山消融、海平面上升、热浪横扫欧亚大陆的现象，皆由人对自然不合理的开发利用所致。一人搞好自己生活的小环境，自己受益，家人受益；同理，人类共同搞好环境，人类受益，子孙后代受益。善业不失，依得果报，依爱得爱。爱众生，爱大自然，那么，大自然也会回报你的关爱，蓝天、白云、湛水、清风，随处无碍，平等无际。佛教的业力果报思想，反映出它对人类自然环境、生存环境过去、现在、未来三世的永久关注。

三、独有的生态实践——菩提心是道场

佛家在对待生态环境、自然万物的态度上采取了独有的施的方法，养生、护生乃至放生成为其对待自然界生物的基本特点。当代建立佛教人间乐土的观念，使许多佛教文化场所成为环境保护的典范。如台湾地区法鼓山的圣严法师，提出了佛教的心灵与物质环保的理念，把佛陀教义落实到生活环保的诸多方面，为造福人类社会提供了十分丰富的环保实践。

佛教的生态自然观有着丰富的实践内容，它与佛教的净土思想是联系在一起的。净土思想是中国大乘佛教净土宗

所极力宣扬的往生理想世界，这个世界的信众都脱离了妄念和烦恼，生活在一个祥和、优美的环境中，有极甘甜醇美的水、妙乐、花雨、奇禽、和风。不仅如此，还追求心灵净土。如果说这只是信仰主义者的彼岸世界，仅仅是向往，那就失之偏颇了。正是由于有了这种向往，才会在此岸的现实世界中努力营造自然环境，并成为中国佛教在当代倡导的人间佛教的实践活动。以佛家的观念来改造社会，促进人类进步，贴近生活，走进现实生活，展现出极为独特的方式。

（一）素食、戒杀

佛家食素在于戒杀护生，培养大慈的菩萨心。对于自然的呵护，对动物的惜生放养都源于人与动物本自六亲的认知。佛陀认为[①]：

“有许许多多的因缘，都不应当吃肉。所谓众生，从本初以来，自为一体，辗转变化因缘，都曾互为父、母、妻、子、兄、弟这六亲血缘。以血缘之亲的缘故，不应食肉。驴、骡、骆驼、狐、狗、牛、马、人、兽等肉，屠宰者相互杂卖，因此不应食肉。各种肉类，都有不洁净之气，分别生长，所以不应食肉。众生闻到吃肉者的气味，会产生惊恐和不安。好比屠夫以及食狗肉者，狗见了之后，会惊恐而群起狂吠，所以不应食肉。食肉使修行者不生慈悲之心，所以不应食肉。使愚昧之人养成嗜好，而臭秽不干净，没有善心可

①《楞伽经》卷四：佛答大慧菩萨。

说，因此不应食肉。可以让咒术不发生作用，因此不应食肉。以杀生为业的人，见了动物的形体，就产生很深的心理执着，所以不应食肉。那些食肉者，为天界的仙人所唾弃，所以不应食肉。使人口气生臭味，所以不应食肉。食肉后多噩梦，所以不应食肉。山林之中，虎狼会闻到肉香而招致伤害，因此不应食肉。会使人对于饮食没有节制，所以不应食肉。可使修行之人不产生厌离世俗之心，因此不应食肉。我曾经说过：凡是所有饮食，当作在吃自己子女肉，或当作治疗疾病、作为服药来想，所以不应吃肉。接受食肉的见解，一无是处。

“过去有一位国王，名叫师子苏陀娑，吃各种肉，以后发展到吃人。大臣和人民不堪忍受，就起来造反，断绝了他的俸禄（生活来源）。所以说食肉者有这样的过错，因此不应吃肉。凡是杀生的人，为了钱财而杀生去屠宰和贩卖。那些愚痴的食肉人以钱为诱网，使人为利去捕杀动物而获得肉。那些杀生的人，或以财力、物力，或以钩网等工具，捕杀飞禽走兽和鱼类众生灵。用各种方法进行杀害，来屠贩求利。大慧，也没有不教、不求、不想而有鱼与肉类可食的事。由于上述义理，不应当食肉。大慧，我有时说，出于某种原因，以遮戒可食五净肉（即眼未见杀死的，不是专门为自己杀的，没有听到是为我杀的，诸鸟兽由于自身的原因而死的，其他鸟兽食后所留下的），或规定除了象、马、龙、蛇、人、鬼、猕猴、猪、狗、牛等十种以外可吃。现在就以解说本经开始，一切种类、一切时候，除了以肉救命外，一切肉类都需断离。大慧，如来众生平等正觉，不应相食，何况食鱼与肉。不教人食肉类，是以大悲心为一切行为的前提的缘故。视一切众生灵，犹如子女，所以不能听任食子女之肉。”

上述论说，佛陀十九次重复了“不应食肉”，从十九个方面加以详细的解说。素食是以大乘佛学的教义为理论根据的。佛教徒以自身的教义和行为，为他们的生态自然观在人类的文明史上写下了篇章，不仅表现出了高度的理性及其信仰主义的力量，实在是令食、色、欲火中烧，不惜以身试法而大肆贩卖国家保护的野生动物的人汗颜，对自身不加节制的人，也同样是一种劝诫。

历史发展到今天，我们似乎已经习惯了对所处时代的赞誉和自豪。人类毫无疑问地统治着地球，但是又有谁认真地考察一下文明人的生活，究竟是建立在一种什么基础上的文明呢？

这个世界上最嗜血成性的动物是谁？是人。战争与杀戮，这在文明的进程中似乎从未停止过。贫铀弹、核污染，赤潮的不断扩大，动植物种类不断减少，环境的恶化在日益加剧，这些是伴随着文明的进程同步而来的。人的贪婪心、占有欲、个人利益最大化，似乎都在泛滥。今天，我们还有什么没有享受和占有呢？还有什么没有为我所食、为我所践踏的呢？反观佛教徒所坚持的素食、不杀的理念，不仅在人类与自然界的一切生物相处方面，表现得最文明，而且相处得最和谐。21世纪人类文明的标志应该是对自身的反省。人类为子孙后代能留下最宝贵的遗产应该是什么？应该是一个充满生机的大自然。

我们没有权利去剥夺孩子们那拥有一片蓝天、一股清泉、一派祥和自然环境的未来。

（二）保护生命、珍爱自然

佛教自然生态观是建立在众生平等义理上的，在理论上就表现了对一切生命的尊重和珍爱，从而形成了内容十分丰富、具有多彩多姿文化内涵的生态实践活动。如益寿延年的饮食文化、清心凝神的茶文化、自然环保和心灵环保文化等。这里仅就佛教有利于生态平衡、环境保护方面的既有悠久历史文化传承，又延续至今、发扬光大并得到大家一致推崇的内容加以介绍。

1. 护生、放生、舍身

佛教的生态实践在历史上被人们熟知的是放生的善行，即将被捕获的野生动物放回自然的做法，对保护自然中的生命形态有积极的作用，也是慈心的实际体现。

放生是不杀生的进一步发展，是佛教提倡人与动物互为近亲、平等无二认识的实践活动，有着悠久的历史。梁武帝曾专造放生池，收养赎来的鱼类。隋时，天台宗智𫖮曾向渔民宣传放生，高僧智者立放生之律，据传曾一度使捕钓之人绝迹。为了惜生、护生，今天许多寺院都修置有放生池。天台山国清寺仍有一个鱼乐园，专事放生鱼类。

今天，中国汉传佛教仍有《丛林清规》，确保放生护生的实际功效，提出了很严格的要求："生命随到随放，不可拘时，恐物伤命。"认为如果要在一定的时间和地点确定一种动物的放生，其实无异于促人多捕，应当"随缘买放，生得实益"，不应为放生而放生。有的人把买回来的小鸟、小鸡放生，由于其不具备生存能力，不能觅食，反致杀生。

放生护生的观念和实践与当代生态环境保护思想是一致的。现代生物遗传学的研究表明：人与动物的基因大部分是相同的，人与大白鼠的DNA只有很小的差别。这些现代人类生物工程的实验表明，人与动物在基本组成上并无差异。这和佛教人与动物"本自六亲"的认识，是大体一致的。佛教的爱护生灵就是爱护自身的生命理论和千百年来不懈护佑生灵的实践与当代生态环保观念不谋而合。佛经中有大量人与动物互为因缘的故事，在教化和传播中得到了人们的普遍认同，与中国文化中的尊崇自然法则"天人合一"的传统思想一致。佛教的生命转换，互为因果、互为报应的自然观，极大地拉近了人与自然的距离。如"佛的前生，是鹦鹉的故事"[①]中说：佛陀外出，途经一个山村，见天色已晚，就住在那里。村里正举行联欢会，大家兴致很高，许多人都喝得大醉，不慎引起大火，众人一片惊慌。这时有人对佛陀说："受世人尊敬的人，来救我们！"佛陀说："由于有了贪婪、嗔怒、愚痴这三种心火，引发了火灾。我以菩提水浇灭三火。如果我说的是真，火就会熄灭。"大家从混乱中清醒

① 《杂宝藏经·佛以智水灭三火缘》。

过来，很快就扑灭了大火。大伙都心存感激，皈依了佛。

信众们都觉得奇异，说：“佛陀利生，不仅熄灭了村子的大火，也平息了我们心中的烦恼，真奇妙。”佛陀说：“我现在利生，前世也曾造福于他们。”

大家都说：“请您告诉我们这过去的因缘吧。”

佛陀娓娓道来。那是在很久以前，雪山的旁边有一片竹林。林中有许多鸟兽，其中有一只鹦鹉，叫欢喜首。一日因刮风使竹子摩擦，引起大火，鸟兽奔逃。欢喜首以翅膀沾雪水，洒水救火。这忘我的悲悯心感动了天帝。天帝问欢喜首：“这一片广大的竹林，你翅膀上的几滴水，何以灭火？”欢喜首说：“心怀救生的大愿，坚持到底，此生不能灭火，来世转生，誓灭大火。”天帝在他的精神感动下，降大雨熄灭了林火。

佛陀对信众说：“那只鹦鹉，就是我；林中的鸟兽，就是今天村里的人。过去灭火，是为了生存；今日灭火，是让大家永远脱离烦恼。”

这个故事很好地反映了佛教的生态自然观，其核心理念是：佛与众生平等无二；有情众生，相互转化，本自一家。这和我们保持生态平衡、爱护大自然中的每一种生命的生态保护认识是完全一致的，对于我们保护稀有物种、建立生态自然保护区的实践，也提供了可以借鉴的思想资源。同时，我们可以从中体会到一点：佛教的放生认识，是把人类置身于整个自然界的大背景下的。大慈悲心不仅包括人，还包括一切生灵，彼此之间是互为因缘的关系，为恶则互为恶业，为善则互为善缘。正因为如此，佛教对待自然万物的态度，不仅仅是养生、护生，而且还是舍身以利生的。在佛典中有不少佛陀的前世舍身以救命的故事和传说，如舍身饲虎，为我们今天人类以取为特征的自然观，树立了一面以舍为特色的旗帜。在中国佛教史上，也不乏舍身以利生的事例。比如，隋文帝的戒师法纯，晚年自知大限将至，就设斋与僧俗道友告别，并嘱弟子将死去的肉身施与野兽。其弟子在长安白鹿原挖一洞放置遗体，将肉身舍于禽兽，以遂其心愿。至今，这样的情怀仍令人震撼。

2. 植树造林，美化环境

自觉地营造良好的自然环境，是佛教徒代代相传的实践活动，这正是今天几乎所有的寺院都是绿树成荫、鸟语花香、景色宜人的胜境的根本原因。作为保护环境的重要内容——育林植树，在佛律中有明确要求。“菩萨入一切处，山林川野，皆使一切众生发菩提心。”[①]表现出爱护自然环境，就是佛心的认识。这种认识在佛教的净土理想中，得到了进一步的发展，以至于使当代“人间净土”思想发扬光大。

中国佛教自隋唐以来，凡有丛林梵刹处，不仅殿堂巍峨、禅房幽深，而且周围松竹葱倩、清泉映带，都显示出佛教信众努力植树造林、美化环境的成效。如唐宪宗元和年间（806年），泗州开元寺所处之地水土流失，雨季成灾，寺僧明远在泗水、淮水两岸种植万株松、杉等树木，固堤保土，

① 《梵网经·卷下》第四十五：不教众生戒。

治理水灾，传为佳话。

衡山当地百姓，素有烧山除去草丛、以利播种的习俗。衡山七宝台寺僧玄泰，为了制止滥砍、滥烧的恶俗，作歌谣《畲山谣》：

“畲山儿，畲山儿，无所知，年年斫断青山嵋。就中最好衡岳色，杉松利斧摧贞枝。灵禽野鹤无因依，白云回避青烟飞。猿猱路绝岩崖出，芝术失根茆草肥。年年斫罢仍再锄，千秋终是难复初。”[①]

这种悲叹环境破坏的纪实笔法，一经写出，不胫而走，以至朝廷下诏，制止砍伐烧山，为子孙后代、为生灵积福造德。僧人的保护山林是自觉的行动。这种对环境与生灵的保护关爱和教义的慈心悲愿也是契理契机的一种修心方式。如禅门临济宗僧义玄法师在回答师傅希运栽松植树何用时云：“一与山门做境致，二与后人做标榜。”[②]目的十分明确，改造自然环境，昭示后人，前人留下万年松，后人得享万年福。把现实与未来联系在一起，僧人的胸襟令我们后人景仰。

在净土思想的感召下，佛教徒们努力建设人间净土，佛化自然。大凡佛教徒所居山寺庙宇，皆为生态保护的胜境。如：长安是中国佛教的发祥地，八宗法脉有六宗源于长安。各祖庭所处之山林，翠柏苍松直耸云天，鸟婉莺啭，虫吟蝉鸣，都是保护得很好的自然景观。美丽的终南山，峰峦叠

① 《五灯会元》卷六：南岳玄泰禅师。

② 《五灯会元》卷十一：临济义玄禅师。

嶂，水清谷幽，是人们问法求道、参禅习静的最佳场所，也是人们旅游休假、游览观光的胜地。笔者曾几度赴中国佛教四大名山之首的五台山，两度入住五峰宾馆，背依山势，山坡绿树奇花映目。清晨流光凝翠，清风拂面，青草铺地，若碧毯锦置。朝阳下，露珠晶莹，清澄透明。傍晚漫步，笔者索性就势躺在密草铺就、野花沁鼻的坡上，看金乌西堕，待玉兔东升，观满天星斗，实在神畅意惬。此景仿佛将人带回到童年，那窗前数星光的儿时心迹也随即呈现出来。真是好一个佛国的清凉世界，使人顿生“旷然出尘境”之念！五台山的自然生态大致上属于原生态，置身其中极易使人有随缘自适、回归自然的感受。

3. 当代佛教的生态主张

在当代，佛教为促进环境保护发挥着积极的作用。如：1996年在汉城（今首尔）召开的中国、韩国、日本三国的佛教大会上，共同声明“为济度人类生命而净化人心”，“为保护环境和恢复自然界生态，为尊重生命的思想和恢复伦理道德，必须在绿化庄严地球的第一线上为人类和社会做出更大的贡献。”[①]各国佛教徒都为环保事业做出了坚持不懈的努力。如台湾地区的佛光山、法鼓山的环境保护就很有特色。法鼓山的圣严法师把生态保护分为两个方面：心灵环保、物质环保。所谓心灵环保不仅是要有环境保护的思想，还要涤荡人心灵的污垢，净化人与人、人与

① 《法音》1996年第10期。

社会之间的关系。物质环保就是具体的实践活动。如：从洗碗不用化学制剂，安置、认养流浪动物，对猫犬进行结扎限制过多繁殖等小事做起，再到对供佛礼仪进行改革，不焚烧香纸，用花果代替。此外，采用现代文明的方法，实行垃圾分类，净山植树，动员信众参与惜福市场，进行旧物改造和再利用。诸如此类的工作，佛教徒们都投入了极大的热情，为社会广种福田。

第三章　伦理道德观的铸就

大乘佛教和中国传统的伦理价值观在许多方面的取向是一致的，都劝导人们祛恶向善。在道德实践上，都寻求人与人之间、人与社会各种关系之间的稳定、和谐，抵制个人欲念的泛滥，崇尚理性，重视内敛和修养，都带有理想主义的色彩。佛教伦理基本理论和道德实践，与中国传统伦理观有根本性的差别。主要特点是：

中国传统文化中的儒家伦理观念是维护社会礼法、肯定社会秩序，为统治阶级提供长治久安、社会繁荣的思想资源。

佛家伦理学说是以否定社会等级、礼法为前提的。尽管也是以善恶作为伦理道德最基本的范畴，但是，佛学从本质上是否定妄有形态的学说。佛家把业报和轮回学说紧密结合，形成了庞大的唯心唯灵的宗教人生观和世界观，以业报、轮回来阐发伦理，以达到施善行、除恶业，从而上达般若之智，灭欲、无念、明心、彻悟，最终进入消业、断灭轮回的澄明之境。中国佛教的佛性论与人性论不同，佛性平等、周遍，众生皆有佛性。这种认识从本质上是否定君权神授、上智下愚、圣贤小人、法制礼教的，包含着更为广阔的伦理观念，诸如其三世两重因果，蕴含着当代可持续发展的人际伦理意蕴，有代际（即前代、当代、后代）人之间的伦理关系，从而把人际伦理关系纳入了一个极为广阔的时空坐标中来进行考察。要求代际公平，当代人必须做到不能以破坏资源、环境来满足欲望，要给后代一个平等发展的空间。生灵的平等把道德关怀的对象从社会延伸到自然领域，从而达到人与自然、人与自然界的生灵和谐共处、生生不息；同时，还具有可持续发展的科学伦理意蕴，如在关注生命科学的事实判断与伦理的价值判断的转换问题中，包含了科学伦理、技术伦理等概念，从而使佛教的伦理观念和人文精神可被纳入今天的科学领域。佛教的伦理道德学说，对当代人的伦理建设不乏认识价值。

一、佛家的人生价值观

佛教教义的出发点是人生是苦。它的一切理论都是围绕着脱离人生的苦海、进入宁静无染的净土世界而构建的，因此对现实的一切都持批判和否定的态度。这种否定是通过个人伦理道德精神的完善过程，即自身的修行实践戒、定、慧“三学”来实现的。由此制定了一系列的法门，把一切欲望都化为清净觉心的戒律。佛律使佛教徒形成了极为完备的伦理道德规范。从欲望、行为、认知、意念各个方面加以剖析，佛家的伦理道德观远远高于世俗的伦理思想和个人所应具有的道德观念，达到了高度的理想境界，进入了超凡脱俗的唯灵境地。佛教的伦理道德观在理论和实践两方面都具有超越现实的宗教特质，是信仰主义者形而上的精神家园。但是，这也丝毫没有减少佛家在伦理道德观念上对于人类文明所做出的思想贡献。

（一）业报和轮回学说的伦理价值

佛教认为，人生的一切都是由业力而发，都是前世善恶的因果。现世的一切善业、恶业，必然会在来世中表现，具有巨大的道德感召力，给一切善良的人以心灵的期许和抚慰，引导着人心永远向善。业报与轮回学说联系在一起，给我们揭示了一个多层面的生命空间。在六道轮回中所显示的不同的生命层面，是与人的善恶行为对应并联系在一起的，从而形成了佛教完整的生命道德意识和独有的伦理价值观。佛教的伦理道德观，是在现实与超现实、现在与未来、客观现实和主观期许等三个维度上展开的。这里我们仅选取其与世俗不同的方面加以介绍。佛教道德的价值核心仍是善与恶的选择问题。把现实生活中人与人之间的道德关系体现在业报与轮回的关系上，这种关系的具体表现就是善有善报，恶有恶报。这样的关系极易被广大的社会底层中受尽人间苦难的人民大众所接受，也会得到一切善良人们的赞同。同时，统治阶级从有利于社会稳定和扬善止恶、伦理教化的角度出发，也必须予以肯定。那么，佛教对善的内涵是如何界定的呢？为善和作恶的差别是什么？业报与轮回的伦理价值是什么？这里我们依次进行说明。

1. 善与为善的传说

善与恶，是佛教伦理学中最常用的名词。大凡符合教义的则为善，反之则为恶。善一般指与善之念相对应的一言一行，指信、惭一愧、无贪、无嗔、无痴、精进、轻安、不放逸、行舍、不害这十种具体范畴。因此，佛教中的善，是一个集合概念，与恶相对应。当代，我们常讲的善，是指符合社会伦理、规范的行为，也包括意念思想，是以现实生活为主要内容的。佛教的善恶不仅是现实的，还包括了彼岸世界和信仰世界的内涵。在佛教经典中，有大量关于行善与作恶不同结局的故事和传说，在客观上为佛教的广泛传播起到了积极作用，在教化人心、淳正世风上也有伦理价值。如《杂宝藏经》中有两则故事：

其一，“不孝子受苦报缘”，说的是：

在一个小村庄里，有母子一家人。儿子对母亲很不孝敬，常恶语相加，甚至有一次他用手打了他的老母亲。不久，他外出时，遇到了强盗，砍下了他打母亲的那只手臂。不孝敬母亲的罪孽得到了报应，痛苦难耐。后来，这个不孝之子死后被打入地狱，受尽了惩罚。

这一则故事，用不孝顺母亲遭到现世和来世报应，表达出佛教对社会伦理关系所做出的道德评价。故事短小而言简意赅，情节完整且意蕴深刻。它把现实生活中的不善之行变为当下的苦果，同时又揭示了在另外一个世界中的惩戒。这样，恶有恶报的因果关系也就体现在其中，起到了抑恶的作用。

其二，“七种施因缘”，称：

佛陀说：有七种施舍，不需要有财富，就可以得到极大的善果。

一是眼施。平时以好的眼色看待父母、师长、佛教徒、修行者，不用恶眼相对，这就是眼的施予。死后转生，可以有一双清澈的眼睛；如果修行佛理，可以成就佛果，得天眼、佛眼。这是第一种果报。

二是和颜悦色施。对父母、师长、佛教徒、修行者不皱眉头，不给坏脸色。死后转生，可以相貌端正；如修行佛理，可以成就佛果，得到如纯金般的贵相。这是第二种果报。

三是话语施。对父母、师长、佛教徒、修行者说话彬彬有礼，不说粗话。死后转生，辩才无碍，所讲的话，为人信任；如修行佛理，可以成就佛果，有法无碍、义无碍、说无碍、辩无碍四种智慧。这是第三种果报。

四是身施。对父母、师长、佛教徒、修行者迎接礼拜，这就是身体的给予。死后转生，身体端庄、高大，受人尊敬；如修行佛理，可以成就佛果，身体如榕树般高大健壮。这是第四种果报。

五是心施。对父母、师长、佛教徒、修行者等，虽然供奉给养，但心里不满，这不是施舍。只有心存善念，真诚供奉者，才是心里施舍。死后转生，得明了之心，去痴迷颠倒之心；若修佛理，可以成就佛果，得一切智慧之心。这是第五种果报。

六是床座施。对父母、师长、佛教徒、修行者给予床铺、座位，甚至让出自己的座位给他们。死后转生，可以得镶着金、银、琉璃、玻璃、玛瑙、珊瑚、砗磲七宝的贵座；如修佛理，可以成就佛果，得法座。这是第六种果报。

七是房舍施。请父母、师长、佛教徒、修行者到房屋里，让他们休息，就是房屋施。死后转生，得宫室房屋；如修佛理，可以成就佛果，得参禅房室。这是第七种果报。

这七种施舍虽不耗财，但可获很大的果报。

这是讲七种施舍的善行可以得到的果报。在善行的十种范畴中，属于第九种“行舍”的内容。细心的读者可以体会出佛教施舍内涵所具有的复杂性特点。虽然讲的是不消耗财物的施舍，但讲述却十分细致。从眼神、表情、语言、行动、心理、坐卧、入室七个方面分别加以规劝，规范了人在现实生活中的行为举止，乃至于心理分析都表述得具体到位，从中可以略见佛门伦理道德中善行概念的宏大深刻。

说其宏大，是从小处以见大略，把行善的心理预期直接推到彼岸的来生世界。其深刻之处在于，彼岸世界是无须证实、也无法证实的，它的前提是信，只要信，就可以得到预期。这是心灵召唤的伦理方法，符合一切善良人们的心理，但带有明显的信仰者的心理印记。

2. 因果轮回学说

因果是佛教说明现实世界相互关系的基本理论，即“已作不失，未作不得”，指任何行为都会有相应的结果。轮回，又称轮转等，意指如车轮旋转于六道，生死转续，以至于无穷。六道亦称六趣，即根据生前所作之善恶，死后往生的六种去处：地狱、饿鬼、畜生、阿修罗、人间、天上。轮回学说是古代印度婆罗门教的基本教义，主张不同地位的人在轮回中永不改变。佛教认为轮回是众生一切平等，轮回到何处，由现在之因，得未来之果。这在道德上有预告、预示的作用，使人时常能够小心行事，不做坏事，以期得到福报和善果，在客观上有助于提升社会的道德水平。为善让你上天堂，作恶让你下地狱。人现世无报，来世必报。以佛教伦理道德对人生价值给予肯定，不仅完善了信众日常的生活规范，而且对心灵进行涤荡升华。

轮回学说主要是印度的产物，早在《梨俱吠陀》时期，灵魂不死的观念就已经出现了，但轮回学说尚未产生。那时人们认为，当人死后，他的灵魂经过长途跋涉，必须在大野羊及神的引导下，才可越过黑暗的山谷到达天国。然而，天国并不是死后灵魂的唯一去处，尚有其他许多去处。连天国在内共提出了十二个去处：耶摩天、天与地、四方界、四极、大海、高光明处、水与植物、苏利耶、乌舍、最高处、现生界、遥远的地方（即生界与未生界）。这些皆指行善积德后死的去处，至于作恶者死后灵魂的去处，在《梨俱吠陀》中则只提到地下的无底之深渊。到了《梵书》时期，轮回的思想开始产生，更确切地说，轮回思想是在业力说之后而产生的。由于业力说的产生，生前行善与行恶的不同，死后受到的待遇也不同，如“善人死后到天国，享受妙乐；恶人死后则到那落受诸苦”。到了《奥义书》时期，轮回说才算逐步组织起来，至各派哲学争鸣时期，轮回说才算最后完成。同时还应当说明的是，单纯的善恶观念只能产生死后进入天国或地狱的朴素想法，却并不能导致轮回思想的产生。只有在业力说产生之后，才能产生轮回的思想。因为所谓业力，就是一种连绵不断的潜力，它是不会中断的，于是从这里就逐渐形成了轮回不息的思想。

佛教的轮回学说与古代印度其他各派的各种轮回学说之间的根本区别在于：其他各派的轮回学说都是在有我论的前提下形成的，而佛教的轮回学说则是和无我论联系在一起的。有我论与轮回说联系十分自然，无我论与轮回说联系就会产生一些难以克服的困难和矛盾。因为既然主张无我，同时又主张轮回，那么轮回的主体是什么呢？没有轮回的主体又怎样轮回呢？佛教同时主张这两种学说，岂不是自陷于不可解决的矛盾之中吗？而修行的目的不就是消除生死轮回的烦恼吗？那么，什么人要轮回？轮回的差别是什么？这些问题，最终都反映了大乘佛学的理论，即世间法和出世法。

我们知道，佛教在早期就主张“有业报，无作者，此阴即五蕴灭毕，余阴相续”。这就是说，人们如果从有我论出发去解释佛教的轮回学说，就难以理解佛教的整个体系。因为在所有重要的经典中，他们都再三强调无我，如果一定要在佛教的无我论中去寻找有我，那么自然会陷入无法自解的困境；同时也难以说明无我论在佛教思想中至关重要的地位，因为佛教就是要断除从无始以来的“我”与“我所”及其产生的一切妄念，认为这是产生烦恼且不能解脱的根本原因。可见一切关于轮回主体的说法都不能适用于佛教的基本教义。由于释迦牟尼的业力轮回说中并没有一个轮回的主体，所以在它的体系中也不可能有“我”的适当地位。业的不断连续就是轮回。从无始的无明就存在着业力，而且一直延续下去，此阴虽灭，余阴仍在继续。这里没有作者，因而也没有我。这样的业力轮回说是与无常与无我学说密切联系在一起的，涅槃也就是指消灭了无明、消灭了业力的延续而达到解脱。如果理解没有偏颇的话，就不会在探讨佛教基本教义和整个体系中陷入难以自圆其说的困境。佛教的业力轮回说本身是无法证明的唯心学说，但就其整个体系而言，仍然是严密和完整的，其中的矛盾之处也是可以解释和理解认识的。

大乘佛教的世间法，包含了业报和轮回学说，形成了现实世界中与善和恶的伦理观念，使之成为相伴相随、密切联系的伦理价值观，自然属于一定社会的道德规范。不仅拉近了出家人和在家修行者的距离，反映了善良人们的普遍心愿，也有利于调节社会矛盾，有利于不同阶层的人之间保持心理平衡，扩大了佛教教义的现实性内容，为佛教在人间铺就了一条可以通往人生各个领域的广阔道路。同时，也使佛家的伦理思想涵盖了社会生活的各个方面。

（二）佛家伦理的基本内容

“诸恶莫作，众善奉行”，是佛家最基本的伦理原则。善与恶也是我们通常所讲的，是伦理道德的核心问题。因

青山原不動浮雲任去來

此，佛家伦理的内容也是围绕着行善来展开的。如前所述，佛家善的信、惭—愧、无贪、无慎、无痴、精进、轻安、不放逸、行舍、不害这十种理论范畴，也是佛家伦理的内容。由此，构成了一个庞大的理论体系，包括了社会生活的各个层面，既有客观内容，又有主观认识。这就使我们对佛教在认识上产生了一个初步的判断：佛教并非在社会生活之外，而是在现实生活之内，佛教思想体现在世俗生活的方方面面。佛教伦理思想也同样如此。这里只对佛家在家庭生活这一层面上的个人道德行为规范做一个大体上的介绍，借以表明佛家在家庭伦理方面并没有缺位。

1. 近善远恶

“存心乎善，则善类应之；存心乎恶，则恶类应之。”（《镡津文集》卷六）

所谓物以类聚，人以群分。为人若善良诚实、正直坦荡，那么与之相同的人就会接受他。反之，若人心存恶念，那么有形形色色的丑恶观念的人就都会向他靠拢。大乘佛学善恶在于一心的观点从中可以领略一二。

2. 孝敬父母

“父母恩重，至心孝养犹不能报，何况弃舍违逆教命。是名世间最大劫贼。”（《大萨遮尼乾子所说经》卷四）

慈母鞠养恩，尽寿报罔极。

如牛失其犊，悲呼忘眠食。

——《佛所行赞经》卷一）

有的人认为：出家人不养父母，不能尽孝。这种看法是错误的。佛家对于世俗社会也有一整套俗谛，论出世真谛，并无碍于理性客观地面对人生和社会。佛教面对现实世界，仍有其系统的伦理道德观念，只是更具理想信念，更超然于物外罢了。佛教伦理的认识同样是人们熟悉并感到亲切的。上述两则就说到了父母养育子女，含辛茹苦，恩重如山，儿女自应倾心相报。如果在他们困难的时候反而弃之不顾，这样的人是最没有人性的。《佛所行赞经》是记叙佛陀生平的经典，谈到佛陀对于母亲的情感，认为慈母抚育之恩，子女是终身报答不尽的。如丢失了小牛的母牛，会悲伤得睡不着，吃不下。这是借用比喻，采用了反向思维的表现手法，以牛喻人，以小牛代自身，以母牛比母亲，用母牛失去小牛的痛不欲生来比喻慈母失去了子女的痛苦，从而使人领悟出"作为小牛"的"我"对母亲的爱戴，言简而情浓，真切而理深。

3. 离邪淫

"不念邪淫远离于色。初无欺诈谤谗于人。所说忠信，受人善谏，心不迷荒。见诸耆年恒念尊敬。所游之方加以仁心。"（《十信断结经》卷二）

就是说不能沉迷于美色，不存欺诈害人之心。为人要正派、诚实，有宽厚之心。对长者要尊重，善于汲取前人的有益经验，对所遇之事要以善心相待。这里包括多重的道德范畴，即：邪淫、离色、无欺、忠信、善谏、敬老，但所有这些内容，如果归纳为一句话，就是以仁爱之心对待一切。这些内容，有些是当代社会人们普遍关注的家庭道德问题，还没有得到解决。随着市场经济的深入，一些人的价值观在以个人利益的最大化为目标的驱动下，成为具有两种特征的道德取向：一是崇尚个人，二是追求利益。人们在市场经济条件下对自我的价值实现和对利益的追逐，无疑会极大地调动每一个人的积极因素，促进社会的整体进步、社会财富的迅速积聚。它使绝大多数人都能很快地富裕起来，从而拥有他们的祖辈连想也不敢想的财富。但同时，在相当长的一段历史时期，人们的个人、家庭、社会的伦理观念会受到冲击，人们会以利益得失作为衡量个人成败的唯一铁律，在不犯法的前提下，人们以自我的价值实现为目的。因此，为达目的而不择手段，唯成败论英雄、看得失。个人、家庭和社会伦理观念受到了前所未有的挑战。为抵制这种不良风气的影响，重视伦理教育，强调传统文化，以仁爱之心对待一切事物的观念就必然会受到人们的尊重。佛家所坚持的伦理原则，也同样会被社会接纳。佛教家庭伦理和道德观念永远都将是人伦关系的一面旗帜，闪耀着理性主义的光芒，具有信仰主义者不可估量的力量。

从思想意念上，去除不正当、不光彩的淫欲，佛家之告诫在今天仍极具思想价值，也是治疗家庭道德失落的一剂良方。在整个社会中，贫富差距不可避免，近几年来还有不断扩大的趋势。对于处于社会中下层的占社会绝大多数的家庭来说，被戏称为买房、子女教育、医疗的“三座大山”成为家庭经济的沉重负担。对部分人来说，男女的结合也以物质条件为主要的选择依据，爱情已不再是现实婚姻的主要因素。我们希望男女之间以爱情作为婚姻的决定因素，但是在经济社会中，其前提是家庭职能社会化，即子女教育、主要经济消费如住房、养老、医疗全部由社会承担。很明显，这在当今世界，在我国现阶段都不具备这种条件。

基于上述状况，经济因素是构成我国家庭组合的主要条件。经济在家庭的构建里占的比重越大，经济的变化给我国社会家庭造成的影响也就越大。这正如今天社会流行的口头禅“男人有钱就变坏，女人变坏就有钱”。家庭在经济的变数中，男女关系在经济作用的驱使下，发生着变幻莫测的演化。家庭伦理道德也受到了空前的挑战。家庭的不稳定因素增多，正所谓思路决定出路，观念决定行动。许多地区，特别是经济繁荣的地区，离婚率大大上升。这不仅关系到离婚双方人身关系的变化和经济利益的再分配，也牵扯到相关者的利益关系，如子女、父母，并对社会也产生负面作用。在我国《婚姻法》总则中，明确规定“禁止有配偶者与他人同居”以及“夫妻应当互相忠实，互相尊重；家庭成员间应当敬老爱幼、互相帮助，维护平等、和睦、文明的婚姻家庭关系”。但它是在总则中的规定，缺乏可操作性。故第四十六条有过错损害赔偿制度，指重婚、有配偶与他人同居、虐待、遗弃等情况，在内容上不包括姘居、嫖娼、通奸、婚外恋、一夜情等。

用法律强行干涉性行为、介入情感世界显然是荒谬的，如果我们的公安机关、法院直接进入私人领域，那么个人的权利就会受到侵犯。如果需要我们的公安机关去捉奸、抓二奶、盯梢男女约会，那么在这样基础上建立的婚姻、家庭也就失去了维护的基础。互信、尊重、平等、责任、权利，是维系正常婚姻的基础条件。当婚姻关系需要靠法律来介入和维系的时候，这样的婚姻实际上已经死亡了。法律对于婚姻家庭的作用是有限的，其作用大致有两条：一是对自愿结合的一夫一妻或一男一女宣告合法；二是对破裂的婚姻给予确认。

佛教的家庭伦理道德观念有益于处理现实中的婚姻、男女关系。邪淫之戒对于每一位正常的人，都是必须要遵守的道德底线，否则将给社会带来巨大的灾难。如艾滋病问题，截至2015年10月底，全国报告存活的艾滋病病毒感染者和病人共计57.5万例，死亡17.7万人。

艾滋病的危害众所周知，但艾滋病的有效防范却显得无力。这个疾病，从理论上讲是人类最容易消灭的疾病。它的蔓延，从最根本上说，是道德沦丧。何以见得呢?

艾滋病的传播途径是血液传播、母婴传播和性传播。只要医疗卫生部门严格监管，那么，杜绝母婴传播、血液传播是可以立见成效的；吸毒者只要不共用针管，也不会传播，这并不难做到；而性传播，这是当前最普遍的传播方式。有固定性伴侣，知道和了解对方的不会传播，只有滥交而且不采取防范措施者才会传播。所以，艾滋病在全世界的广泛传播，主要原因在于滥交且不采取安全措施。

艾滋病的传播是当今世界家庭伦理道德观念严重缺失最有力的证明。我们完全有理由对传统文化中戒邪淫的观念给予尊重。

4. 离色欲

佛教色的基本概念指色尘，即物质形态。在生活上，教导人们要远离物质利益的诱惑，所谓“色即是空，空即是色”。事物都是在不断变化、运动，一切无常要求人们认识现象界的本质。这种观念对于当代社会人们在市场经济大潮涌动下的物欲心潮，有止息平潮，使之归于宁静的作用。止贪欲，是佛家重要的伦理观。当代中国，有近一亿股民投入资本市场，牵扯到大约占全国四分之一的家庭。资本市场是国家经济发展的晴雨表。有人认为，中国资本市场将会成为未来经济发展的火车头。参与金融市场，就是参与国家的经济发展。对这一观点，我认为是很有见地的，但同时，不能忽视一个基本问题：资本市场没有永恒的热土，只有永恒的利益追逐。在这里，从来就没有雪中送炭的温情，只有锦上添花的追捧和落井下石的“杀跌”。贪婪、恐惧是股市中人的心理特质，也是资本追逐利润的根本性质在股民心理和情感上的折射。

所谓以平常心看名利，以通达的人生态度论得失，以参与社会生活的精神“入市”，以舍心、施行坦然面对市场大潮涨跌起伏的变化，如观日出日落，东升西坠。以佛家“减情去欲，则道心明真”[①] 的心态去消除因为对利的贪婪和害怕利的消失而带来的恐惧。欲壑难填、被欲望牵引不知节制

① 《弘明集》卷八。

的人，则日无一日宁，家无一日安。佛门除贪灭欲的道德理念，对于家庭生活是有益的道德规劝。“盖闻积善之家必有余庆，积不善之家必有余殃”[①]，博爱济世，福亦随身。

二、佛教的伦理原则

伦理原则是人们道德规范的指导原则，是制定道德标准和行为准则的依据。伦理原则主要体现的是个人与社会的伦理关系，通常表现在个人与集体、人道与功利、利他与至善完美等几个方面。

佛教伦理原则在起点上与现代伦理原则不同，属于高度理性、超然物我的，至善而且理想的伦理境界，是一种与世俗伦理迥异的、有着鲜明宗教倾向的伦理原则，是人类道德力量至善、至真的本质体现，是人类文明和伦理日臻完善的路标。这样的评价是否客观呢？我们先把当代伦理原则的几个主要内容罗列如下，以便于我们对佛教伦理原则进行扼要陈述。

第一，个人主义原则。其合理性在于：它表现出对个人生命、尊严、自由、平等、公正的追求，不是对一己利益的肯定，而是对每一个人利益的肯定，是人文精神的体现。

第二，集体主义原则。强调个人利益与集体利益的和谐一致，个人服从集体，暂时服从长远，局部服从全局。

---

① 《广弘明集》卷十八。

第三，人道主义原则。是以人类利益、价值为中心，肯定人的尊严、价值并运用理性和科学进行自我完善的能力。

第四，功利主义原则。是重实效、重利益的伦理观点，具有平民性和重视人生实际的特点。

第五，利他主义原则。强调他人和社会利益，是社会主义市场经济条件下应当倡导的伦理原则。

第六，至善完美主义原则。致力于人格上的尽善尽美，重视人的精神和超越，展示出人性最光辉的一面。

佛教伦理原则在内容上几乎涵盖了所有当代社会伦理原则的精华，摒弃了其中的对立面和矛盾性因素，诸如：

其一，个人主义原则中的利己主义倾向。

其二，集体主义下对个人价值的忽视。

其三，人道主义旗帜下所掩盖的国家、民族、阶层的差异及文化的特殊性的差别。

其四，功利主义导致的物质至上，缺乏精神元素和文化内涵的偏执。

其五，利他主义在市场经济竞争条件下的尴尬。

其六，至善主义的理想性，在现实中缺乏可行性的无奈、悲哀。

佛教的伦理原则有两大层面：一是入世精神，二是出世情怀。对于入世精神，在伦理原则上有对应的俗谛，也就是指人间的真理。大乘的菩萨行，在当代就体现为人间佛教实践的百年进程。至于出世的真谛，则是建构在理想、信仰世界的伦理原则。在世间其理论的实证是出家修行，脱离红尘中的人伦关系，其理论指向菩萨十地，即十种不同修证状况的心理、生理特质。非亲证者，难言其妙，具有不可思议性，达到清澄圆融的涅槃境地。

佛教俗谛伦理原则，对现代伦理原则的超越性表现在两大理论前提下。

首先，佛教伦理原则是建立在佛教教义和严密抽象的佛教逻辑因明学的基础上的。其理论论证的严谨程度大大超越了现代伦理学在逻辑体系上的多元性带来的差异性、冲突性以及在理论体系建构上不可避免的矛盾性。特别是现代伦理学在表述以及实践过程中，对于矛盾双方的理论界定以及实践评价，都常常不能得出清晰的思路和判断。

其次，现代伦理原则在理论上不能统摄历史、现实、未来的时间性，缺乏广泛的空间性维度。它仅仅是以人为中心、为对象的伦理，不能涉及一切自然事物。而佛教伦理在理论体系完整和概念内涵的深刻、外延的广泛诸多方面，都足以超越当代伦理学。随着社会文明的进步，人们对于宗教以及文化传统进一步的了解和认可、理性因素的增进，会将人类所创造的各种文明成果融会贯通，创造出更加美好和谐的世界。

（一）入世伦理原则的核心——舍身、忍辱、大悲心

佛教认为“人生是苦”，修证佛理，就是要彻底消灭苦难，脱离现实世界的苦海欲波。通过修八正道等一系列的法门，从而灭除欲望，行善除恶，乃至生大慈悲心的菩萨情

怀，由三学（戒、定、慧）进而修六度（布施、持戒、忍辱、精进、禅定、智慧）。这就是把人间伦理推到了信仰主义者的理想高度，具有神秘的不可思议性，极大地提升了人对伦理道德观念的理解和认识水平，展示出苦身、舍命以利众生的情怀，达到了人类无法企及的神灵境界。正如佛陀所述[①]：

"如我昔为歌利王割截身体，我于尔时无我相，无人相，无众生相，无寿者相。何以故？我于往昔节节支解时，若有我相、人相、众生相、寿者相，应生嗔恨。须菩提，又念过去，于五百世作忍辱仙人，于尔所世，无我相，无人相，无众生相，无寿者相。

"菩萨应离一切相，发阿耨多罗三藐三菩提心。不应住色生心，不应住声、香、味、触、法生心，应生无所住心。若心有住，即为非住。"

是说：正如我过去修忍辱之行，被当时暴虐的歌利王用刀剑割、砍身体。在那个时候，我的心中并没有自己的外部形态、别人的形态、众生的形态、生命存在的形态。为什么呢？如果在那个时候，当我的身体被一次次地割裂、砍下时，在自己的心中有自我的形态、别人的形态、众生的形态、生命存在的形态，就会产生怨恨。可是我不仅没有恼怒，反而从心中悲悯这个争斗之王，并最终使他忏悔不已，皈依佛门。须菩提啊，这又使我想起了在已经五百世的前

①参见高杨、荆三隆《金刚经新注与全译》，太白文艺出版社2005年1月第2版，第8页、第202页经文、译文。

的人一旦发觉了自己的生命之灯快将熄灭，因而一切都无从“补救”的时候，那她的寂寞的悲哀恐怕不是语言可以形容的。而这样寂寞的死，也成为我的感情上的一种沉重的负担，我愿意忘却，而又不能且不忍轻易忘却。[①]

茅盾分析萧红的内心世界，她将美好和希望，变作一次次幻灭，当幸福和绝望碰撞在一起，发生强烈反应，结果是变成难以承受的东西。一个个文字写纸上，它们经过情感和思想润饰，在记忆中复活时间，对于远在他乡的漂泊者来说，瞬间涌现的回忆是沉重的打击。

别人觉得活不了，不知该如何面对现实的时候，冯歪嘴子的小孩子，已经长到了七八个月，学会拍手掌了。这么简单的动作，把冯歪嘴子心中的痛苦拍碎，萧红看到“他就眉开眼笑的”。

冯歪嘴子说：“这孩子眼看着就大了。”

冯歪嘴子盼儿子快点长大，他现在的幸福观，就是瞅着老大去井边饮驴。小儿子咧嘴笑，会兴奋拍手，摇头逗人乐，给他吃东西，伸出小手来接。

冯歪嘴子在呼兰河这小城里生活着。

---

① 茅盾著：《论萧红的〈呼兰河传〉》，引自《怀念萧红》，第20页，北京：东方出版社，2011年版。

生，那时我进行着忍辱仙人，即由自发心到成佛阶段的修行，在那时的岁月中，我就已经没有自己的形态、他人的形态、众生的形态、生命存在的形态，进入心晴意朗、旷远虚无的境域。

有教养发愿修行的信徒，应当脱离一切事物的外部、表面的形态，具有追求正确、智慧、完全的佛果之心。不应当着意于物态的各种表面形态而产生心念，不应当对声音、品味、触觉、事物的一切表现与特征而发心念。如果心有所念，意留于此，那么就无法脱离欲念、恼怒，达到悟及真实本质的境界。

佛陀所述的忍辱修行，包含着极深刻的道德和价值观念。这是一种在现实中使人难以想象的牺牲精神，是自甘受尽世间一切苦难的决心。这种与实践相结合的光辉思想，与儒家先哲不在一个道德层面上。儒者求富且贵，佛家求解脱；儒者耻“下”处，佛者自甘淡泊。佛家对于恶人恶行不以暴抗暴，以免冤冤相报，争斗不止。修忍辱的观念，是一种不怕自我牺牲地迎接苦难来消除恶业的方法，是与无我论结合在一起的。正所谓心底无私天地宽，真正进入无我境界，对于一切人间烦恼、怨怒还有什么可争执或抱怨的呢？这是一种具有感召力的、无比高尚的价值伦理，尽管是唯心或唯灵的，但其道德观念无疑闪耀着崇高的信仰主义的灵光。值得关注的是六度学说，作为度脱苦海的六种修行法门，其目的并不在于个人苦难的解脱，而是积极入世，度一切众生出苦海欲波的菩萨心，这是悲悯一切生灵的大悲心，是大乘伦理原则的核心，是极高的伦理道德境界。

（二）出世的伦理原则——“人法二空”、涅槃学说

佛教认为人和一切现象形态并非本质，是因缘和合而成的结合体，缘起则成，缘灭则亡，始终处于变化之中，如梦幻泡影，稍纵即逝，“要外不着相，内不动心”。“我”作为在时空意义上的一个组合，有合之日，必有分之时，因而一切“无常”。此时此刻之身，并不等于彼时彼刻之我，只不过称为“我”罢了。这样，就要破除关于“我”的偏见，达到无我、舍我的状态。这种理论指导下的道德观念较之于当代伦理的个人主义、集体主义、功利主义、至善主义，就显得脱俗。佛教是以入世的慈悲法眼遍览环宇，惠及众生，当然就高明得多。无论从思想价值还是从实践观点来考量，都有很大的发展空间。主要体现在两个方面：

首先，无我论在市场经济条件下，对崇尚自我、以我为中心的价值观是一种否定，证明了“我执”的虚幻不实，是对利己主义原则的批判，使佛教的伦理原则更符合广大人民的福祉。在思想导向上，不是引向世俗，而是走向完美。

其次，人法二空的义理，对于当代社会中物欲泛滥、为利益不择手段的做法有一定的劝诫作用，使人们在利益面前能够保持一分清醒。所谓“大厦千幢，身需不足八尺，良田万顷，日进不足一升”，不知回报社会，惠及他人，最终也难免会陷于困窘。

另外，大乘佛教的伦理原则，包括对至善、至真人生

境界的超越，这就是涅槃学说。佛教理论既是人生关怀的理论，也是终极关怀的学说。当你了解了人法二空、物我皆妄的义理，消除了妄有的一切形态，包括主观的我，客观的物，就可以理解生命的清澄境地。心中不再追寻一切现实的虚幻，断了妄有的缘心，在一切无常、无我的反观内照之中，达到无所谓有亦无所谓无，忘却生死，度脱人生苦海，进入彼岸的宁静，进入涅槃。因此，佛教伦理包括人的死亡及其临终的关怀，这也是佛教教义中最有理论魅力和现实抚慰意义的内容。

三、佛教的伦理实践

大乘佛教以“无缘大慈，同体大悲”的情怀，救度世间一切受苦难煎熬的生灵，以为众生得安乐的宏愿大悲心，投入世间的慈善事业，弘化人间，其慈悲度人、救苦救难的菩萨精神是佛教伦理实践的思想源泉。“大慈，与一切众生乐；大悲，拔一切众生苦。”①大乘菩萨行，上求觉悟，下化有情。有情是菩萨慈悲行的对象。从古至今，悲悯慈济、入世救化的伦理实践，是大乘佛教信众共同的心愿和法行。如旱时祈雨，灾时布施，广种福田，济穷施贫。

（一）布施济贫

① 《大智度论》，《大正藏》25册，第256页。

寸丝不挂
乙亥夏日
陈永模画

中国佛教史上，高僧大德，扶危济困、护佑人生的事例不胜枚举。或设悲田基金，或置施食道场。广种福田，是千百年来，佛教徒长期身体力行的实践。佛教有三福田，供奉父母称恩田，供僧为敬田，发菩提悲心扶贫济困称悲田。历代僧人救助贫弱，不遗余力。隋京城延兴寺昙延法师长年施舍，远近闻名，致使无家可归者常聚集寺门，寺院也曾因被施者人众而断粮；唐京城会昌寺法素，为战乱流离失所的难民置万人施粥法会，甚至将寺内金佛熔化，换米施众，以救济灾民。当代佛教四众弟子，弘法利生，积极参与社会的慈善事业。如上海玉佛寺真禅法师，1988年在上海市儿童福利院设福利基金，年年捐赠。台湾地区证严法师的慈济功德会，创办四大志业：慈善、医疗、教育、文化事业，净化世风人心，促进社会文明进步，声播四海。

（二）收容孤老

寺院在历史上常常成为社会孤苦无依老人的栖身之处。如，隋代僧人曾建孤老寺，照顾无依靠的老者。唐代寺庙设置养病坊，收容病患，还在全国各寺院普遍设立悲田坊，有的寺院还设有专门隔离麻风病人的医院，称为疠人坊。本来佛学五明学说中就有医方明，佛律中亦要求施药于人，使“病者，慈心施食，随病所宜”。僧人也将施药治病视为己任。当代禅门《丛林清规三章》中明确有安置老年人和病僧的寺规，大体上约定：

（1）年满七十者，所需汤药饮食应给予。

（2）无齿，不能食硬者，以软熟食之。

（3）派专人照顾日常生活。

在许多寺院，至今还有收养孤独老人颐养天年的传统。在四川成都附近的一些寺院，寄住着数量相当可观的老人，其规模与一些敬老院不相上下。

（三）临终关怀

临终关怀是宗教对现实世界的人进行的最终心灵抚慰，也是迈向彼岸世界的期许。这种期许使信众在离开这个世界时，心灵上得到了一种承诺，永生、喜乐；使劳累了一生的、对生活无比热爱的善良的人，在最后离开这个充满了七情六欲、悲欢离合的人世时，不至于过于绝望、无助和悲伤。人是需要临终的身心关怀和对亲朋的反向关怀的。佛教的临终关怀就包括自我的宁静、对亲友的关切，是双向圆满的大慈大悲的情怀。

1. 认知生死，破迷见觉

面对死亡时要做到自我、他人双向的宁静、心安，就必须洞悉生死的真实本质，从而了知生死，才能有祥和、自然的心态。

佛教认为，人生是苦，生老病死都是痛苦的。如果说人生是幸福的，那么，坦然面对人生的一切苦难，面对生命中无数灾祸的磨难，就是幸福。蝼蚁尚且惜身，何况人乎？佛家对于生死是十分冷静、理性的。其修行的目的，就在于摆脱生命轮回和对人生苦难的超脱。十二因缘论就揭示了生死相因的规律。求生是生命的本能，然有生必有死，死之痛苦，无人可免。该去的，终将离去；该来的，也必将会不期而至。正是在面对生死时的如实观察，才为摆脱人生苦难、消灭死亡的恐惧打下了理论基础。一切生灵，从本质上本无所谓生，也无所谓死，杳杳而来，冥冥而去。无论如何靓丽，终归也会香消玉殒。人由于不能认识生与死的本质，因此才会产生对死亡的恐惧。

“一切众生从无始来，种种颠倒，犹如迷人，四方易处，妄认四大为自身相，六尘缘影为自心相，譬彼病目见空中华及第二月。

“善男子，空华无实，病者妄执，由妄执故，非唯惑此虚空自性，亦复迷彼实华生处。由此妄有，轮转生死，故名无明。

“善男子，此无明者，非实有体。如梦中人，梦时非无，及至于醒，了无所得。

“如众空华，灭于虚空，不可说言，有定灭处，何以故？无生处故，一切众生，于无生中，妄见生灭，是故说名轮转生死。”①

指出人们虚妄地认为由物质构成了自己的身体，把六根反映的六识看作是真实的。这就好比有眼疾的人，看见空中有如锦般的花朵，在重影的作用下，看到空中有两个月亮一样。这是被妄有所惑导致的错误判断。其错误在于把由因

---

①《圆觉经》卷上，上海古籍出版社，1991年版，第48至52页。

缘和合而成的事物当成实有的存在，从而在生死轮回中不能度脱。知道了一切现象都如空中之花，就不会有生与死的妄念。一切无常，本自于幻，把有和无的认识都遣散，回归本自清澄、不染尘缘的心性，在自觉、觉他的证悟中，了知生死，成就佛果。

把握自己生命的本质，灭除妄有的存在形态，回归清静，这就是自觉，从而不再执着生命存在的形态，从生命本质上领会无常、无我的真实，达到解脱生死的苦难，完成对生命意义的理性认知。自利，平静面对生死，进而利他，救济众生脱离生命终结时的苦难。这就是对生命的尊重，也是对一切生灵的尊重。止妄求真，就是觉；拔苦脱难，就是慈悲。

2. 尊重死亡

由认知死亡到尊重死亡，就是要对每一位临终者持有对生命意义的尊重，不管年老还是年轻，无论是尊贵还是贫贱。他们的今天，就是我们所有人的明天，这种态度，只是一种理性的人生态度。佛家尊重死亡，具有多重含义：

首先，亡者是作为一位觉者而去，走向佛国净土，走向和谐、圆满、宁静，我们为他祝福，一路走好，永脱苦海，至善至美。

其次，生死相续，方死方生，送走了逝者，又会迎来新人。人类社会不就是在这种前赴后继中一路走来的吗？祝愿我们的未来会更好。

另外，在面对死亡时使我们更加清醒地思考，更加尊重人生，尊重和珍爱有限而短暂的生命。惜福爱命，众善奉行，随喜平安，慈悲众生。

3. 认知死亡，奉献爱心

佛教认为人的身体由四大构成，死亡是物质现象幻灭的过程，是由四大构成的身体各个器官消弭的过程，这个过程往往是痛苦的。因此，要给临终者以人间的温情，给予消除痛苦的生理护理，反对漠视死亡之体征带来的苦难，以慈悲心体谅、照顾他们，就是对人、对死亡的尊重。

佛门对死亡的认知，并不仅仅停留在生理层面，还有十分强烈的由意根而产生的心识（即心理）层面，认为其功能在临终时会有前所未有的萌发，就是八十种遍计之心相互叠加，不忍离去，从而表现得十分敏感，周遍计较，因此更要注意心理关怀，直至化妄归空。佛法就是生死的智慧，是世间法的终极关怀，是出世法的殊胜大悲、大慈、大爱、大宁静；就是对临终者给予无微不至的心理抚慰，免除精神上的绝望，解决既不知生、亦不识死的悲哀。要了解生如花开，死如花落，事事无常，无一永驻。

对于世间人，要使之明白，死亡如同一台戏，终有曲散人尽时。肉身的消散，如同风吹云消。又好似在人间的旅行者，知道目的，就收拾行装重新上路，走向另外一个地方。要奉献尊重生命的大悲心，关注临终者的心理认知，改善其心理状态，缓解压力。具体做法包括：

其一，消解贪恋。对生的渴望、对爱的难舍，莫过于死别。由于惜生迷情，会给临终者带来更大的心理压力。妄有之识会涉及一切领域，亲友、家庭、事业、财物，如果心中对这些都难以割舍，临终者的绝望情绪是可以想见的，其痛苦也会加重。因此，佛家主张对临终者要消贪除念，这样才能在生命终结时宁静、坦然。疏导临终者，将祝福和善心变为慈悲心的延续，诸如为亲友留下今后工作、生活的祝愿，留下自己的建议，化贪恋之心为超脱死亡的慈悲心。这样，不仅使临终者心理得到平息、安宁，也会使生者更加敬重故人，怀念笃深，从而更加热爱人生。

其二，消除恐惧和怨恨。

临终之人，在心理上最强烈的冲击，就是对死的恐惧以及对将失去的一切而产生的怨恨。当无法回避的现实临近之时，不能认知死亡只是生命的必然归宿，在“我的执着”中与“我的消失”之间，必然会产生冲撞，引发心灵的激荡。因此，认知人生的佛门义理，就如同点燃阴暗心境的烛火会引来光明一样。对信仰者来说，这是走向净土佛国的旅途；对一切善良的人来说，犹如对美好明天的期待一样，会充满光明。终极关怀是人心灵的需要，是充满憧憬的期许。我们借用19世纪德国哲学家叔本华的一句名言“死亡是给予哲学灵感的守护神”[①]，佛教的临终关怀，就如同驱除心魔的守护神。

人临终时，对于未能得到的，切切思得；已经拥有的，不肯放手。人、事、情皆难割舍，怨、悔、恨也会交织一

①叔本华《爱与生的苦恼》，中国和平出版社，1986年版，第149页。

心，更添苦楚。因此，佛家以同体大悲之心，启发人们除贪去嗔，善待自己，善待他人和社会，一向善则万事宁。所谓内心向善，面显慈祥安宁，利益众生离苦，行止无上庄严。佛家对于临终关怀有完整的理论阐发，诸如《涅槃经》《大悲经》《佛遗教经》。其中，《佛遗教经》是佛陀在临终时给信众弟子们的最后一次教诲，虽2500言，但佛陀面对人灭，十八次对弟子们声声呼唤"汝等比丘"，以戒欲、守律、修禅、得智教导后学，大悲之心，溢于言表。佛陀的离去令弟子悲泣不已。对此，佛陀契理契机，一一安慰，凸显坦然面对人灭、心念大众、利他觉他的人格魅力。佛陀留下的最后两段话是：

"汝等比丘，勿怀悲恼。若我住世一劫，会亦当灭。会而不离，终不可得。自利利人，法皆具足，若我久住，更无所益。应可度者，若天上人间，皆悉已度。其未度者，皆亦已作得度因缘。自念已后，我诸弟子展转行之，则是如来法身常在，而不灭也。是故当知，世皆无常，会必有离，勿怀忧恼。世相如是，当勤精进，早求解脱，以智慧明，灭诸痴暗。世实危脆，无牢强者。我今得灭，如除恶病。此是应舍罪恶之物，假名为身，没在老病生死大海。何有智者，得除灭之，如杀怨贼而不欢喜？

"汝等比丘，常当一心勤求出道。一切世间，动不动法，皆是败坏不安之相。汝等且止，勿得复语。时将欲过，我欲灭度。是我最后之所教诲。”[①]

如何面对死亡，佛陀为信众做出了榜样。当佛陀对弟子们讲最后的分别将要到来的时候，与他朝夕相处、历尽磨难的弟子们都悲痛得泣不成声。佛陀以利他利世的情怀，对弟子们进行了临终教诲，不仅表明了对死亡的态度，还在生命的最后时刻，对信众、对众生进行了反向关怀的临终告诫和嘱托。

佛陀说：不要如此悲泣，倘若我能活很长的岁月，结果也会死去。相聚的人必然会生离死别。我传法自利利他的行为已经完备了，哪怕我再活许多年，也不再增益。我可以救度的众生都救了，尚未救度的，留下了将来得度的缘分。我死后，弟子们如能将佛法传承下去，那么肉身虽灭，法身佛理常在人间。

应当知道，一切皆无常，相聚必有离别，不必心中忧虑，人生的道理就是如此。应当勤修义理，解脱烦恼，以觉悟之智除痴愚妄念。世间脆弱，并无坚固永存。我就要死了，但就如祛除险恶的疾病一样，身体是应舍去的妄有罪恶，只是称呼为身体罢了。哪有觉者、消除妄有之身、除恶病杀心贼而不欢喜的？你们应当一心修证道果，一切世间的形态，都终归消亡。别再问了，生命的时限来了，我跟大家告别了。这是我最后的教诲。

生命不息，弘法不止。佛陀临终时，仍在传播着一切无

① 《大正藏》12册，第1112页。

常、人法皆空的佛义。人死如去病，自然又安详，佛陀虽已去，佛法驻人间。驱除妄有贪欲，生死随顺轻安。佛陀的临终传法给人以强烈的心灵震撼，令人精神升华，至今读之仍使人感恩不已。让我们把握生命的每一个时期，留下我们在生命过程中诚实的劳作，在死亡来临时，无怨无悔；认知生命的来去，坦然面对，把美好的祝福留给社会，尊重生死，利乐有情，把慈悲贯彻到永远。

第四章　喻理论证方法的启示

大乘佛学创立了完整的思想体系，形成了独特的人生价值观。因此，我们在讨论其思想价值与当代社会各个方面的内容时，了解佛学在阐发义理时所运用的论证方法，除了对教义有所认知外，其独特的思维方式也能对我们有所启发。正如我们通常所说的文质合一，深刻的思想内容必须借助优美的表达方式；同理，出色的表现方法往往能够反映和传递出丰富的思想内容。请看“放下屠刀，立地成佛”的比喻故事：

大盗一刀在一个烈日炎炎的夏日，来到山脚下的一座佛寺，向主持一心法师请教：“有地狱吗？有净土佛国吗？如果有，门在哪？如何进？”法师笑语：“就在一心处，就在我心。”大盗一刀说：“你在戏弄我，不怕我挖开你的心？”随即举起江湖上久负盛名“刀刀见红”的大刀。一心法师笑答：“嗔怒、大刀，这就是地狱之门。”大盗一愣，手中的刀立刻放下。一心法师颔首：“放下屠刀，立地成佛。”这就是“净土佛国”。

这个故事表现了佛门善恶皆在一心、万法唯心的义理。

举刀、放刀，善恶立见；凡人与圣佛，高下立判。众生平等，佛法不二，大乘义理，化繁琐为简约，尽在一则故事之中。

佛教传入中国后，很快就受到了中国历代文人的喜爱，其睿智空灵、脱俗超妙的思想体系，浩如烟海的经典文献，精湛致密的论述方法，广博丰富的生活内容，气吞万里寰宇如一的气度胸怀，百态纷呈令人目不暇接的异域风情，意趣横生的譬喻故事，深寓禅理的喻事弘法，数以万计的佛教概念，条分缕析的对治心法以及缜密的佛教逻辑体系因明学说，都引起了硕学鸿儒的极大兴趣，且极大地丰富了中国传统思想文化的内容。这里选取最普遍的佛教论理喻法的方式来加以讨论。

一、《百喻经》及其他比喻经典

《百喻经》被誉为佛教文学的精品著作，由九十八个独立的比喻故事构成，共计二万余字。结构统一，每篇都采用两步式，第一步是讲故事，是引子；第二步是比喻，讲一个佛学义理，两者结合，各有其妙。前一步内容浅显易懂，学童可解，第二步是义旨所在，直令“鸿生巨儒”“瞠目结舌”“不能诠解”。雅俗共赏，可以说是它的突出特点。1914年鲁迅先生施银六十块大洋给南京的金陵刻经处，刊印100本《百喻经》赠送友人，在今天上海山阴路的鲁迅纪念馆里，还存有样本。毛泽东在《中国革命战争的战略问题》和

《在延安文艺座谈会上的讲话》中分别引用的两个佛典“一厢情愿”与“空中楼阁”，就出自于《百喻经》中的“田夫思王女喻”和“三重楼喻”，其影响可见一斑。

《百喻经》作为佛教比喻文学的代表作品，有十分丰富的内容，涉及社会生活的各个方面。南齐（479—502）高僧求那毘地汉译，梵本已佚。该经保存了一千五百年前印度社会的生活风貌，是研究印度社会很有价值的“百科全书”。《百喻经》的主旨是宣传佛教教理，比喻故事是教义的载体。用讲故事的方法来比喻佛教的基本教义，反映佛教与世俗之间以及各种其他宗教之间，尤其是和婆罗门教之间的争论、辩驳，不仅具有广泛而深入的生活实践内容，而且表现出极高的智慧，深谙义理，辩才无碍。尤其重要的是通过通俗的语言将义理与实践完美结合，将佛教与世俗联结，用比喻以及丰富而奇妙的想象和优美的文字来编织佛教的理想世界，叩开了一扇通向佛国世界姹紫嫣红、异彩纷呈的大门。

（一）对六师外道和婆罗门教的批驳

六师外道主要指佛教产生后的六种学说：善恶无果论、苦乐无因论、否定轮回的断灭论、宿命哲学的常见论、宿因论和诡辩论。从哲学角度看，前三种属于唯物主义派别；第四、第五种属于反对神权、王权的怀疑论或虚无思想，对于当时印度社会来说，不仅有进步意义，对佛教的发展以及理论建树也有思想意义；第六种游离于神学和唯物主义之间，被佛教所排斥。佛教在创立初期，最主要的思想对手还是婆罗门教。佛教对传统的宗教婆罗门神圣不可动摇的权威进行了挑战。这是从神权到王权的进步，也是对古代印度四种姓制度的否定。婆罗门是古印度的贵族集团，掌握神权，是知识的垄断者，是四种姓的第一种姓。其他种姓分别是：刹帝利，是各级官吏；吠舍，手工业等自由职业者；贱民，相当于奴隶。四种姓之间在政治、经济、文化上都处于不同的阶层。

除此之外，佛教把其他学说通称为外道学者，大约包括七十二见，即七十二种不同的哲学思想，还有更多的说辞。我们从中可以体会出在佛教产生以及发展过程中不同思想的激烈交锋。请看《百喻经》中第一个，也是最短的一则比喻故事。[①]

1. 谈苦行

愚人吃盐的比喻故事

从前有一个愚蠢的人，到别人家里去做客。那家主人请他吃饭，他嫌饭菜味道太淡。他告诉主人后，主人就热情地为他又加了些盐。他觉得加盐后的饭菜味道很好，就自言自语道："之所以味道好，是由于有了盐。加了一点就味美可口，更何况再多加些呢？"

愚蠢的人由于无知，就空口吃些盐来。吃完后却觉得味道很差，反而感受了多吃的痛苦。这就

① 参见拙作《百喻经注释与辨析》中的经文、注释，太白文艺出版社，2005年第2版，以下引自该经者不复注。

好比那些没有正确人生理想的人，听说通过节制饮食就可以得到人生的真谛，于是断绝饮食，经过七天或十五天的修行，除了使自己饥饿不堪之外，得不到任何有益的东西。那个愚蠢的人认为盐的味道好，就以盐代饭，使自己倒了胃口。没有正确人生理想的人所采取的错误方法也同样如此。

这则比喻揭示了这样一个道理：凡事要适可而止，超过一定的限度，就会走向事物的反面。但这只认识了这则比喻故事的一个方面。应当看到在《百喻经》所列举的寓言中，凡以愚人命题的内容，愚人并非指智力低下的人，而是指思维发生偏差的人。正如荀子在修身篇中所讲的：“非是，是非，谓之愚。”即把是非混淆、颠倒了的人。本文的主人公愚人的思维方式是符合逻辑的，加一点盐就味美，加更多的盐就会更味美，这本身是一种推理。他的错误在于把主观的判断变成了一种极端的实践，主观与客观未能达到统一。在现实生活中，把主体的认识强加到客体的做法比比皆是；把主观的想象变成盲目的实践，也会走向反面，成为盲目的蛮干，其结果同样也会“反为其患”。

这个故事是针对苦行外道而发的，告诉修行之人，离苦行邪路，行佛果正觉。苦行是印度哲学中十分古老的学说，佛陀当年出家，也曾修苦行六年，唐代玄奘赴北印那烂陀寺求法，在《大唐西域记》中记叙“大施场”一节时，也描绘了苦行者的修持状况。以修行来战胜欲体、消灭欲望，在实践中难以最终超脱苦难，但是这种追求、奉献、舍我精神还是应当受到世俗的尊重。人类为节制欲望和抑制自我的膨胀，进行过许多有益的探索，由除欲受苦，到离苦得乐，这之间恐怕并无一条严格的分界。

在佛家看来，人生是苦，灭苦即灭我。对于现实中的人来说，认识苦的人生，从而不怕苦，以苦为荣，苦中得乐，同样可以升华为吃尽世间苦、乐为众苍生的情怀。

2. 贬斥婆罗门

婆罗门杀子的故事

从前，古印度有一位婆罗门种姓的人，自诩知识渊博，对于用星象占卜吉凶预知未来的方法都能了解和掌握。他想显示自己的本领，于是就来到别的国家，抱着自己的儿子在人们面前哭喊不止。有人问他说：“你为什么哭泣？”这个婆罗门种姓的人说：“这个小孩，过七天后就要死了，我怜悯他的夭折，所以痛哭啊！”那旁边的人说：“人的生命难以预料，预测很容易出差错。也许过了七天未必死亡，何必预先就悲痛呢？”婆罗门种姓的人说：“太阳月亮也有黑暗的时候，天上的星宿也可能会陨落，而我所预测的，从来没有失算过。”为了维护自己的名誉和利益，第七天后，他亲手杀死了自己的孩子，以此来证明自己的推测。过了七天，人们听说他的儿子死了，都感叹道：“真是一个智慧的人，预言果真不错。”人们对他都很相信和佩服，纷纷向他致敬。

这就好比信奉佛教的和尚、尼姑和不出家的善男、信女，为了得到利益和供奉，自称已经深得佛法。用世俗的思想诱导一心事佛的修行者，用伪装出的慈善品德骗人，从而使自己在欲界的轮回中受尽苦难。就像那位婆罗门种姓的人，为使自己的预言灵验，亲手杀死儿子来愚弄大家。

从古代印度哲学思想的发展来考量，佛教在反对婆罗门教的至上神权、批判婆罗门教所规定的严格的种姓制度上，起到了积极的推动作用。在佛典《中阿含》卷十七、《四分律》卷四十中，历数婆罗门的伪善和罪过达十四项之多，为我们留下了十分珍贵的思想资料。

从这个故事中，我们也可以得到一些启示。作为统治神权、文化知识的婆罗门僧侣来说，为了维护所谓贵族的尊严，他们既是伪善的，同时又是极为阴险和凶残的，甚至不惜杀死亲生子女来欺愚世俗的人们，以取得思想和文化的统治权。佛教利用浅显的故事反映了一个深刻的历史事实：“公侯之门，仁义焉存。”压迫者，无仁义。古今中外，鲜有别论。佛教进入中国之后，尽管历代都与统治阶级发生着千丝万缕的联系，但它把成佛的范围进一步推广了。无论是王公显贵还是平民百姓，只要发愿潜心修行，就可以往生净土。它的平民化、大众化的思想，无疑是思想上的一大进步。

认真的读者会注意到，这则比喻故事在表现方式上借助了类比，即以此类彼的方法，从原有经验去得出认识。善良的人们以虎毒不食子、人不会害自己的孩子的思维去推想婆罗门。因此，被虚伪、残忍、贪婪的婆罗门欺骗。这样，比喻故事对教外痛斥了婆罗门的不义行径，对佛教内那些想得到利益的信众也给予了警示，实现了揭露婆罗门、批评不潜心修证心存利益的佛教徒、展现佛教教义这三重作用，反映了三个层面的心理活动：婆罗门的狡诈心、出家人的供养心、普通民众的善良而愚昧之心。佛教观心、治心的修证义理，亦表现出来。

（二）弘扬佛法

《百喻经》作为佛典，大部分内容都围绕着弘扬佛法的宗旨来展开，或传播佛众的行为典范，或阐发佛理、教化世间，或说明业报因果、扬善止恶，或整肃戒律、契入佛法。运用比喻，一方面可以达到明理的作用，有利于事理论说；另一方面又可以借助喻体，以浅寄深，间接反映哲理玄思、情感观念、价值取向，起到启发、提示的效果。

1. 阐释佛理

巧譬善喻，诠解佛理，是佛典的突出特征。这样，可以用人们喜闻乐见的故事，来喻示深奥的抽象结论，收到弘法利生的实效。如：

留凉水和火过夜的故事

从前有一个人，办事需要火和凉水。于是就留下了过夜的火种，又用盆盛了凉水放在火上，后来他想用火时，火已经灭了；想取凉水时，水却变热了。这样他要用的火和凉水都没得到。

世上有的人也是这样。皈依佛教出家修行，尽管出家了，还惦念着妻子儿女、柴米油盐，体味着色、声、香、味、触带来的乐趣。由于这个缘故，就好像失去了去恶求善的火种、信守戒条的清凉之水。割舍不了欲望的人，也都是如此。

这个比喻故事的构思是巧妙的。水与火是互相对立的事物，作者并没有用火燃干了水或用水浇灭了火来组织文章，而是在条件的限定上做了安排。隔夜火与冷水都是必要条件，将水置火上，水变热，又使火因燃尽而熄灭。这样，凉水和火这两个条件就同时失去了。

这个故事告诉人们，两个事物相互作用的结果，不仅仅存在着一成一败、一荣一损的结果，而且也会互相作用，同时消亡、变化。事物和则两利、斗则俱败的事例也不胜枚举。其中的比喻也有一石二鸟之功，意指欲望之心既熄灭了求善去恶的功德之火，又断绝了通往清澄、自在、美好的境界之水。

欲望和追求究竟是人们发展、进取的动力，还是走向痛苦深渊的起因？它反映一个事物的两个方面。如何取舍？每一个人在生活中都会做出选择，至于选择的正确与否，适当为之还是取需而行，这就要看自身不同的条件和机遇了。但在市场经济的条件下，有一条铁律，贪欲只能带来躁动和不安，清心才会使人归于宁静。贪欲之火如果不加以制约，其结果必然是把一切化为灰烬。

《百喻经》中阐发佛教义理，往往在故事中采用“群喻”手法，故事中的时间、地点、人物、事件、原因、结果，分别指喻佛教教义、名相，展示出理论的严密与周详。用故事的首尾圆合，反映教义的圆融无碍。下面的故事就有这个特点，它也是《百喻经》中最长的一个比喻故事。

五百甜饼的故事

从前有一个妇女，荒淫无度，情欲旺盛，厌恶她的丈夫，常想方设法陷害她丈夫，但用各种方法都未能得逞。后来，正赶上她的丈夫受聘出使邻国。这个妇女就秘密计划，制作了毒药饼，想用它来害死丈夫。她骗丈夫说：“你现在出使远方，恐怕会缺少食物，我为你制作了五百个甜饼做干粮。你如果出了国境，到了邻国，饥饿时可以食用。”丈夫听了她的话，到了邻国的地界，还没有来得及吃，天色已晚，就在树林里夜宿。因为害怕猛兽攻击，他爬到树上，把甜饼都忘在了树底下。

这天夜里，正巧有五百名盗贼偷了国王五百匹马和许多宝物，逃到树林，在树下喘息。由于仓皇奔逃，又渴又饿，在树下见到了甜饼，每人分到一个吃了。这饼的毒性极强，五百个盗贼不一会儿全部都被毒死了。躲在树上的人天亮后一看，群盗全部死在树下，就用刀箭在尸体上砍射一番，收拾好鞍马，带上财宝，向这个国家的都城奔去。这时，这个国家的国王带着许多兵马循着马的足迹追赶过来，与他在半路上相遇。国王问道："你是什么人？在哪里得到这些马？"他回答："我是某国人，在路上正好遇上一群强盗便厮杀起来。那五百群盗，都死在林中的一棵树下。因此我就带上马匹和财宝，来投奔你了。如果不相信，可以派人去查看尸体和被杀的地方。"国王立即派亲信前去查看，果然像这人所说的一样。国王十分高兴，感叹从未有如此勇敢的人。回到王城后，对他给以丰厚的赏赐，给了许多珍宝，还赐给他一个村落享受供奉。

这个国王原有的大臣为此心生嫉妒，向国王进言说："他是远道而来的人，不能使人信服，怎么一下就对他宠信有加，给他的赏赐超过了我们？"这位从别国远来的人听到传闻，就说道："谁英勇健壮，能和我比试一下，到开阔处较量一下本领！"国王的旧臣听了都吓住了，没有人敢与他比试。

后来这个国家的大草原上出现了一头凶猛的狮子，拦路伤人，使通往王城的道路都中断了。这时那些旧臣聚到一起商议说："那个远方来的人自称英勇健壮，无人能敌，现在如能再杀死猛狮，为国除害，那才真是奇异特殊的人。”商量后，就向国王进言。国王认为有理，就赐给远方来的人宝刀、手杖，派他去杀死猛狮。这位从异国他乡远来的人无奈接受了国王的命令，鼓起勇气到了狮子出没的地方。狮子看见他，奋起怒吼，腾跃着向他扑来。他惊恐之下，迅速爬上树，狮子张开大口仰起头对着树上的他，这人在惊吓和慌忙之中，失手将手握的宝刀掉了下去，正好落在狮子口里，杀死了狮子。他欢欣雀跃，兴奋地向国王禀告了这个喜讯，国王加倍赏赐了他。这个国家的人一下子对他变得敬重和佩服，到处是一片赞扬之声。

妇女所做的甜饼可以比喻为心存妄念的布施；国王派遣的使者比喻为引导人走向善行之路；到达其他国家比喻为进入有情的天界；杀死群盗比喻初步得到修行的果实，用强制修行的方式断绝了欲望带来的烦恼；而遇到他国的国王比喻在落难中遇到了贤达的圣人；国家原来的旧臣们的嫉妒可以比喻为其他教派见佛学能除去人间的烦恼与欲望而进行的诸如绝无此事之类的诽谤；远方的来者激愤严厉的话语，说旧臣中没有能与他抗衡的人，比喻其他教派无法在论辩中战胜佛教；杀死凶猛的狮子比喻最终破除了烦恼、欲望、轮回的羁绊。既然断除了烦恼，又降伏了诱惑的魔力，就能够得到自在美妙的修证之果；远方来者每次在对阵时的胆怯、害怕比喻弱能胜强，在开始时虽然并不具备清纯的修行之心，但能够施德于人，走上了善行之路，从而获得了殊胜的果报。不纯正的修行与布施，都能得到一定的果报，何况真诚善良地帮助他人的修行者？所以应当在修行的心田上努力证悟，勤奋地自度度人。

在《百喻经》中，这是一则情节曲折完整的比喻故事。结构上环环相因，层层推进：由妇厌夫到奉命出使，从妇做毒饼到夜宿林中的因祸得福，从因势利导旋而享荣华于他乡。接着又语对旧臣，气压众妒，继而勇斗猛狮，侥幸取胜。一环紧扣一环，形成了全文故事情节的波澜起伏，最后又由这种波澜的跌宕带出文章境界的自然转换，引出了譬喻佛理的议论生发。连用八层比喻，每一层对应一个佛教的概念，一气呵成。全文从容道来，用笔开合有致，显得游刃有余，并逐步渡渠过道，牵引读者驶入觉海慈航，点出求证佛果的题旨。

故事为我们展示出一幅广阔的社会生活画面，各色人等纷纷亮相。从国王到强盗，从大臣到淫妇，以至于在已被毒死的强盗身上做手脚，瞒天过海的主人公。这些人都具有人性的弱点，都不是单一性格，而是被客观地表现为一个个有欲望、有偏爱、有胆有怯、有智有勇的人，尤其是“远人”的形象，刻画得最为成功。不仅从他的变故之中，我们可以领略出一些佛教对于偶然和必然关系的理解和运用的独到之处，而且还使引导人心向善、脱离烦恼的说教显得具体形象。在教化方法上确是循循善诱，讲故事，寓理义，谈生活中的各种现象，表现了佛教从创教以及中国化的创立时期，就非常关注人生的现实问题，以深入浅出的方法、具体形象的东西来感化人，使人们透过活生生的人物形象、生活百态，来领悟佛门义理和认同人心善恶的价值取向。为了宣扬佛教的教义，采用贴近人们生活的故事和传说，用这样明白易懂的表现形式使说教更鲜活，更容易使人在听故事的过程中接受佛教。的确，大乘佛学的许多高僧都是博学善辩、巧譬善喻的教化之师。

2. 持守戒律

是否持守戒律是出家与在家修行的区别，也是佛弟子与俗人的差别所在。因此，戒律关乎佛教的生存和发展。《百喻经》中有许多故事都是围绕这一问题引导教化信众的。如：

上楼磨刀的比喻故事

从前有一个人，十分贫困，长年累月为国王做工，身体瘦弱不堪。国王见了以后非常怜悯他，赏给他一峰死骆驼。穷人把骆驼带回家后，就动手剥骆驼皮。他嫌刀子不锋利，准备找磨刀石磨一磨。他在阁楼上找到了一块磨刀石，将刀刃磨利后，下楼继续剥皮。过一会儿，刀子用钝了，就又上阁楼磨一磨。就这样反复上下楼去磨刀刃，弄得疲惫不堪。他实在爬不动楼梯了，于是干脆把骆驼吊上阁楼，挨着磨刀石来剥皮。人们都嘲笑他的愚蠢做法。

这就好比愚蠢的修行者破除了律条的约束，贪图财物，为自己谋福利，还渴望能够进入最美好、光明的天界。就像悬挂死骆驼在楼上磨刀，用的功夫很大，但效果却极差的道理一样。

舍便利而求于繁琐，舍取磨石下楼而反复上楼，以至于搬运悬挂死驼于楼上，其根本目的在于磨刀解驼。然而不惜就难避易，就会使人觉得好笑。故事中的穷人知道“磨刀不误砍柴工”，对怎样磨刀、在哪里磨更方便却没有合理选择。磨刀是必需的，方式也要合理，因此我们常说，好的想法，没有好的措施同样会走向荒诞。但这则故事并没有停在这一问题，而是寄寓一个发人深思的命题：一个追寻理想或人生真谛的人，喜舍与敛财的选择是决定走上理想坦途还是奔向崎岖山谷的关键。佛教对待钱财上所采取的态度是难能可贵的。在商品交换和阶级对立的社会里，人们对于“人为财死，鸟为食亡”“有钱能使鬼推磨”“钱能神通”以及“自古衙门朝南开，有理无钱莫进来”的现象早已司空见惯。更有甚者，诸如“钱是命，命是狗屎”的诅咒般的话语也能听到。而以平常心、布施心对待金钱的佛家义理，就显得格外令人注意，发人警醒。在“无钱是万万不能的”现实中，它无疑是有认识价值的。

下面的故事，是比喻佛教信仰世界的“果位”问题，反映出修证层次的三个境界，又称“三乘道果”，中国佛教各宗派对此都有不同的说法，这里分指：

一乘阿罗汉，又称声闻乘。即能接受佛教教义声教，证悟四谛学说，得阿罗汉果。

二菩萨乘，又称缘觉乘或中乘，意即自觉接受佛陀教义感飞花落叶之觉缘，证悟十二因缘，以智慧上求觉悟，下利众生，有普度众生的大乘情怀，故又叫觉有情。在封建社会，朝廷也赐给有声望的高僧“大德菩萨”的称号。今天在世人中对有德高僧亦尊称为菩萨。

三佛乘，离有情，进入永寂、清澄的佛国境地。小乘佛教认为只有佛陀一人得证佛果。大乘佛教，尤其是唐以后的汉传佛教认为，人人皆有佛性，只要证悟佛理，人皆可成佛。

把煮熟的胡麻子种到地里的故事

从前有个愚蠢的人，生吃胡麻子，觉得味道不好，就把胡麻子煮熟了吃，感觉味道很好。他想道：“不如把胡麻子煮熟后种到地里，以后会得到美味的胡麻子。”于是就把煮了的胡麻子种到了地里，当然永远也长不出胡麻来。

世上也有这样的人，认为追求佛果的修行要经过漫长的岁月并信守不渝，是非常艰难的苦行，没有乐趣，就产生了这样的想法：“不如修证阿罗汉果，很快地脱离在人世间生死的轮回，这一层次的修证比较容易把握。”结果以后再想成就更高的佛果，就不可能达到了。好像把煮熟的种子播到地里，是不可能生长的道理一样。世上愚昧的人，也是如此。

种瓜得瓜，种豆得豆，撒什么种子开什么花。一分耕耘，一分收获。世上的事都是由许多条件或者是由因果构成的，只凭借主观想象，是不能代替客观事物本身的，不能代替事物发生、发展变化的每一个具体的环节。取巧、走捷径是不能修得正果的。佛学中对此认识是有见地的，它对于信徒的要求是彻底的解脱，这种解脱可以认为具有自由的内涵。

自然界中，树木的向上生长、枝叶的伸展，是在适应了生存环境中的种种因素，如引力、阳光、水分、养料等的过程中自发生长的，动植物都有一种为生存而努力的本能，这种本能也可以认为是寻求自由发展的表现。人对自由的品位要求是复杂、全面的。“人间遍种自由花”“不自由毋宁死”，追求精神不朽的人，在他们身上有一种催人奋进的力量，反映了人类开掘自我价值的本质力量。

要求或追寻不朽，未必是宗教徒，许多人不信上帝、救世主，不信天堂、灵魂，但为了人的自由解放可以奉献自己的一切甚至生命，古往今来，这样的例子不胜枚举。神话中，普罗米修斯给人类带来火种，他正是广大人民之中具有献身精神的代表，其行为可以说是一种无我的奉献和追求。

故事中提及的三乘道果阿罗汉、菩萨、佛的区别主要是：

阿罗汉，是一种自我的觉悟、修证，是个人的解脱。

菩萨，是自觉觉他、自利利人的修证实践，充溢着佛在人间的思想。

佛果，是指达到彻底灭除，包括肉体与精神的涅槃境界，是一种不再回归人世的无我的存在。它与庄子追求绝对自由的逍遥有相通之处，是佛教人生观在世界观视域中的表现。它在体系上更臻完美、精致，且具有东方辩证法的思想。这三种境界都是信仰者的目标和归宿，是现实世界中不存在的理想境界，同时也是在现实社会中佛弟子心中的价值理念。

从故事的内容看，《百喻经》中菩萨信仰已经形成，属大乘佛教的基本理念。因此，认为《百喻经》所表达的主要是早期佛教的思想是不正确的，是缺乏认真阅读和考辨的草率结论。

（三）针砭时弊

大乘佛教的出世法和世间法，构成了理论与实践、修行和亲证、信仰与现实的完美统一，丝毫没有减少佛教徒投身社会，对现实人生进行审视评价、批判的热情。《百喻经》中透析世情风貌，针砭时弊、拯救人心的故事不少。如：

1. 得与失的人生考量

愚人积蓄牛奶的比喻故事

从前有一个愚蠢的人，准备宴请宾客，为此要积蓄一些牛奶，以便到时候供给来宾。他想：“如果现在每天预先挤出牛奶，积蓄多了，不好保存，也许还会腐败变质，不如就蓄存在母牛的腹中，到宴请宾客时，再当场把奶挤出来。”想好后，他把母牛和吃奶的小牛分开喂养。一个月后，他举办宴会，迎接宾客，这时把母牛牵来，想挤出奶来，但是母牛的乳房已经干瘪，什么也挤不出来，惹得宾客们既好气又好笑。

如果要想通过把财物分给大家的方法修行，却又说等我真正富足后，再把财物和关怀给予别人。可往往还来不及等到富足，就会受到自然灾害、盗贼等突然降临的各类灾祸的侵犯，也许到死也不能及时地把财物和关怀给予他人。这种不能随时奉献爱心的人，就和在牛腹积蓄牛奶的蠢人一样。

这则比喻故事，首先想用借牛腹积蓄牛奶的荒诞来比喻那些自以为是的人，指出这种人就是愚蠢的人。采用了明喻的方法，但却揭示了一个并不简单的道理，即主观臆断的思维方式是错误的。“集牛乳的人”思考问题是很细致的，他为了在宴请宾客时能有足够的新鲜牛奶颇费了一番心思，既考虑到在一头母牛身上一天之内无法采集到足够的奶，又认识到如果提前一个月挤奶，不仅不便贮存，而且无法保鲜。这些考虑都是十分正确的，但他最后却选择了一个自以为两全其美的方法来“集乳”，结果却是多么荒唐可笑。这个自以为是的愚人的错误十分清楚。这里留下了一个未能回答的问题，即怎样做才是正确的呢？如何去行动才能解决现实中的矛盾呢？

故事并没有停留在解决现实问题的具体方法上，而是把它引申到对人生与社会的考察中，采用了连续比喻、逐层深入的手法阐述义理，即不能随时布施的修行者就好比不及时挤奶的愚蠢之人。佛教认为：释门万行，布施为先。所谓释指佛教，门指途径，万行就是各种方法，修行的方法尽管多种多样，但都可以扼要地概括为布施。在理论上要内舍“六根”，即眼、耳、鼻、舌、身、意，外舍六尘，即色、声、香、味、触、法，从主观、客观两方面摆脱世俗的诱惑。在实践上，要首先从舍财做起，因为衣食是生存的基础，人往往把金钱看得重，只有淡化它，贪吝之心才能变成自在之心。今天看来，舍包含着奉献，舍不了的人也很难全心全意地为社会做工作。

这则故事还把问题进一步引向深入，即解决了要不要舍的认识。修行的人，或者说决心追求真理的人们，就要从自身做起，从现在做起。认为把财物分给他人是有钱人的事，或者说等到自己富有了再舍于人的想法是错误的，这就把佛教哲学中对于人生、社会的理解很自然地表达出来。人能否富有，要受到条件的制约。人生下来就要面对自然与社会两大客观现实，而且现实并不以个人的意志为转移。个人在自然和社会中就好比一条流动的小溪，只有汇入生存环境的江河，才不至于干涸；而社会好比长江大河，在奔腾中也会遇到急流险阻。在大潮涌动中的个体所能产生的作用是十分有限的。

时也，命也。我们常常可以听到这样的人生感叹，个人生活必然要受时代环境的制约。今天的潜水艇、飞船，只能在古人的“龙宫探宝”“嫦娥奔月”的幻想之中。本故事揭示了一个从古至今都无法逾越的客观事实：富有与贫穷并非由人的主观愿望来决定，要受客观自然环境和条件的限制，相比水火侵袭、风雨雷电、地震海啸，更可怕的不是天灾，而是人祸。佛家对于造成百姓穷困、社会动乱的社会原因，认识是十分清醒的。官盗同源、兵匪一家，贪渎导致社会不公，民怨四起，社会动乱，盗贼横生；官逼民反，致使国家政权动荡，“水能载舟，亦能覆舟”。自然灾害带来的苦难，是局部、短暂和有限的；社会灾难往往具有整体性、持续性，造成的影响是无法估量的。这就是所谓“倾巢之下，岂有完卵”。有限的人生，在面对许多难以避免、无法回避的自然灾害、社会祸患的冲击和磨难时，当然就希望有一个理想世界、一个彼岸的美好世界，这就是宗教产生的自然和社会原因。只要这个世界还存在苦难和不公，就会有适宜宗教成长和发展的土壤和条件。佛教也同样如此。

2. 对追求富贵的否定

只想吃最后半个饼的故事

有个人肚子饿了，一口气吃完了六个煎饼。吃到第七个时，吃了半个便很饱了。他很气愤和后悔，用手打着自己说：“我现在之所以吃饱了，就在于这半个饼呀。然而这前面的六个，白白地浪费了。早知道这半个饼能吃饱，就应该先吃这半个饼。”

世上的人也是如此。佛教的圣人们说过：“在世俗的世界里没有安乐可言，最终都要面对苦恼。世俗的人为利益而颠倒迷惑，节外生枝地认为拥有财富就是快乐。”就像那个痴人，认为半个饼就可以吃饱以至于陷入懊丧和苦恼之中。浪费了六个饼子，就认为是减少了自己的财富，这就是痴人无法快乐的原因。

只想收获，却不愿意播种；只想接受美好的未来，却不知从现在的每一天做起；只看到成功的喜悦，却不懂得成功背后付出的艰辛。看重结果，忽视过程，也许是人性的弱点。每一个清醒的人都应注意时常提醒自己，要想取得好的结果，必须要有完整的过程。没有组成的部分，也不会有整体。

佛教对于富贵的认识，不乏精辟的见解，在物欲横流的金钱社会中，无论是从社会道德还是从哲理思辨上看都独树一帜，自标风韵。富贵与快乐从来就不是画等号的，有了富贵，带来的往往是更大的挑战和保持富贵的压力。从历史上看，富不过三代，贵难逾两朝。以富贵传家者必败，以教育传家者永延。中国五千年的文明史，都在不断演绎着这样的故事，秦宫汉室、唐宗宋祖、元世明代、八旗子弟，今日安在哉！

真正的富有是心灵的充实，至显至贵至乐都是奉献而非占有。在生活中富有未必贵，贵亦难富足，既富且贵者，也难以快乐。为何呢？求富者，往往以追求自身利益的最大化为目标，必存贪婪之心，其状况正如时下股市中普遍存在的两种心态：贪婪与恐惧。一生在贪婪与恐惧中挣扎的人，能快乐吗？求贵者，他们或有权力，或有名望，但是俸禄、薪资有限，以此不至于富；若富，则贪渎，或以权谋私，或利益交换，互相利用。那么在这种状况下生活，永远在阴暗中进行交易的人，会快乐吗？占尽富贵的人，恐惧只有帝王将相了。那么，这些富贵者会快乐吗？中国历史上最盛者莫过汉唐，这两个时代的帝王之家，父子相残、兄弟杀戮，无不充满着血腥。至于将相之辈，在汉唐也是更换最频、变数最大、罹难人数最多的时期，在如此环境下生存的人，也难有快乐可言。

万法唯心，心中快乐的人是最幸福的人。佛教对于世俗社会中富贵的否定，充溢着社会批判精神，表现出对人心灵的人文关怀，以否定现实的姿态去追求真谛，以自我完善的信仰追寻去判定一切世俗社会功名利禄、富贵荣华的价值，不拜倒在权势、富贵、欲望、贪婪的脚下，不委曲阿世。能摆脱世俗名利的羁绊，以证悟真谛为目标，正是佛教最可贵的思想内蕴。

（四）蔚为大观的比喻故事与经典

佛教大量的比喻故事贯穿在经籍里，尤其集中在以下经典中：五部《杂比喻经》，共计十六卷，其中第三部未传译，今存四部，十四卷；《杂宝藏经》，十卷，共一百二十一个谈因缘的比喻故事；《法句譬喻经》，四卷，三十九品，其中比喻故事多少不同，共六十八个；《箭喻经》，一卷，是佛陀解说有常与无常、有边与无边等佛理的比喻；《出曜经》，三十卷，由阐发义理的偈颂与比喻故事组成；《大庄严论经》，十五卷，九十一篇故事，以譬论理，内容丰富；《贤愚经》，十三卷，由六十九个佛教故事构成，以喻入理，圣俗一体。

这些佛典中的大多数故事都以比喻谈因缘、寓义理，以止恶扬善、弘法利生为主题，涉及佛义十分广泛，反映生活全面细微，都是珍贵的文化遗产，有待于进行更为认真细致的研究。

二、佛典中探究义理的巧喻妙譬

比喻是佛教经典中以形象事物阐发抽象义理，以生活中常见的事物、公认的道理来解释修证佛果，达到解脱烦恼的“方便善巧”。如《楞严经》卷一佛陀所说：“诸有智者，要以譬喻而得开悟。”明确指出，要觉悟佛门义理、认识真谛，必须通过比喻。

翻阅佛典，会遇到大量运用文学修辞手法阐发理念的内容。佛陀不仅是伟大的思想家，也是十分杰出的语言文学大师。充分利用语言文学的各种表现方法，揭示其中充满信仰情结和逻辑推理的义旨所在，就成为佛陀在弘法实践中广为运用的法门，其中的巧喻妙譬，更令人叹服。

佛门的喻理论事方法万象纷呈，精彩动人。这种方法使原本深奥晦涩的玄机变得形象生动，人皆可解，达到了寄浅训深的效果。喻语是佛教因语、果语、因果语、喻语、不应说语、世流布语、如意语七语之一。《涅槃经》中列出了顺喻、逆喻、先喻、后喻、先后喻、遍喻、非喻、现喻八种，皆有详述，其精细程度可见一斑。汉译大乘经典中的巧喻妙譬甚多，如《法华经》七喻、《仁王经》八喻、《如来藏经》《般若经》《维摩经》各十喻、《金刚经》六譬，都是十分著名的博喻众譬。这里仅选取一些作者熟悉的佛典加以解说。

（一）《楞严经》妄有若尘的比喻

《楞严经》开卷即论妄有心性的义理。

一切所见、所知，都是妄有心性的表现。妄有之心由眼观而成识境，成为妄尘，但不碍本自清澄。佛陀说："比如我的拳，若无我的手，就不能握成拳一样。如果没有你的眼，不能成为你所见的。以你的眼睛比喻我的拳头，其道理相同不？"

弟子阿难说："这个道理是相同的。没有我的眼，就无所见，以我的眼所见，比如您的手能握拳，在事理上是可以类比的。"

佛陀讲："你说可以类比，在事理上是不对的。为什么呢？如果是无手的人，便无拳。但无眼的人，不能说看不见的就是没有的。为什么呢？你可以在路上试着询问盲人'你看见了什么'，那些盲人一定会回答你'我现在的眼前，只

有黑暗，见不到其他事物’。以这样的道理观察，眼前的黑暗也是一种形态，没有见到的并不等于减少了什么。”

弟子阿难说：“在盲人眼前只有一片黑暗，何以见到事物的形态呢？”

佛告诉阿难：“那些盲人没有能见的眼，只能观察到黑暗，他们与好眼睛的人一起处于暗室之中，那么这两种人所面对的黑暗有没有区别呢？”

阿难说：“如果是这样，在黑暗中，眼明的人与盲人所面对的黑暗没有不同。”

佛对阿难说：“如果盲人见到的全是黑暗，那么，如果忽然得到了视力，可以见到眼前的各种景色，称为眼见；那么在暗室的人，只见眼前的黑暗，忽然获得灯光，见到眼前的各种景色，就应称为灯见。如果是灯看见，那灯有见的能力，何必称为灯？另外，灯能观察，那么与能看见的你有什么相关呢？因此应当知道，灯光能显现事物，能看见的，是眼而不是灯；眼睛能显现事物，能看见的，是心而不是眼。”

这一段以拳为喻，拳因手而成，比喻识由根生，所见由眼根而生，六根生六尘，由眼观生妄有，万法唯在一心。问题还在深入，佛陀问弟子：“你们由于什么原因觉悟了佛教义理？”

弟子憍陈那说：“我是弟子中资格最老的，也是最早得到解悟称号的人。因为觉悟了一切事物本自如幻，觉悟了由妄有而生妄尘的义理而成就佛果。就好比行人投宿旅店，或食或宿。住宿之后，整理行装上路，无闲暇安然长住。如果是主人，自然不会离开。如果这想法是对的，那么各种妄念不能长久，就称为客；明净的心性是永存的，就叫作主人。对不能长存不变的事物就称为客的义理就是这样。又好比天气晴朗，艳阳高照，从光线透过的门缝和空隙之中，可以看见空中有许多微尘。尘埃浮动，虚空的天际是静寂的。如果是这样想，澄明静寂的就称为空，浮动的就叫作尘。因之，把摇动不止的事物就称为尘的义理也就是这样。”

心主尘客，反映佛教心性本净、由尘生妄的义理，通过比喻阐明万法皆空，本自不实，一切事物由缘和合而生，随缘而去。理趣自见，高下立判。

（二）证悟有境界、比喻见差别

对于大乘心性学说的理解，我们通过下面禅宗六祖得法偈的比喻，就可以有所体悟。佛法东传，南朝梁普通年间（520—526），禅宗东土初祖菩提达摩来华弘法，在少林寺传法与慧可，又传僧璨，再至道信，传弘忍时称第五代祖师。五祖弘忍传法，请弟子以对佛法心性的认知，以偈立判。上座大弟子神秀常代师讲经，为得衣钵有偈云：

身是菩提树，心如明镜台；

时时勤拂拭，莫使惹尘埃。

此偈以修行比证悟，心性比明镜，道出了多年修习佛理之人的体验和心得，也如实反映了次第、渐修的法门。

岭南新州弟子慧能，在神秀偈的基础上，作偈云：

菩提本无树，明镜亦非台；

本来无一物，何处惹尘埃。

得法偈把佛理中明心见性、了无一物、本无尘有、亦无所谓修悟的见性成佛、一无挂碍的顿悟法门，表现得一览无余。

这两道偈互为因果，都是运用比喻，表述悟法境界的心得。神秀以树喻身，以明镜台喻心性，勤修心性，则可去除妄念，但立论在有；慧能立论在空、在本无，认为真正的佛心是除去有、无二边，一无所执，随尘随除，随有随无，随起随落，圆融无碍的本自清净。

运用比喻来表现佛理义趣，阐发玄奥的作用，可见一斑。

（三）《圆觉经》犹如贯珠的联喻妙譬

《圆觉经》中金刚藏菩萨向佛陀提问："若诸众生本来成佛，何故复有一切无明？若诸无明，众生本有，何因缘故，如来复说，本来成佛？十方异生，本成佛道，后起无明，一切如来，何时复生一切烦恼？"即本自清净心，何以产生迷惑的无明？既有无明，又何言有佛性？又佛性之人，又于何时产生一切烦恼？佛陀针对这三重义理的疑问，一连用了七个比喻以开示弟子。

佛陀这样回答弟子的问题：

"过去、现在、未来的世界，自始至终都是在生与灭、前与后、有和无、聚合与消散、升起运动和静止休停之中的妄想心念中连绵不断、周而复始、循环往复。在各种各样的索取和舍弃之中做选择，从而在地狱、饿鬼、畜生、阿修罗、人间、天上六种生死道上轮流回转不止。没有从生死轮回中摆脱，想分辨圆满觉悟，那么这所谓的圆满觉悟就等同于在生死轮回的道路上流转不止。倘若要免除在生死之路上的流转，是不可能的。譬如转动的双眼，看平静澄清的碧水一样，水波不止；又好比眼睛专注不动，取一火种飞转，以为是一转动的火转轮一样。又好似看浮云飘行时，月动而云不动；行舟河里，两岸后行，船与人不动的错觉一样。

“所以生出本自佛性，何出无明之惑？既从无始即有惑，何以是佛性？众生本自佛心，又在何时又生出烦恼？这三个疑惑。

“这就好比人患有眼疾，虚假地看见空中之花一样。如果除去了眼疾之后，不可以说眼疾不存在了，也许还会再产生其他各种眼疾。为什么呢？眼疾与空中之花是并非实有相伴相生的形态。又好比空中之花消失在空中时，不能够说出虚空中的花会在什么时候再产生。为什么呢？由于空中本自无花，并无生出和消灭的缘故。所谓修悟生死，求证涅槃，与空中花或生或灭的道理一样，本自于空，妙极觉悟的圆满光芒普照，就能远离如眼疾中的空花幻境。

“应当知道虚空并不是暂时的有，也不是暂时的无，何况佛心圆满随顺，心与虚空，平静如性，本于一体。

“好比冶炼黄金。矿石含有黄金并不是冶炼后才具有的，但如果把矿石冶炼成黄金后，金子就不再是矿石了。即使经过无穷的岁月，金子的特性也不会变。不应说金子原来是矿石时没有其性，即还没有成为金子时的含金属性。佛理的觉性也同样如此。

“一切圆满觉悟的佛心，本无烦恼和永寂，没有成佛与不成佛，也没有妄念中的轮回和不轮回。

“那些只求自身解脱的修行者追求圆满境界，即使身心、语言、烦恼全都断除，都不能达到通过自我修行证悟到涅槃的境界，更何况用思维的妄有之心忖度觉悟者圆满境界的人。这就好比用萤火虫的萤火去烧位于欲界中心的万仞高山须弥山一样，终究是不可能的。以轮回之心生出的轮回见解，就好比一个人游不出大海一样，永远不能到达脱离烦恼的彼岸。因此，一切证悟者要首先断除从无始以来产生的永远轮回的错误见解。

“所有的思维、意念，都是从妄有之心生发的，都是缘于色、声、香、味、触、法生出的虚妄，并非实有的心念，都如空中幻花。用各种存在的思维和意识去分辨佛门境地，就犹如虚空中的花朵，是得不到结果的，只是辗转生发的妄想意念，是错误的。

“各种虚幻妄有的轻浮之心以及那些自以为是的各种偏见，是不能成就圆满觉悟境界的。以这样的认识来提问，不是正确的方法。”

佛陀针对弟子关于无明、佛性、烦恼三个疑惑的回答，涉及佛教认识论中关于轮回问题的看法，开启了一扇通往在现实中无法证明的神秘之门，这就是生前与身后的问题。佛陀在讲述义理时所运用的比喻手法，是化解抽象理论最直接的方法。以形象事物解释抽象义理，以现实事物比喻信仰世界，起到了很好的作用。对此略做说明：

（1）“动目摇湛水”喻

眼睛转动可以使原本宁静的水面泛起涟漪，这是由错觉产生的。比喻原本清澄的心性在业力的作用下，由眼见而产生妄有的无明之心，说明眼动而水摇，心动而物生，皆为错觉、妄念。

（2）“定眼回转火”喻

与“动目摇湛水”同义，但角度变换。指专注于一，不转动眼睛，用一火把在眼前旋转，一眼看去犹如火轮旋转，错把一处作一圈。比喻一念虚妄，念念皆不实，一处见物则处处见物，从而如旋火轮，念念不息。与上一句比喻互文见义，同义递进，别寓深意。

（3）“云驶月运”喻

与上一组比喻并列。指云彩随风飘动，本自云飞，而非月亮运行，在错觉之中是月亮走而非白云飘，是云与月的相对运动。比喻人为眼识的妄有所惑，妄念萌生，即被现象所迷惑。

（4）“舟行岸移”喻

与云驶月运互文见义，视域调整，由天上至地下，相映成趣。如人在车中，车动而物退的错觉一样。小船划动，船与船中人相对不动，人却有两岸往后行之感。所谓“小小船儿顺水流，巍巍青山两岸走”，意理双蕴，大有“不识庐山真面目，只缘身在此山中”的内涵。

以上两组，四个比喻语约意丰，意与境谐，义理周全，精警动人，为千古不易之佳句。

（5）“幻翳空华”喻

指患有眼疾而看空中有繁花的所谓“满眼金花”的情景。比喻无明妄见，以无为有，人们认为的实有之物，实际上是本自于无的幻觉形态。若证佛理，则眼好花无。暗喻“一切诸翳”“空华”要随起随灭，方证正觉。

（6）“炼石成金”喻

佛陀用这个比喻，从炼石成金的三个角度，分别回答了弟子的三个提问：

本自净心，何以生无明？

有无明，又为什么说皆有佛性？

有佛性之人成佛后，是否再生烦恼？

佛陀的解答耐人寻味。

第一，以冶炼金子比喻世人本有佛性，本自净心，如石含金。但在尘染、因缘的作用之下，产生疑惑，从而在面对世界时“无明”，不能成金。

第二，以石为例，说明人虽处于虚幻、无明之中，但佛性不失，不损其求证佛理的内心，如果加以冶炼，矿石也可成金，比喻若修行至清澄，便可除灭无明。

第三，回答了众生本自清净，佛性自在，成就佛果后会不会再染无明的疑问。首先，佛陀对这种怀疑给予了断然的否定，接着继续用冶炼金子来喻理论证。他指出金子一旦被冶炼成之后，就永葆其金子本色，比喻人成就佛果，就会永远度脱生死相续的无边苦海，永不回头。

显然弟子“非正问”的诘语，是对佛陀修证佛果义理的怀疑，所以佛陀对此表现了不容质疑的立场和态度。在捍卫彼岸世界的坚定性上，佛陀表现了一位信仰者所持有的永不动摇的信念。信仰高于一切，这是一切宗教的特点，佛教自然也不能例外。佛陀是不能正面回答在现实中本自不存的彼岸世界的一切问题的。但是，佛陀运用了炼石成金这一现实中存在的事物来证喻义理。从石含金，由各种因缘而成矿石，喻人有染；矿石经历炼而成金，喻人经修悟而觉悟成佛；以炼石成金不复为石，喻成佛后不复无明，来说明了三个相关层次的问题。其中，完成炼金的过程又隐喻为修悟的过程；炼石的结果金子，又喻为修证的佛果涅槃。这种用现实中实有的事物证明在现实中并不存在的事物——涅槃的比喻法门，无疑是佛教在思维领域中独特的创造。

（7）“萤火烧山”喻

佛陀把以妄有之心的偏执来求证佛教圆满灵觉的境界这种以妄观觉的错误，比喻为用一点萤火来烧大山，是以妄求妄、终不可得的妄想，彻底否定了辗转相因而世世累劫的妄想形态。

我们通过对《圆觉经》“动目摇湛水”“定眼回转火”“云驶月运”“舟行岸移”“幻翳空华”“炼石成金”“萤火烧山”七个比喻的分析，不难看出佛教对于自然现象、社会生活的详尽观察、认真思索，表现出高度的智慧。只有对现实世界经过深入体察和分析以及极具思辨理性的人，才能运用寓意如此丰富、含意隽永深刻的比喻，来证明他的教义和理论，并放射出彼岸世界的灵光。但一切比喻终究只能是例证、说明，不能代替科学，代替事实，代替严谨的论证。

（四）《金刚经》六喻

佛陀在给弟子们讲解完《金刚经》全文后，用偈颂的形式归纳出人们熟知的六喻般若。即：

“云何为人演说？不取于相，如如不动。何以故？

一切有为法，如梦幻泡影。如露亦如电，应作如是观。”①

如如，佛语指真相，与真如同，是佛门五法之一。五法分别为：名，事物的假名；相，事物的色相；妄想，分别虚妄的心念；正智，正确见解的智慧；如如，不变不异的真相。有为法，指一切现象形态、意识形态，与无为法相对应，即佛教彼岸世界的一切现象。大小乘有别，小乘为五位七十五法，大乘一般说五位百法。有为法可分为四类：心法，意识、精神现象；色法，物质形态；心所有法，心理、品性；不相应行法，又称非色非心法，指依因缘而生灭变幻的现象。

---

① 参见拙作《金刚经新注与全译》，太白文艺出版社，2005年第2版，第189页。

佛陀所述意为一切执意于事物各种表现形态——生、死、有、无等观念的人，应修悟出凡此种种都是非本质的。譬如梦境、幻觉、泡沫、影像，转瞬之间就会了无一物；又譬如晨露和闪电稍纵即逝，在岁月的长河中未落遗痕，终了也不过是空空如也罢了。应当这样来看待各种事物的表现形式，方可到达消除一切烦恼的彼岸境界。

以上“六喻”，指向于大乘“般若”，即智慧地看待一切，包括此岸现实世界，也包蕴彼岸信仰世界。六喻的特征是用客观世界的心理和物质现象（梦、幻、泡、影、露、电）来比喻一切形态都是虚妄幻化的，要破除一切执着，非言非理、非法非佛，一切清澄静寂，了无一痕，表现了大乘佛学对人生和世界的基本认识。

（五）《遗教经》“远离”“精进”“禅定”① 的比喻

佛陀在生命的最后时刻仍然传法讲授的经典《遗教经》中，比喻仍具有重要的说明教理，唤起弟子认知的作用。佛陀云：

“汝等比丘，欲求寂静无为安乐，当离愦闹，独处闲居。静处之人，帝释诸天所共敬重。是故当舍己众他众，空闲独处，思灭苦本。苦乐众者，则受众恼。譬如大树，众鸟集之，则有枯折之患。世间缚者，没于众苦，譬如老象溺泥，不能自出，是名远离。

① 《大正藏》12册，第1111页—1112页。

“汝等比丘，若勤精进，则事无难者。是故汝等，当勤精进。譬如水常流，则能穿石。若行者之心，数数懈废，譬如钻火，未热而息，虽欲得火，火难可得，是名精进。

“汝等比丘，若摄心者，心则在定。心在定故，能知世间生灭法相。是故汝等，常当精勤，修于诸定，若得定者，心则不散。譬如惜水之家，善治堤塘，行者亦尔。为智慧水故，善修禅定，令不漏失，是名为定。”

远离闹市，清静修禅，以除心中尘想。佛陀以众鸟喻心中尘想，以众鸟压枝喻尘想乱心；又以老象溺泥，在泥潭不能脱身，喻被世俗纷扰所系，心识难定。独处而思灭，除烦恼，悟义理，就是离俗。

佛陀勉励弟子决不松懈，勤修佛理，贵在持之以恒，好比钻木取火，未热而止则终不得火。这里讲的是水滴石穿的精进态度，把渐修与贵恒之佛义借喻而出，言简意赅。

谈禅定如惜水护堤、滴水不漏，喻止观圆满智水无漏。其中，智慧水是佛教常用的隐喻方法，在佛典中大量使用，如法雨、无常风、八正道船等。这类比喻本身就包含佛理，契理契机，运用十分灵活。

佛典之喻，在经卷中处处可遇，初涉者往往会有眼花缭乱、不知喻理之感，由于其譬喻往往是为了论述其修悟中的理义，教外之人难入其旨，也是情理中事，但细细逐层探析，以喻参悟佛理，也就会收到由表及里、由浅入深的功效。

三、独特的论证方法

对于佛教义理的各种概念、各种专门术语名相内涵的阐发表述，是佛门立论的重要方法，往往通过对各个概念、名相的内涵及其相互关系的解说来组织起精密的理论体系。大乘佛法把唯心的理论推到了巅峰，仅《佛教大辞典》（江苏古籍出版社，2002年12月版）十三个类别中的“教义”部分，所收专有名词有1800余个。仅列举最常用的概念“法”加以说明，以了解其深邃的内涵、细密的义理所在。

（一）严谨的概念、深刻的内涵

法，佛教重要的理论范畴，具有丰富的历史文化内涵。古代印度人使用这一概念，可以追溯到公元前13世纪。在古诗句中，法已具有了秩序、特征等含义。以后的《梵书》时期，法则包含了统治阶级的道德准则，成为捍卫种姓制度的保障和社会秩序。随着社会的发展和统治秩序的建立，至公元前7世纪的《奥义书》和《经书》时期，法又进一步成为维护统治者利益的法律。

佛教建立之初，借用了古代印度哲学中法这个术语，赋予了新的含义，使之成为具有支配自然现象和社会现象以及人类精神活动的普遍规律内涵的新的范畴。法建世间则充分表现了法的新的含义及其在佛教中重要的理论意义。佛教在以后的不断发展中，法的含义日趋繁杂。更有意思的是，佛教还创造了大量冠以法的专有名词，经常出现在佛典之中，如法入、法力、法王；各种比喻，如法山、法舟、法雨；杂说，法兄、法尼、法匠。凡此种种，达数百种之多。可谓开卷见法，但具体用法、指向、义趣有别，不能贸然等同。

传统的解释是凡具有质的规定性并为人们所认识的一切事物和现象，就称为法。

我们认为佛教中法的范畴，是指贯穿于物质世界和精神世界的规律，一切物质世界的现象和人的精神、意识，包括彼岸世界存在的一切现象，都是法的表现。宇宙中的一切现象既是瞬息万变的，又是统一的、互相联系的。人的认识的根本目的就在于通过对自己精神的反观内照来认识法，从而获得彻底解脱的认识。正是由于法的这种概括性，决定了它在佛教术语中使用时的复杂性，在具体对象上既有特定的含义，但在义理上又与通向解脱、达到正觉相呼应。这样，法这一概念在不同情况下使用时，其不同的对象和意蕴都能和谐地融合在一起。这或许是我们接触佛教法这一范畴时不仅有普遍的认同感，而且也不会忽略其在不同情况下的不同含义的原因吧。

佛教法的概念具有辩证因素。它认为，客观世界的一切现象都是瞬息生灭、相互联系的，没有一种现象是孤立的，一切无常。产生各种现象并形成相互联系的关系与条件就是缘起，作为一切主客观世界规律的法，皆依因缘而生。一切法一切现象皆依相互关系和条件产生，在这互为依存的关系中，无一绝对的存在，这种相互依存的关系也是因果关系。

从这种认识出发，我们可以认为法是一种变的哲学，一切都在变化之中，无一是固定常存的。因此一切事物往往呈现出一种波浪式的动态，既相陈相因，又动荡变幻、丰富多彩。法的范畴的意义在于立足于变化之中，不断破除“我执”的偏见，如果用发展和前进乃至飞跃的思想充实到它的理义中，那么研究本身就不仅有理论价值，而且有现实意义。

（二）条分缕析的论述方法

佛教注重概念的辨析，给中国文人的论述方法带来了有益的启示，对传统思想文化的发展起到了积极的促进作用。佛教教义在解说上往往注重具体分析，如线贯珠，条分缕析。佛典中按数字依次排列解释义理的方法“带数释”，以数指明内容，不仅条理清晰，而且容易记忆，诸如一念三千、二乘、三学、四谛、五蕴、六根、七报、八正道、九识、十力、十八不共法、三十二相、一百〇八地狱。每个数字都对应一个概念，内涵、外延明确，内容一目了然。

这里，我们分别对说明佛陀十种智力的十力和十八种功德的十八不共法做介绍，以认识“带数释”的特征，了解佛祖释迦牟尼在信众心中的具体思想形象，至于主要反映其外在形象的三十二相，则暂不涉及。

关于十力，见《俱舍论》卷二十九，是佛教专有名词。以带数释的方式，概括和明确表达了佛陀所具有的十种让一切凡俗无论在认识水平还是辨析能力上均不可能达到的智慧力量。即：

（1）知觉处非处智力

处指道理，即认识了觉悟义理与否，知道有道理与无道理的智力。

（2）知三世业报智力

知道众生过去、现在、未来三世，因果报应的智力。

（3）知诸禅解脱三昧智力

禅，静默思维。知道用禅修的方法脱离烦恼的止、观、禅定的智力。

（4）知诸根胜劣智力

认知慧根的差别、区分、作用的能力。根，指眼、耳、鼻、耳、身、意六根。

（5）知种种解智力

如实认识人们理解能力的智力，能够回答各种原因和结果的能力。

（6）知种种界智力

知道人们的不同素质，如实了解认识不同境界的心智。

（7）知一切至所道智力

知人间、天上“三界”以及静寂涅槃等因果的智力。

（8）知天眼无碍智力

以天眼遍览人们生与死以及善恶报应的智力。

（9）知宿命无漏智力

知人生归宿、命运前程，一无所遗的智慧。

（10）知永断习气智力

永远断绝一切妄念疑惑习气，不生妄有，对一切都如实了知的智力。

关于十八不共法，指佛或菩萨独具的十八种功德。不共法意为不与其他相同的、独有的、特别的，见《大智度论》卷二十六，是佛教专用名词。分别是：

（1）身无失

佛历度久远以来，用戒、定、慧“三学”以修身，功德圆满，一切烦恼尽除，故称身无失。

（2）口无失

指佛陀有无量智慧，辩才无碍。所说之法，随听众根机而随顺适宜，使之皆得证悟。

（3）念无失

即禅定甚深，心不散乱，诸法之中，心无所著，为最为无上的定止安稳。

（4）无异想

普度众生，脱离苦海劫波，一切平等，一视同仁。

（5）无不定心

指总不离于止定观想。

（6）无不知已舍心

不知道的法，不告白于信众，无妄心。

（7）欲无减

佛陀具众善，常欲度脱众生于苦海至彼岸，心不厌足。

（8）精进无减

为众生，不知疲倦。

（9）念无减

过去、现在、未来三世诸佛之法，一切智慧，相应满足，不会退减。

（10）慧无减

有一切智慧，不可估量。

（11）解脱无减

远离一切执着，一切烦恼尽除。

（12）解脱知见无减

一切解脱中，知见明了，分别无碍。

（13）一切身业随智慧行

显现出各种身体相貌的形态，引导众生的心智，使人们对佛法领悟。

（14）一切口业随智慧行

以微妙清净之语，随心智而转，引导利益一切众生。

（15）一切意业随智慧行

以清净意业随心智转入众生，为其说法，解除迷惑。

（16）智慧知过去世无碍

知过去的一切因缘，遍知无碍。

（17）智慧知未来世无碍

遍知未来一切。

（18）智慧知现在世无碍

遍知现在的一切。

（三）韵散结合的论述形式

印度佛教是印度古代文明的产物，吠陀神学就是用诗文结合的形式完成的。梵文、巴利文经典也是韵文和散文并行的语言形式。大规模的汉译佛典自东汉至北宋，历时九百年。通常把2—4世纪初译出的经典称为古译，代表人物有安世高、支娄迦谶、支谦等；4—7世纪初称为旧译，以罗什、真谛等为代表；新译由玄奘开创，以后还有义净不空等人。其中，罗什、真谛、玄奘、不空被誉为译经史上的四大译师。译经活动是中印文化交流史上的奇迹，是人类文化史上的创举。

汉译佛典保留了早期佛典韵散交替转换的特点，一般在经文中，用散文叙述证义后，都有偈（即诗句）做总结，归纳所述义理。如前引《金刚经》六喻样式，这样既能使义理的叙述有层次，又便于记忆、掌握要领，以利于佛典的传播。佛经在结构上，大多也由三个部分组成：序分，即引言，就是向信众或读者叙述本经发起的理由，或称缘起部分，通常都有相对固定的内容；正宗分，即正文；流通分，即结尾，总结归纳，亦有告诫弟子将经文进行宣说、广泛流传的意旨。

另外，一切佛经，凡明示佛陀所说，皆用“如是我闻”做开头，从而十分容易辨别，不会混淆。如是，指佛陀的言行，亦即经典的内容，又指自己闻法而言；我闻，指阿难所闻，据传佛陀寂灭后，由十大弟子中以号称多闻第一（意为博闻强记、无人可比）的阿难将佛当年讲经时所述凭记忆再复述一遍，在场的高僧认同并确认无误后就整理结集成为佛经。我闻，又指坚信佛说的信徒，表明奉行。

因此，佛经采用韵散相间、散文论述、偈语总结的方式，在内容上形成了一定程度的重复，但这样有助于加深印象；在结构上十分规范，熟悉后也就很容易接受，并且由于外在形式的相同，认真研读一部经典后，对以后接触的经典也极易接受，产生较高的认同感。

（四）《楞伽经》喻证佛理的例证

《楞伽经》自禅宗东土初祖达摩传二祖慧可，首开禅门“传灯”后，代代传承，影响殊巨。行文中韵散交替，灵活自如，喻证义理，并行不悖，《楞伽经》在这一方面也最有代表性。这里仅移录译文一段，以为证明。

佛陀的弟子大慧提出[①]：“期望能为我们讲解远离同与异，具备和不具备，有与无，非有和非无，常有和无常。一切其他教派所不为的，自觉修证圣智者所为的，从而远离妄想的自性与共同的形态，进入真谛境界。”佛陀在回答时，先用陈述的散文，再用归纳的韵文偈言。在语言形式上体现出文章的收放自如、波澜起伏；表达上说唱结合，舒缓紧凑相得；在论说义理时，八喻叠出。这些都充分反映了佛陀传法喻理论证、韵散交替的特征。请看佛答：

“不知心量的愚昧之人，取内心外物的形态。对于同与不同、有与无、既非有亦非无、常存与无常变幻，执着于因习气造作的妄想。

① 本节问答参见拙作《白话楞伽经》卷二，三秦出版社，2003年2次印刷本，第106至115页。

“这就好比鹿群，为干渴所困扰，把春日阳光反射在远方的热气形成的虚焰误以为水，为其迷惑奔驰而去，不知那气浪虚焰并不是水。愚昧之人也是这样，被无始以来的虚假妄有熏染，贪、嗔、痴三毒攻心，迷惑于外境的一切现象，认为有生、住、灭亡的真实表现。以内心与外境的心识见解，堕于同与异、具备与不具备、有与无以及非有非无，常住与无常的妄想幻象中，如见幻有境地海市蜃楼而以为城镇的妄想一样。由无始以来妄有习气熏染，执着于现象的形态，如幻境并无实在之城，但也并非无城。那些其他教派的人，被无始妄习迷惑。依据同异、具备与不具备、有无、常存和无常的见识，不能认知自己心识的表现。

“譬如有人，在梦中见到许多男女、象马车乘、城镇园林、山河池塘及各种美好的景物，从而身陷其中，梦醒后还要寻梦。

“大慧，你认为这样的人，对于梦中所忆念念不舍，是可笑还是聪明？”

大慧回答：“不是聪明智慧的。”

佛陀对弟子大慧又说：

“又譬如一张画像，在纸上本无高下，着色见形后，人们愚昧地产生了高下远近等妄想。同样，在未来世界中的其他教派，邪恶见解充满其心。依据于同异、俱不俱、有无、非有非无、常与无常的对立，破坏自己，毁坏他人。还有脱离有无之见，论述无生或认为一切皆无，进而诽谤因果报应，拔除善的根苗，破坏清净的心念，殊胜的证悟者应当远离他们。这种认识，使自身与他人都会堕落，生于无所有的妄想之后，就会建立起诽谤的邪恶口碑，由于这种邪见，会堕入地狱。

“又譬如害眼病，眼前出现如垂发的毛发形态，对人们说：‘看，这有毛发。’毕竟不是实有也不是没有形态，是病眼幻境中的错觉，因此别人看不见。其他教派就是如此，寄予希望中的妄想，依据于同与异、俱与不俱、有与无、非有非无、常有与无常的对立见识，诽谤正确的佛法，自身陷入泥潭还会令别人陷于潭中。

“再譬如用一点火，旋转如火轮一般，也只是一点星火，愚昧的人认为是火轮。没有智慧的人，正像其他教派的人一样，希冀于邪恶的见识，依据同异、俱不俱、有无、非有非无、常有和无常，从而各种妄想形态纷纷产生。

“又譬如水上泡沫，看上去像如意宝珠。不懂事的孩子产生了宝珠的妄有心念，执着地要抓住它。这泡沫不是宝珠，但也不是没有宝珠的外表闪光的形态，区别在于有无贪取之心。正如其他教派，被邪恶的妄想习气熏染，无中说有，因缘而生的有又说是无。

“另外，从前有人从三种量（现量，如眼见耳闻；比量，如见烟知火；非量，取不实之事，如龙腾凤鸣）与五分论（宗、因、喻、合、结，为推理论辩的规则）的辩证法则出发，建立了各派学说，认为有了神圣智慧的境界，脱离了心性的对立，产生了绝对的真理，其实那只是妄念的执着罢了。心、意，意识的心性产生变化，使自心反映和被反映的形态都不生妄想，就进入了如来的自觉圣智。这样的修证者，不对一切现象执有或无的妄想。如果修行者还存在有与无的反映形态，那他仍在人相、寿者相、我相的偏执形态里。在论及物性、自性与共同形态时，这都是化身佛为了传法的方便，不是法身佛所说。这种方便只是顺着众生的希望来引导，并非表示自性说法的成立，是为证得自觉境界的人，分别加以度化而显示的。

“譬如水中倒映的树影，说它是影或不是影，是树形不是树形都可以。如其他教派的人，被习气的心念熏染，生妄想的执着。依据同异与俱不俱、有无与非有非无、常存与无常的对立，从而不能认识这些都是自心现量的显现。

“又譬如明镜，随映物因缘显示一切形态，并无所想。镜中像不是色缘，也并非不是像。所见镜像并非原像，愚人生妄念而当作真像认识。如同外教的邪恶见解一样，心中产生像的执着妄想，依据同异与俱不俱、有无与非实有非实无、常有与无常的见解。

“譬如风和流水声，是和合而发出的声音。既无定性，但也并非无声。那些其他教派的人，对此产生妄见，依据同与异、俱不俱、无与有、非有非无、常住与无常的对立产生认识。

“又譬如大地，在草木不生的沙漠中，在阳光的折射作用下，热浪奔腾，如波浪云涌，这景象并不是真，但也不是没有。同样，愚昧的人被无始的妄习所染，产生执着的妄想，依据生起、存在与消失、同与异、具备与不具备、有无与非有非无、常存与无常等。从中推论，从而使平静之心升起如沙漠中的热潮和光的波浪。

“再譬如有人用咒语玄机，以非人的方法借尸还魂，用幻觉合成事物，显现形态。凡夫愚昧之人，执着于妄想中的死而复生。正如其他教派希望于邪恶的见解一样。依据于同异、俱不俱、有无与非有非无、常存与无常，执着于论辩的游戏之中，产生种种不实的想法。”

佛陀又复述义理，用诗句归纳说：

事如幻梦水中影，假像毛发热浪涌。
如此观想三界事，必定终究得解脱。
譬如鹿渴心生念，意动神迷乱人心。
鹿奔热浪为清波，追逐幻有实无物。
比如业力之种子，躁动转化依境生。
愚昧之人执妄想，好比遮蔽眼病中。
于无始处念生死，执着映像有自性。
佛法好比顺逆楔，教化远离执着念。
心念如幻起咒术，浮云梦幻电光闪。
止观悟道得解脱，永断如水业力流。
各种事物无自性，犹如虚幻电光影。
如能了知诸法事，一无所缚无所知。
言语教化假托名，本自并非有真实。
对此从中起妄想，五阴潜行见幻发。
像身幻发皆为妄，海市蜃楼妄想城。
星火成轮虚妄影，无中生有凡夫念。

常存无常同与异，俱与不俱同此理。
无始习气相续流，愚夫痴迷生妄有。
明镜水清法眼明，如意宝珠色不同。
众生心中出色相，其实本自无所有。
一切自性所显现，好似幻象火热影。

这一部分《楞伽经》的译文，可以略窥佛典韵文与散文交替运用、陈述与归纳相互配合的表达方式。同时在传法布道中运用比喻说明佛理，使喻理论证交相辉映。佛陀针对弟子大慧两两相对、二元对立主张的一系列问题，充分阐述了“三界唯心，万法唯识”的基本观点。对于从抽象概念（如心、意、意识）到抽象推论，万法唯识的结论，佛陀运用了“鹿逐虚焰”“梦幻景物”“画像妄想”“眼翳毛发”“星火转轮”“泡沫宝珠”“水中倒影”“镜中色像”八重比喻，说明这些见解都是以妄生念、本自不实的心识的痴迷造成的形态。进而，由这八种妄有形态来喻证主客观对立、一切分别执着的错误，人无我、法无我的义理就暗寓其中，用形象的比喻论证抽象义理，是佛教论证教义时最突出的特征之一。

（五）佛家论证方法的特点

佛教喻理论证方法在广泛运用时，往往体现出自身的独具性，主要是：

1. 以浅喻深，以社会生活中各种被人们所熟知的事物现象来表达思想

在喻理论证过程中，表现出对社会人生的极大关注，无论是从在论证过程中所选取的具体物象来看，还是对具体特征的把握上来看，都达到了体察入微的程度。在比喻中所选取的自然和社会生活中的事物，所展现的思想理念，都反映出极为弘阔的境地。无论是神话传说、寓言故事、神灵鬼域，还是山河大地、风雨雷电、鸟兽鱼虫，都在佛家的视域之中。这表明佛教的思想家们具有深谙世事、洞察人心的见识和眼光，也都具有博学精进、缜细致密的文化底蕴。

2. 从表述上看，佛典在字里行间都充溢着以普度众生为己任、舍我其谁、当仁不让的凛然正气

那种社会责任感、道义心，对佛法的坚忠不渝、对信念的决不动摇都跃然纸上，打动人心。那种以持金刚慧剑的大般若心，断人们一切烦恼心魔的愿力和勇气，都表现出人类改造现实、完善自我的本质力量；那种离相无我、百折不挠、证悟佛果之心的理念，都极大地凸显了佛教社会美、理想美、人格美的魅力。

在阐发义理、释读经籍的表述时，都十分注重论述效果，对抽象概念的比喻论证常常是群喻迭出，从而起到知一达十、多角度审视事物和忖思教义的作用。大量采用被人们容易接受、广泛认同的事理，如用空华、水月、恒沙进行比喻，使幻有、妄见、无量等抽象名词变得通俗易懂、雅俗共赏。在行文上，散韵交替，多四言一句的句式，也便于信众记忆、传诵。

3. 佛典都是由佛陀弟子乃至若干代再传弟子经过多次

结集，即确认整理后编撰完成的

所采用的语言形式大多以对话体的方式展开论述。一般都是由弟子发问，佛陀解答，以佛陀为中心，以弟子为衬托。其旨趣或答疑解难，或阐发教义。

佛弟子们在提问时，态度都极为谦恭，但问题都十分尖锐，疑难、反诘、抗辩、喻证都穿插在论述之中。佛陀采用的是循循善诱、平等对话的方式，有分别地进行回答。对符合佛理的，就立刻肯定，给予“善哉”的赞赏；对于所答问题中要强调的内容，则直呼弟子名号以提示；对于否定的内容、见解，也当下立判。在一问一答中，常常出现对喻的状况，你来我往，弟子的喻理与导师的喻证交替进行。

4. 佛家喻理论证的出发点，既有现实世界中的一切事物，也有彼岸世界佛国净土的圣域灵光

其论述的归宿是实现心灵对现实的超越，其论证的旨趣不是为了追逐现实世界的一切功利，而是舍名除利，扬弃物欲。因此，佛家的阐释是超越了经验理性的论证，是在形而上的唯心灵领域构建起来的信仰佛国。佛家把微观世界和宏观世界作为一个整体来考量，这个整体包括现实世界和信仰世界。为了证实信仰世界，就必须关注和解答现实世界的一切事物和人精神世界的所有疑问。这就形成了佛教系统而庞大的理论体系，建立了数以万计的概念、名相，构成了细密而繁琐的论证；完成了由形象到抽象，从现实生活中的喻例进入论证虚拟现实喻理的理论飞跃，进入超经验的思维世界，建立起信仰主义者无须证明的境界。

第五章　行为自律的社会价值

佛家的行为自律思想是佛教经典三藏（经、律、论）中律藏学说中的组成部分。佛陀制定的各种戒律，使佛教徒的行为与自律不仅成为戒、定、慧三学中的戒学理论，更重要的是每个信众行为的律条，是必须遵守的行为准则。因此，佛门的行为自律，是把完整的学说与人生具体的实践活动完全结合在一起的，是信仰者必持的宗教实践。

佛律，汉语意为灭或调状，又释为量。所谓量罪之大小、轻重、分别犯与不犯。因此对之丁律，分别有四名：灭、调伏、解脱、戒。从佛教教义来看，戒律是佛门之基础。三藏中，经、论可为学人精研穷究，而戒律却为出家人所独持。所持与否构成了教内、教外的标志。

佛律为出家人制定了一套完整的道德行为规范。比丘二百五十戒和比丘尼三百四十八戒，分别从行为（身）、言论（口）、思想（意）三个方面进行了通禁制止，从根本教理至衣食坐卧都有详备的规定及其对犯者相应的处罚。这种严格的规范，无疑给世俗的社会和人生树立了榜样。四律（《十诵》《四分》《僧祇》《五分》）表明了人对于自身所具有的改造、约束和趋向于完美的本质力量，是人类文明史上一份厚重的文化遗产。这里我们不去罗列其内容，仅就其思想学说、理论基础做一些讨论。

一、佛典中关于行为自律的思想

佛教经典中有大量讨论行为自律的内容，从思想认识方面，要求信众要严于律己；从思维方式上看，其反观内照的修行体验具有内修、自省的基本特征。反求诸己，注重人生体悟的自节、自律，把人生意义的价值体现在道德的自我完善、心灵的自我调适以及行为自律的现实层面，具有广泛而严密、规范而具体的特点。佛家就是通过现实生活细节中衣、食、住、行的内证外敛，达到信仰理念中超越世俗，进入无欲、无我的境界。严格地说，佛教本身就是战胜人类欲望的学说。其对于人类的各种欲望，包括自然之欲、心理之欲，都进行了详尽的论述，这里仅选取简短易解的言语，以便有一个感性的了解。

（一）忍辱负重心

在身心方面，佛典指出："令生无畏心，忍辱最第一。能行忍辱者，见者皆欢喜。"（《大萨遮尼乾子所说经》卷二）认为能够忍辱负重、克己奉公的人，才能得到大家的信任，被委以重任。忍，是佛门要义之一，是心性学说中的一个重要范畴。对于欲望，佛门喻为魔，必除。"观欲如火，譬如怨家，说欲之恶，志常秽之。”（《放光般若经》卷一《无见品》）对待欲望如同灭火，对待私欲要像灭敌一般，洁身自律，是非必明，认为贪心的人永远不会满足，在名利面前处处伸手的人，总是会带来无尽的忧愁和烦恼。贪念多一分，善心少一分。“生安隐心，为令他住不恶口心故；起安慰心，有言不恶口心者，谓作言语摄取众生故。”（《信力入印法门经》卷二），并进一步说：“起安慰心，有言忍辱柔和者，所谓为他恶口骂辱诸不善语毁谤说时，不生嗔恨心故。”（同上书，卷三）认为信众要注意身心的修养，保持良好的心理状况，心口如一，表里一致，说话要注意有利于教化众生，并且要培养自身博大的大悲情怀，形成自己的气度，以悲悯心对恶言语，不计较他人语言上的不文明，息事宁人为善。

（二）《圆觉经》论“舍爱”

声色犬马，为佛家不耻。许多人认为：僧尼不婚不嫁，以此类推，如果人人皈依佛法，岂不灭种绝后？这是十分简单而无知的看法。信佛与出家有很大的差别。出家为僧尼者，是要有机缘的，永远都只是极少数人一生的亲践躬行。《红楼梦》中“可怜绣户侯门女，独卧青灯古佛旁”的怜香惜玉，不过是文人墨客对红尘滚滚、人欲横流的社会的叹息。

理性告诉我们惜身如玉，一生清静，这又谈何容易！设想人人都能一生持守“清规戒律”，从而得出天下永绝人

主人公

后的类推，如同设想用很少的钱买个小鸡蛋，结果蛋变鸡、鸡生蛋，金钱财宝没个完的推论一样，在现实中只能如同水月、空华一样是不切实际的想象。

没有限定条件的设想，只是天真的幻想。那么，是否能够出家，也有限定条件吗？回答是肯定的。此容当后述。

佛门自律，要求祛除情色心，不观恶色，不闻恶声，做到眼根清净，耳根清净，乃至鼻、舌、身、意，六根清净。

“见色心迷惑，不惟观无常。以淫乐自裹，譬如蚕作茧。”（《法句经·卷三十》）指出为美色所迷惑的人，好似在不断地葬送着自己；为色欲所控制的人，好比作茧自缚。然世人皆知此，能自制者又有几人？人生如果仅仅沉醉在一己之爱当中，不能以理想为重，那么忧愁和爱欲会像细流渐渐地充满池塘一般越积越多，以致沉湎于此而不思进取。其舍欲弃爱之论，在当今之世功利之人来看，会觉得匪夷所思。然从佛教的境界来讲，急功近利，只能图一时之小利；纵欲过度，离大限也会不远。成大器者，未有不具有高度理性的人。

《圆觉经·弥勒菩萨》中云：“一切众生，从无始际，由有种种恩爱贪欲，故有轮回。”认为：众生的生死轮回，是以爱欲为本源的。由各种欲望助长引发的爱的本性，使得众生灵在生死之路上连绵相续。性欲因渴爱而产生，生命是由欲而存在的，人们都爱惜生命，还是以欲为根本的。渴爱和欲望是原因，珍爱生命是结果。由于产生并进入了欲望的境地之后，达不到欲望的要求，所处的境遇与渴爱之心相违背，因而生起憎怨和妒忌，从而产生了各种不同的言行，成为报应后生于地狱和饿鬼的原因。知道了欲望的可厌之处，在爱欲这根本原因上舍弃恶念，乐为善行，就可以进入天界与人间。又知道了爱欲而产生了厌恶，所以舍弃爱欲，乐善好施，滋生爱心，就会表现出因善而增进添加的果报，但仍在轮回的道路上生死，不能成就圣者之道。因此一切生灵要想摆脱生死轮回，必须首先断绝贪欲之心和除去对爱的渴望。有教养的男信徒、有成就的证悟者，以各种形态出现在人世间，并非是以爱为根本，而是以大慈大悲之心使人们舍去爱欲，只是假借贪爱欲望，而入生死的世间。如果未来世界的一切生灵能舍弃各种欲望并除去憎恶与渴爱的心念，永远断离于生死轮回，勤修以求无上圆满境界，就能在清澄明净的心境中得到觉悟。

出尘超俗，必断情色，而爱欲生贪，唯舍爱去贪，才能证佛妙果。

二、《楞严经》四戒、十业、六报的戒持

《楞严经》素有成佛正印、正法经典之论。以真心为体、妙定为宗、归真为用，集中反映了佛教的自律思想，明示持律与否的不同差别，既遥接过去，又着力于当下，指向未来。对引导人心向善，劝诫修行者持正定、破妄见、达妙觉进行了阐发，其基本思想为中国佛教各宗所重视，受到僧、俗两界的普遍欢迎。不仅受到历代文人的喜爱，而且声

播海外，仅日本与该经相关的注疏不下四十多种，其思想流布可见一斑。

（一）四戒

戒律，是佛教徒必须恪守的纪律，是佛教区别于其他教派和世俗世界的行为标志，也是佛家自律思想的主要内容所在。戒律，大小乘佛学虽有不同，但基本的戒律是一样的，尤以四大戒（杀、盗、淫、妄语）为著，不仅出家人必持，在家修行的佛弟子也同样必须遵守。此四戒为佛陀所立。通常说的有小乘五大戒，即杀生、偷盗、邪淫、妄语、饮酒；大乘十重禁戒，除前五戒外尚有说过罪、自赞毁他、悭、嗔、谤三宝等。佛陀在《楞严经》卷六中回答弟子阿难关于在他寂灭后，弟子们如何收服人们的妄心，证得佛境界的问题时说："你常听我讲戒律，并解说修行中的三个基本原则，就是收妄心恪守戒律、由戒律产生定力、由定力而生发智慧。这就称为达到无烦恼境地的修学，即戒、定、慧之三学。接着佛陀论述了一切信众必须遵循的四大戒律。

1. 淫戒

楞严大义在于修定。全经开篇就以盛宴之际，佛弟子阿难经淫室被淫女所诱几坏戒体，佛感知后派文殊菩萨持佛咒语，前往救出这位十大弟子中以多闻第一称著者而展开。所谓万恶淫为首，即此义。佛陀说：

"阿难，什么是收摄妄心而称之为戒呢？如果一切世界中天、人、魔、畜生、鬼、地狱这六种境地生灵心中不存淫欲，就不会随生死连续地轮回。你修行正定，本意是脱离世俗的烦恼。若淫欲之心不除，世俗烦恼是不会超脱的。即使你有许多智慧，有定念心止的暂时定力，如果不能断绝淫欲，必然要堕落于魔道。道术高的是魔王，中等的是魔众，下等的变成魔女。那些邪魔也有许多信徒。每个邪魔都自以为成就了至高无上的大道。在我去世之后，在佛法没落的岁月里，有许多魔众在世间盛行，广泛地施行着贪婪和淫欲。他们自以为是善于传播真理的人，使众生随落在爱欲认识的深坑中，失去了觉悟的大路。你教化世俗之人修行正定，要首先断除心中的淫欲之念。这是过去一切佛所确立戒律中的有决定意义的第一戒，是清净明确的教诲。因此阿难，如果不能断除淫欲，那么修行习禅定的人就好比蒸煮沙石，要使其成为饭菜，历经无尽岁月，只能称为加热沙石。为什么呢？因为沙石从根本上讲，永远不能成饭。如果你以淫欲之身心求证佛法美妙的果报，纵使能得到美妙的证悟，也都是由淫所生的根苗。由于从根本上是淫欲的，就会轮回流转于地狱、饿鬼、畜生这三种路途之中，而必然不能超脱。佛陀静寂之境用什么来修证呢？必须使淫欲的身心彻底断绝，连了断之心亦化为无。这样对于佛理的证悟才可能有希望得到。和我说法相同的，称为佛说不同的，就是魔王的说法。

2. 杀戒

佛陀说：还有世上的人、天、恶神、畜生、饿鬼、地狱里的一切生灵，如果在他的心中不存杀机，就可以不随生死轮回和业报相续不断。你修定念心止，本想超出尘劳烦恼。

如杀心不除，就不可能脱出世俗的烦恼。纵使有许多世间的智慧，能出现定念正心的短暂境界，但如果不断杀心，必定会随落于神鬼之道。根机好的人，就成为大力鬼；根机一般的人，就成为能飞行的鬼神；根机差的人，就成为吸食人精气的罗刹鬼。这些鬼神也有信徒，都自称成就了无上大道。在我去世后的佛教末法时期，有许多鬼神盛行在世间，扬言吃肉，可以证得觉悟的正路。

阿难，我让有些出家修行的人，可以食五种干净的肉，即不见杀、不闻杀、不为我而杀、自死、鸟残之肉。这类肉是我以神通之力变化而生，本来并没有命根（即不能繁衍）。因为在你们僧众所在之地，因炎热而水分蒸发很快，加之多沙石，青草和蔬菜都不生长。我以大悲心发神通之力所作，因为以大慈悲之心，故称其为肉，你们食时，应有慈悲心。岂能在我去世后，食众生灵之肉，还自称为佛弟子。你们应当知道，这种食肉的人，即使得心智好似进入正定境地，都是大神鬼之类。福报终结时必定沉溺于生死轮回的苦海之中，不是佛门信徒。这样的人，相互杀戮、吞食，没有终期。这样的人，又如何能跳出欲、色、无色这有情三界呢？你教化世俗之人修行正定，第二点就是要断除杀生。这是过去一切佛所确立戒律中有决定意义的第二戒，是清净明确的教诲。因此，阿难，如果不断除杀机去修习禅定的人，正如自己塞住耳朵，高声大叫，想让别人听不到一样。这种做法，就叫作欲盖弥彰。心清性净的出家修行者以及证悟者，在小路上行走，不愿踩踏生长中的小草，何况用手去拔？为什么讲大慈悲心的人，要用众生灵的血肉之躯充当食物呢？倘若一些出家人，不穿东方中国的丝绸、缎锦、绢纱、衣帛以及印度的皮靴、裘皮，不食乳酪、醍醐等乳制品。这样的出家修行者，在世间是真正的解脱者。酬报和还清了过去所欠的宿债，不再游行流落在有情三界之中。为什么呢？穿着兽皮，就是与兽有了前世之缘。正如人吃地上的百谷，同时双足也不离土地。一定使身心相通于众生灵，使身体好比其他生灵的皮毛和一部分，使身心二者统一，不穿生灵之皮，不食生灵之肉。我说这样的人，是真正的解脱者。和我一样这样说的，称为佛说。不这样说的，就是魔王的说法。

文中所提到的罗刹是梵文音译的简称，原为古印度神话中的恶魔，后演变为恶鬼，佛教仍沿用为恶鬼。男罗刹为黑身、朱发、绿眼；女罗刹为绝色美妇。慧琳《一切经音义》卷二十五有："罗刹此云恶鬼也，食人血肉，或飞空，或地行，捷疾可畏也。"醍醐，酥酪上凝聚的油脂。《本草纲目·兽一》有"作酪时，上一重凝者为酥，酥上如油者为醍醐，熬之即出，不可多得，极甘美"。佛教以此喻一乘教义。此外，纯酥油浇顶，清凉舒适。佛教以此喻用智慧灌输于人，使人彻悟，谓之醍醐灌顶。

佛门戒条是与其人生观和世界观的总体认识相联系的，包含着业力果报、因果轮回学说，不仅有社会伦理的内涵，还包括自然伦理的诸多因素。这种理论和实践既有历史文化意义，又有现实意义，与当代可持续发展理论、环保生态理论、大地伦理学说都有许多相通之处，不乏思想认识价值。

3. 盗戒

佛陀说：还有世上的天、人、神（阿修罗）、地狱、饿鬼、畜生等众生，他们的心里不产生偷盗之想，就可以了脱生死轮回的报应。你们修行正定之心，是要跳出世俗的烦恼。但如果偷窃之心不灭除，就不可能跳出世俗的烦恼。纵然有许多世间之智，也能呈现短暂的定念心止，但是如果不能断除偷盗心，必然落于邪恶的去处。根机好的成为精灵；中等的成为妖魔鬼魅；下等的成为邪路之人，成为魑魅魍魉。这些妖邪之类也有信徒，在佛法没落的岁月之中有许多妖孽奸邪之人，盛行于世间。妖孽们隐蔽、奸诈、欺世盗名，自称是善于传播真理的人，都自称已经得到了至高无上的救人之法，迷惑没有知识的人，恐吓他们使之失落本有的真实之心。他们所到之处，使信奉者家中财物耗散殆尽。我教导出家修行者应各方随处乞食，从而使之舍弃贪念，成就觉悟之道。要出家修行者不自己做饭。以一己之余生，行走于有情世间，以示在人世只此次往来，永不回返。何以有偷盗之心的人穿上出家的僧衣，假借佛陀之名，制造各种恶业，还自称是佛法，实际上是只具备了受过具足戒的、只修行自身清净的小乘道路的人。他们欺骗了许多的生灵，致使其堕落到无间地狱之中，受无尽的苦难。倘若我去世后，有出家的修行者发愿坚定地修定念心止，能在佛像前割身肉注油燃灯，或烧去手指上的一节，或在身上点燃一炷香而为法忘身。我说，这个人从无始以来的所有旧债，都会全部还清，永远告别世间，脱离一切有情和烦恼。虽然此人仍未立即明了至高无上的觉悟之路，但对于佛法已有坚定的信仰心。倘若不能有为所信仰舍身点燃灯或香这微小的发端，纵使成就了无烦恼境界，也必须回到人间偿还过去所欠下的旧债，回报债主。就如我所受到马麦的果报一样，没有本质的差异。你教化世人修定念心止后，要断除偷盗之心，这是过去佛所确定戒律中有决定意义的第三戒，是清净明确的教诲。因此，阿难，如果不断除偷盗而修习禅定的人，就好比一个人用水灌一只漏的器皿，想用水装满器皿，纵使历经岁月，最终也不会装满。倘若出家修行者，对于所需日常衣钵之外，都不留私蓄；乞食若有所余，施于饥饿的众生灵；在集会中，合掌胸前礼拜大家；即使有人打骂，亦相同反应于他人称赞；必须使身心两者都舍弃；身体、肉、骨、血，与众生灵共有；不将佛的对世俗人的不了义说法，作为自己证悟的见解，以免误导初学佛理的人，这样佛陀印证此人得到了真正的定念心止。如我这样说的，称为佛所说。不这样说的，就是魔王的说法。

这里的无间狱是梵文意译，音译为阿鼻地狱，佛教名词。是八大地狱中的第八狱，堕入者受苦无间断，为造十不善业之重罪者所堕之处。而如我马麦句指《兴起行经》有昔佛与五百信徒应舍卫国毘兰邑王之邀，供斋三月。到该城后，由于魔入做法，使王者忘却此事。此时城中又有饥荒，乞食不易，幸有驯马师将马食之麦的一半供养佛及信徒。

九十日后，王醒悟，方忏悔。舍利弗向佛陀问其因缘，佛说这是偿还旧债，以示宿债必酬，一念要还，况乎杀、盗？佛说，在过去佛时，有王请其食。饭后过去佛为一病僧带回一份饭食。当时有一修行者（即今日佛陀）及随从五百弟子，在过去佛经过其修行的山林时，闻到了饭香，心中不平，说："秃头沙门应食马麦。"弟子们亦随声附和。今日我们食马麦，就是当时一念之报应啊！

佛家用因果报应来解说其戒偷盗的律条，符合人们善良的愿望，也有劝诫的说教。在利字当头、物欲横流的社会环境中，必然会产生盗贼蜂起、欺诈伪善的社会问题。这里主要是针对修行者所叙述的戒条，但又指向人心，把劝俗和信仰的超脱合为一体，从而把佛教是世俗的宗教、是与社会生活有密切联系的客观性也表现出来。戒盗同样是社会伦理道德中最基本的要求，是个人道德的底线。

4. 妄语戒

佛陀又说：众生虽然身心没有杀机、盗心、淫意，慈、舍、梵三行已经圆满，但倘若口出狂妄自大的语言，就会在定念心止的境地中得不到宁静，成为渴求一己妄见的魔鬼，失去佛果的根本。

妄语就是未得佛道而自称已得道，未证得佛果就说已经证得佛果，或者为了求得世间人们的尊敬和殊胜的第一的地位，对别人说他现在已证得了初果、二果、三果、四果，成独觉的佛果，以至于成为十地证悟者或十地之前的三贤证悟者的果位。希望人们向他礼拜忏悔，贪图别人的供养。这样的疯癫者断灭了佛性的根本，正如有人用刀砍断的树木不再生一样。佛陀预测这种人会永断善根，不会再增长智慧并沉溺于地狱、饿鬼、畜生的苦海之中，不能成就定念心止。

佛陀又说：我去世后，要求有成就的证悟者以变化之身生于各种人中，在佛法没落的时期做不同形态的人，以救度在苦海中轮回的生灵。或化为出家人、百姓、在家的佛教徒、国王、大臣、童男、童女，甚至化为奸偷屠贩各色人等，与他们相处。在他们中礼赞佛法，使他们的身心进入佛门的定念心止之中。决不自称是真正的证悟者，是证得佛果的人，从而泄露佛法的秘密因缘给那些初学佛理的人。只有在生命终结时，才能暗中授予遗嘱托付。怎么能做那种迷惑众生、口出狂妄之言的人呢？教化世人修行正定，要断除一切狂妄之语。这是过去佛所确定戒律中有决定意义的第四戒，是清净明确的教诲。

阿难，如果不断除口出狂妄之语的恶习，就好比用干人粪刻成檀香木的形状，要让它发出香气，是不可能的。我教导出家修行者，直率心就是道场。在行、住、坐、卧等一切行动之中，都没有虚假。怎么能自称得到了无上的法力呢？好比穷人，虚妄地自称为帝王，只会自取灭亡。何况作为众生灵的法王，怎么能是狂妄之徒所能窃得的呢？因为所修境地不真实，果报时就会发生变异。这样来修行证悟，就好比用口咬自己的肚脐，怎么能完成呢？倘若出家修行者，修证心如直弦，一切言行都真诚实在，可以进入正定心止而永无魔鬼滋事。我印证这样的人，成就证悟者无上的智慧和觉悟。和我所讲的一样，称为佛说。不这样说的，就是魔王所说。

淫、杀、盗、妄语四戒，是佛门的根本大戒，无论是出家人还是信众，都必须持守。以后制定的一切戒律，都是由四大戒发展而来的，如果违反了，就会被逐出佛门。四戒是从言行两个方面对修行佛理之人进行的行为约束，是佛教自律思想的具体化。不邪淫、不杀害生灵、不盗窃财物，是文明社会的基本伦理，是个人道德操守的普遍性规则。佛教的四戒从要求上显然是高出现实社会的伦理原则和一般标准的。至于妄语戒，就更加富有信仰主义的倾向，对于妄言佛果的人来说，是一种彻底的否定。因此，在现实世界的人，是决不能妄言成就，有非分之想的。这其中，提出了直心道场、心如直弦的语言观，值得注意。直是不曲、不伪，这种直对本心的自律的表现，就是口不出妄。这一点并不易做到，对于我们改变假、大、空的不良社会现象及言而无信，不负责任的信口胡言都是有启示作用的。

（二）十业

佛教的自律思想不仅体现在现实层面，还体现在理性层面和信仰层面。这种体现出高于现实伦理和自我规范的认识是系统的理论，不是简单的信条，是基于认真分析之上的人生价值判断。在《楞严经》卷八，佛陀对于自律观念的表述有三个辨析，指明了自律与否的差别和业力果报的不同，表现了十分浓郁的信仰情结。

1. 心内与心外之辨

佛陀说：阿难，一切生灵，本自真实明净，因为虚妄不实的认识，具有了妄想习气的生发。因此分成内分、外分这两种分别之心。

阿难，所谓内分就是众生灵从自身之中产生的妄念。因为受各种渴爱的感染，众生会从心中发起妄有情欲。妄情积累不休止，就会从体内产生爱欲的液体。因此，众生灵从心中忆念珍馐美味，就会有口水产生；心里回忆故人，或怜惜、或怨恨，其情所致会热泪盈眶；由于贪求财物珍宝，会使眼中放出贪婪之光且血液流动加快而使身体显得润滑；心中思淫欲，男人和女人的生殖器都会自然流出津液。阿难，各种渴爱虽然有区别，但流露于外凝结于内心是相同的。心地被爱水湿润就不能升华，自然地从此而坠落。这称为内分。

阿难，所谓外分就是众生灵对外部世界的分别与渴求。因为各种渴望仰慕，引发虚妄的想法；想法积累不休止，就能产生殊胜的气息。所以众生灵们，心中持有戒律，就浑身轻松清静，心中持有真言信仰，面对现实就不会顾盼流连而雄伟刚毅。心想升入天界，梦里就会想到飞腾；心中存念佛国，圣明的境界就会呈现。求学于智慧者，就会为信仰而不惜自己的生命。阿难，各种想法虽然不同，但轻松地飞腾却是相同的。思绪飞动而不沉寂，自然就会超越现状而发痴心妄想。这称为外分。

认为内心被妄有的认知所控，就会被情欲、物欲所牵，而导致堕落。外分是对身外事物的分别、判断、选择。如果能区分差别，去妄求真，就能成觉悟；追寻妄有，就会产生痴迷心境。内外之分的阐述，是佛陀对人们心理变化的分析，是主观与客观之间相互作用的认知。

2. 情感与理性之辨

佛陀说：阿难，世间一切，生生死死相互接续。生是随顺业习而来，死是从于变迁和流转。在生命终结时，气尽而体温尚存时，一生的善恶所为都会同时显现。逆于死而顺于生，这两种业习会相互交锋。纯洁思想的就会飞跃，必然往生天界。倘若在飞跃的心中，还有一生所做的福德所求的智慧以及有澄明心愿的人，自然会心胸开阔，可见到一切佛。一切纯净的世界，都会随着他的心愿而往生。如果是情欲少而纯正思想多的，就会轻快地飞跃。他会成为飞行之仙、力大无比的鬼王、飞行的食人鬼或地行的啖精鬼，游历于东南西北的天下，来去一无阻碍。这其中倘若有发善愿修心，持信保护佛法；或是保护戒律，随从持戒者；或是保护真言神咒，随从持咒者；或是保护止观智慧，保护修佛果的人。他们就会亲自到佛的座下成为护法神。情欲与思想大体相等的，既不升华也不坠落，就生活在人间。思想明晰的就成为聪明的人，情欲深幽的就成为迟钝的人。情欲多于思考的，就流入畜生类，重的成为群居有皮毛的走兽，轻的成为有羽毛的飞禽。有七分情欲、三分思想的，就会成为沉于水中的族类，或生于炎热的地方，受热气猛火炙身，或身为饥饿之鬼，常常被焚烧，水也能伤害它们，常无饮食，如此要经历漫长的岁月。九分情欲、一分思想，就会下落到洞火转轮，身处于风火二轮的交换处。较轻一些的堕入有间歇苦难的地狱中，重的堕入无间断苦难的地狱里受煎熬。纯粹情欲的生灵堕入永远不得转生的苦难地狱之中。如果沉沦为兽禽和入地狱的生灵，诽谤自觉觉他的修行者并毁坏佛法禁戒，狂妄地讲说法理，虚伪贪婪并得到他人的信赖和布施，滥用他人的恭敬心，以至犯五逆十重之恶业，会反复生活于十方永不转生的苦难地狱中。这些都遵循着各人所造恶业，虽然是自作自受，但众生灵共同的果报中，还都有其各自的起因。

佛教是高度推崇理性、思想的宗教，是用心灵战胜现实物欲的诱惑，提倡自我行为自律、思想自律的典范。这种理性，不是依靠现实利益的选择来完成的，而是立足于人的追求心、信仰的力量。从某种意义上分析，佛教正是借用了人的企图心，用来世的设定结果来自觉地约束现世的言行举止；用人类的理性和对未来彼岸的企盼，取代了现实的情感和物欲，并最终用信仰战胜了现实，用彼岸制约此岸的世界。为了达到这种目标，就需要严肃的心理分析、循循善诱的教诲方式、丰富的思想内容来实现。

这一节对情理之辨的分析，运用了与之相对应的业报来说明，宣传了业力不失、情理所持、业报有别的教义，是佛教自律思想在信仰层面上的阐述。

第一层：人一生的善恶，在生命终结时必将显现，觉悟者往生净土世界。

第二层：情感少于理性，或理性、思想占主导的人，持戒自律者，可成仙或护法神。

不思善
不思恶

第三层：情与理取舍相差无几者，往生为人。理性清晰的是智者，情重者为愚者。

第四层：情欲超过理性的，则往生为畜生。情略重者成兽，轻者为禽。

第五层：七分情三分理者，往生水族，为饥、热所困。

第六层：九分情一分理者，堕入地狱。情轻者受间断的折磨，重者受不间断的煎熬。

第七层：无思想理性、被情欲所控者，堕入不再转生的无边地狱，受尽苦难。

第八层：谤佛者，永处无边地狱。

这种对生活中情理选择的不同行为所显示的不同结果进行的不同表述和分析，表现出佛教崇尚自律、崇尚思想理性的特质。

3. 对十种业习的自律

佛教的自律思想，不仅有信仰的引导，而且是具体、细致、有针对性的。针对人性的弱点及其恶习，提出了十种由业缘所致的习气，必须灭除。

佛陀说：阿难，这些都是生灵们自身的业缘所感招而来的，由于造作十种业习，使六根（即眼耳鼻舌身意）交融而受的业报。什么是十种业习之因呢?

第一，淫欲习性交接，生发于相互身心的揉磨。反复揉磨不休，因而就有很大而猛烈的欲火电光从身心之中生发涌动。犹如人自己以手相互摩擦，就会产生温暖一样。欲习与淫欲之火的习性相互触发点燃，因此就有地狱中对男女淫欲者设置的绑铜柱、置铁床以及烧欲根的煎熬。所以一切佛观察看待淫欲之行，都会异口同声地说欲火焚身。有成就的证悟者们看待淫欲，犹如避开火坑。

第二，贪婪与相交时计较的习气，生发于相互间吸取而据为己有。吸取延揽不止，从而就有如厚积的寒冷冰凌，在心中凝结。犹如有人以口吸纳冷风之气，就有冷的感觉产生。业习与现有贪习相互侵入，就有寒冰地狱中呼寒叫冷的难耐之声，在青、赤、白各色八寒地狱中饱受冰冻之苦的报应。所以一切佛观察看待贪求，都会同样称贪水寒于冰。证悟者们看待贪婪，犹如避开瘴疠之海。

第三，傲慢的习气新旧相交侵入，生发于自恃其尊。神驰意往而川流不息，因此就有心性的奔腾放逸和波澜，积心波如水无形，犹如以舌舐颚自然会有口水从口中绵绵而出。新旧的傲慢习气相互鼓励，从而就有死后入血河、灰河、炙热沙海、毒海的折磨，受熔化的铜液灌口之苦的地狱报应。所以一切佛观察看待傲慢，都称为如饮痴呆之水。证悟者看待傲慢，犹如避开沉入无边的苦海。

第四，怨恨愤怒交融冲击，生发出相互抵触。怨结不息，心生热而引发怒火，铸冶凝结于心，因此就有上刀山、中乱箭、攀剑树、刀剑轮砍、斧钺枪锯之伤的地狱果报。犹如有人含冤报仇，杀气腾腾。新旧怨习相互冲击，因而有割去生殖器、斩首、断骨、钻刺于胸、槌击于身的死后折磨。所以一切佛观察看待怨恨，都称为锋利的杀人刀剑。证悟者们看待怨恨，犹如避开杀身之祸。

第五，奸诈的习性交相诱发，生发出利益的调整。引发生起的奸诈之心不停，因此就有心中如绳曲木直般的计较。犹如水浸润田园，草木不断生长。宿业和现有的习气相互延续，就有枷锁、鞭打、杖击和棍棒加身等死后地狱的折磨。所以一切佛观察看待奸诈伪善，都称之为进谗言的恶贼。证悟者们看待欺诈行为，犹如令人生畏的豺狼。

第六，诳骗的习性交融成为欺骗，生发于相互蒙蔽。诬陷蒙蔽不休止，纷飞的心绪制造离间诡计，因而就有心地中的飞尘垢土屎尿等污秽不净的东西充斥。犹如沙尘随风而起，使人一无所见。宿习与新生的欺骗心相加在一起，从而有沉于污秽、腾挪、甩掷、抛起、坠下、漂浮、沦落等地狱报应。所以一切佛观察看待欺骗行为，都认为是劫杀。证悟者们看待骗行，犹如踏上毒蛇，避之犹恐不及。

第七，报冤积习相交现行而生嫌恶，引发心中的仇恨，因而就有飞石击打、囚车牢槛拘禁、瓮中盛置、袋囊投装等现象。旧冤新仇两种习气共同吞噬人心，因此就有死后被擒拿投掷于地牢、被射击揪捉等报应。所以一切佛观察看待冤冤相报，称之为害人之鬼。证悟者们看待以冤报冤，犹如去饮毒酒。

第八，见解的业习与有我所见的妄有习气交融，自以为聪明犹如认为有一个实有的我，认为应持牛、猴等戒而以为神，产生各种邪恶的认识，引发出违背真理、相互矛盾的教义，因而就有审查问询、检证文书等事宜。犹如行路之人，来往时会相互遇见。过去与现在的两种见解习气相交，死后就会有勘察、审问、权谋机诈、拷问逼讯、推理审讯明察暗访、披阅探究以明真相及其由善恶童子手执文书、对察狡辩等牢狱之灾的报应。所以一切佛观察看待邪恶的见解，都会称之为深坑。证悟者们看待一切虚妄偏执的认识，犹如面临毒害的深沟。

第九，冤枉他人业习与现行相交增加，引发出诬陷诽谤，因而就有相合山石、碾轧挖磨之行，犹如进谗言的盗贼反诬他人。新旧积习相互排列而枉行，因此就有地狱关押、按捺、槌打、蹙其身于袋中、压其身而出血的报应。所以一切佛观察看待怨毒诽谤，都称之为谗言如恶虎。证悟者们看待冤枉之事，犹如遭到雷击。

第十，诉讼积习交相喧哗，引发出藏污纳垢掩盖真相，因而就有对事的鉴别和照亮黑暗的灯火。犹如太阳当空，人不能掩藏身影。业习与习性相互作用，因此就有在地狱被恶毒的友人在所造业因的明镜中披露真相，核对验证罪状而受火珠穿身之苦。所以一切佛观察看待掩盖隐藏真相，视为阴险盗贼。证悟者们看待掩盖真相，犹如头压大山，步入深海。

佛教的自律行为，不仅仅局限于个人的行为举止、心理认知，对于社会风尚、积弊已久的陋习同样加以抨击。此处采用了一事一报、一例一喻证的教化方式，把现在与来生、自律与信仰、修证的内敛和形象化的比喻巧妙地结合在一起，可以从中认识佛家思维的缜密、考察生活的深入、具体分析的细致、表达方式的巧妙、信仰立场的坚定这些突出特点。

这里我们抛开佛教信仰世界的教化理念、价值导向、善恶判别标准等不谈，仅从其自律思想的丰富内涵上做一个归纳，从中可以领悟其体系的完整性特征。

视淫欲如避火坑，看贪婪犹离疠海，对傲慢视若苦海，对怨恨如避杀身，对欺诈视如豺狼，看骗行如避毒蛇，视报冤如饮毒酒，说偏执如落深坑，视诽谤如猛虎，视冤枉若雷击，掩盖真相如头压大山、步入深海。这一段段的阐述，一个一个业习的分析，每每相应的恶果，一句又一句的形象比喻，构成了一个整体，是自律自好的思想洗礼，是对人间恶习的荡涤。在今日生活之中，十业之习气仍布满世间，推进人类文明的进程，在精神领域仍有许多繁重的工作需要人们共同来完成。

（三）六报

六种报应，是对世俗认识的挑战，是信仰超越现实，理性超越感性，自律自节、自省自觉、超越自我现实的理论阐发。从认识论角度考察，从六根生六识，六识有六报，是反映论到认识论的唯心论；再由万法由心造的唯心论，进入到彼岸世界的唯灵境地。这样层层相因、环环相扣，最终完成了来源于现实、认知现实、超越现实的认识过程。这一认知的过程是通过对人体的现实感知的改造来完成的，是心灵节制自律、避恶向善的信仰体验。佛陀说：什么是六种报应呢？阿难，一切有灵性根苗的生灵，由眼识、耳识、鼻识、舌识、身识、意识造作恶业，从而招致业力报应，都是从眼耳鼻舌身意这六根产生的。为何说恶报是从六根产生出来的呢？

第一为见报，招引恶果。由于眼所见而人心中生妄有积习与恶业相交接，临终之际，在眼里、心中会首先看见猛烈的火焰布满世界。死者如神的心识，会升起如烟而随之坠于无边苦难的地狱，引发了两种现象形态：一是明白地看到，就能够看见一切恶的事物，产生无法估量的畏惧；二是在黑暗中一无所见，静寂无声，产生无法估量的恐惧。生前所见化为烈火，所听化为铜鼎煎汤的沸腾之声，所闻的气息化为黑色的烟尘红色火焰的气浪、所尝的美味化为炭丸铁米、所触肌肤柔肠化为炉中炭、炙热灰、心中所念的事物生成四溅的星火，充塞着空间。

第二为所听的报应所招引的恶果。由于耳所听而生妄有积习与恶业交接，临终之际，在眼里、心中会首先看见波涛汹涌铺天盖地的洪水。死者如神化的心中，会注入这洪流之中，进入无边苦海的地狱，引发了两种现象形态：一是通达的听力，听到一切喧闹之声，使人神志混乱；二是闭塞的听力，一片静寂一无所闻，如幽魂沉于深海。生前所听化为波涛，注入耳中，成为一片责骂和诘难之声；注入眼里，为一片雷鸣风吼，邪恶的天气；注入鼻息，则为在风雨浓雾中充满了毒虫，布满了身体；注入口中，化为脓血等各种污秽之物；注入触觉，化为臭畜恶鬼、粪尿；注入意识，则化为闪电冰雹，摧毁人的心灵。

第三为所嗅的报应所招引的恶果。由于妄有的嗅觉习性与恶业交接，临终之际，首先见到毒气充满空间，死者出神之心，从地上如泉涌般的毒气中出来，进入无边的地狱，从而明白两种现象形态：一是通达的嗅觉，被各种毒气包围，熏得心中极其困扰；二是闭塞了嗅觉气息不通，憋闷昏厥在地。这生前的嗅觉之气，冲于鼻息，化为气体被驱赶；冲于眼睛，则变为火炬；冲入耳中，则变为沉没尿坑、投之于沸水中的哀叫；冲入口中，则成为烂鱼和臭汤；冲到肌肤，则成为腐烂的一堆如山的臭肉，有百千计的蛆虫，见到后死命地吞食；冲入心中，化为灰土瘴疠，化为飞沙走石，击打身躯使之粉碎。

第四为味觉的报应所招引的恶果。由于妄有的味觉习性与恶业交接，临终之际，先看到铁网经烈火燃烧，覆盖世界，死者神妙之心要从网下逃过却被挂在网中，倒悬着身体，进入苦难无边的地狱。因此明白有两种现象形态：一是吸入气味，则结成寒冰，进而冻裂身体肌肤；二是吐出之气，化为猛火，反过来烧焦身体直至骨髓。生前所尝美味，经历口舌，化为随食生灵而宰割的难忍之痛；经历眼睛，则化为刺目燃烧的金属岩浆；经历耳朵，则化为锋利的兵刃而入；经历鼻息，则化为有刺之大铁笼，覆盖一切地方无法躲避；经历身体，则成为矢之靶；经历心中，则成为铁水，从当空如雨飞速而下，令人痛不欲生。

第五为身体触觉的报应所招引的恶果。由于妄有的触觉习性与恶业交接，临终之际，先看见大山从四面合拢，没有出路可逃，死者神妙之心看见有大铁城，中有火蛇、火狗、虎、狼、猛狮……牛头人身的狱卒、马头人身的恶鬼则手拿长枪、长矛，驱赶着死者进入城门之中，在不尽的地狱中受煎熬。因此明白两种现象形态：一是结合的接触。组合的大山逼迫挤压身体，血肉溃烂；二是脱离接触。刀剑砍刺，使人心肝俱裂。生前结合的接触，历度身体触觉，则化为游街示众，宣判定案；历度眼睛，则化为火烧热烤；历度耳朵，则化为撞击声、箭射枪刺的惨叫声；历度鼻息，则化为包捆、入于口袋，拷问和缚绑的窒息；历度味觉之舌，则化为刀耕火钳、截割和斩断的苦难；历度心中时，则化为忽而下坠忽而飞升，或受煎熬或受心烧。

第六为思念的报应所招引的恶果。由于妄念的习气与恶业相交接，临终之际，先看见恶风吹坏一切地方，死者神妙的心识被吹到空中，又飞旋着下落而堕入无边的苦难地狱。因此明白两种现象形态：一是没有觉察之心，在迷离中的原野上，奔走不止；二是心中没有迷惑，知道是无边的苦难，受无数的煎熬、火烧，痛苦之深，令人难以忍受。生前邪恶的思念，凝结于心，则能知道所受今日之苦的地方和场所；凝结于眼，则能明鉴证明前业；凝结于耳，则化为大块组合的石头，为冰霜所盖，土雾所掩；凝结于鼻息，则化为往来的火车、火船和火门槛；凝结于舌，则化为大声叫唤，悔声和哭泣；凝结于身，则身体忽大忽小抽缩不止，在一日之中有万生万死的痛楚，起卧不宁。

六报是佛教人生观和世界观的反映，对人在现实世界的一切行为都从理念上予以否定。一切都是妄有形态，只要执着，必入无间地狱，都要受尽感知的一切苦难。

善于思考的读者可能就会发问：地狱学说有什么意义呢？彼岸世界又何以能影响现实社会的人呢？为什么人们很容易地接受和理解了地狱的解说呢？这难道不是迷信和愚昧的表现吗？

这些问题归结到一点，就是关于地狱的真实性的疑问。我们认为，地狱其实就是人类社会发展至今人间苦难的真实描述。地狱所受之苦，人间只多不少。地狱学说可以说是对人间的揭露和批判，是对社会的否定，是理性和信念对人间污垢的扬弃，是对人存在意义的深刻思考，也是由人的理性和信念对人认知社会、感受人生最全面、最彻底的反思、克制和自律，可以促使人们放弃对物我的盲目崇拜。人们之所以理解了地狱的苦难，恰恰是现实中的苦难对地狱的一切提供了铁证。热炙、臭气、污水、血光、刀割、冰霜、冷寂，早已是人们司空见惯的现象。因此，地狱是人间苦难的缩影，是佛教观察人生和社会后再造的一个来生的预言世界。脱离地狱的方法，是人类超越现实，用完整的信仰代替物我的束缚、高度自律思想的结晶，佛教将其概括为戒、定、慧三学。

三、佛家的律学

戒律作为三学之首，是佛教生存和发展的根本。中国佛教在长期的发展中，形成了弘扬律法的宗派——律宗，出现了许多卓有成就的高僧，为佛教中国化的历史进程加速。

（一）佛律根植东土的思想基础

佛教作为外来文化，能够在中国落地生根，是有其深厚的思想基础的。佛教的律学正是在中国传统儒学律己的思想基础上，逐渐得到社会的广泛认同，成为中国传统文化中的一个组成部分。佛家律学与儒家的律己思想，在本质上有相通之处。如《论语·季氏》有“君子有三戒：少之时，血气未定，戒之在色；其壮也，血气方刚，戒之在斗；及其老也，血气既衰，戒之在得”，此三戒为好色、好斗、贪得，与佛门重戒无不合。《论语·颜渊》有“非礼勿视，非礼勿听，非礼勿言，非礼勿动”，对自律的考量，始之于点滴之中。从而“君子博学而参省乎己，则知明而行无过矣”（《荀子·劝学》），佛律在思想上与儒家不仅相通，而且更具有可操作性，中国佛教也因此有了自成一派的律宗。

中国佛律之渊源，始于天竺。自佛陀寂灭，印度佛教徒曾经举行过若干次大规模的结集，又称合诵，主要工作就是对戒律和经文进行确认。在第二次结集时，代表传统的长老派制定律法，要求严格遵守。由于他们在教界地位高，故被称为上座部；许多要求放宽戒律的信众，由于人数众多，被称为大众部。此后由于对经典和戒律的分歧，两派内部又分为众多派别。佛陀去世后大约三百年，从上座部又分化出有部和雪山各派，之后从有部又分化出化地部，又从化地部分出法藏部（因该部部主名为法藏，故得名）。法藏被称为律宗之祖。

中国佛教戒律始于三国魏嘉平二年（250），印度僧人昙柯迦罗在洛阳译出《僧祇戒心》，在中国首创授戒度僧制度。北魏法聪授《四分律》，至唐传六代至道宣。道宣做五部律论，由于他长住终南山丰德寺，设坛授戒，故称南山宗，从此自成一家，代有传承。他也成为中国佛教律宗实际开宗立派的创始人。

（二）唐代律宗的建立

律宗的创立与唐代贞观之治的社会变革有着密切联系。当时，在李世民周围有一批活跃的河汾学派的代表人物，如房玄龄、魏徵，他们都是文中子王通的弟子。

王通中道的政治学说对初唐社会产生过深刻的影响，尤其是儒、释、道三家均衡并存的主张，直接影响了贞观中后期的宗教政策。

李唐王朝在开国之初，就尊老子为祖，崇尚道教，把佛教列入“前弊”革除之列。初唐佛教的处境十分困窘。一直到贞观十九年（645）玄奘归来，才彻底扭转了这种被排斥的局面。玄奘深谙世事，将弘法与现实相结合，并与李唐王室关系殊密，代有增益。佛教自唐以降与儒道合流，成为中国传统文化的主流，在这一方面，玄奘贡献巨大。玄奘自贞观十九年五月在长安组织译场，到麟德元年（664）圆寂于玉华宫，且不谈其间所译经论，仅从度僧、力阐戒法来看，其影响非同一般。

贞观二十二年，玄奘向太宗李世民建议度僧，太宗诏诸州寺各度五人；同年十月，东宫新建大慈恩寺。这座皇家寺院的建成，实际上宣布了排佛旧诏“京城留寺三所”“州留一所，余悉罢之”的解除，为唐代佛教各宗派的发展扫清了障碍。

显庆元年（656）二月，玄奘为鹤林寺尼宝乘等五十余人授戒，继而又为德业寺尼众数百人授菩萨戒，译大乘《瑜伽菩萨戒》辑出《受戒羯磨》，促进了唐代律学的兴盛。

道宣在玄奘主持的译场参与译事一年，显庆三年六月，他为西明寺上座，即迎请玄奘入寺译经，他本人亦参加助译工作。玄奘对待教内教外能权衡利弊，谨慎从事，圆融二乘，消弥李唐王朝对佛教的抵触，其卓绝群伦的才学、执着的献身精神对道宣的影响，是可以想见的。南山宗远取他宗，使以后的中国佛教各派在律法上都随机受领，宗风不断；在义理上以《四分律》会通大乘，符合唐代社会本有的中道和谐思想，弱化了佛道的冲突，合乎学人对大乘佛教圆融无碍思想的认同。南山律宗的盛行与唐初社会的政治学说、玄奘法师的弘法实践及其与李唐王朝建立的融洽关系、佛教社会地位的改善，都有着密切的联系。

（三）律学与当代社会

律学研究的深入进行不仅有理论和宗教意义，而且具有深刻的现实意义。弘扬律学中的优秀传统，为当代社会文化建设提供思想资源，是每一位学人都应当思考的问题。对佛教本身来说，也具有多层意义。中国佛教虽大多以南山宗的《四分律》为行持规范，但在面对今天新的社会环境时，仍然有许多尚待解决的问题，具有极大的挑战性。新的社会生活内容需要有新的方式来对应戒持。这其中主要包含两个方面的内容：对修行的出家人来说，究竟应当持守什么？对社会来说，佛教应以什么形态（即“相”）来反映和展现自身呢？从哲学角度来看，则表现为内容与形式的关系问题，即怎样修行，要用什么方式来约束和保证修行，以及用什么方法来宣传佛法、引导信众。

戒律是佛教的根本之法，过去、现在都是如此。它关系到佛教本身的发展以及佛教如何适应现代社会的问题。律学研究也是其中的重要内容，影响文化传统的弘扬与传承，是每一位认真的学者都应当回答的问题。佛学要深入，佛教要发展，要与社会和谐相处，就必须能够面对一切新问题，并且能够回答新问题，提出解决问题的方法，舍此就无法与时代共行。诸如：

（1）在互联网时代，佛教如何在虚拟空间中表达弘法利生的理念。

（2）数字传媒发展的声光电时期，传播形式无奇不有。在这种信息传播的文化特征中，佛教及其学术研究怎样才能不致形成缺位的困境。

（3）全球一体化的推进，在不同宗教、不同哲学流派、不同文明传承的相互融合、相互冲击中，佛教如何应对。

（4）一切现代传播手段，当代佛教如何运用、如何管理，是全盘接受，还是有所“戒持”。

（5）佛教与当地行政部门的关系，与经济发展和文化旅游的关系，与游客信众如何互动等，都必须在理论上做出回答，在制度上有所规范。

总之，把佛律与学术文化领域联系起来，使佛律中有思想价值的道德规范与当代社会文明的发展相互促进，具有重要的文化意义。佛律“止持”之“诸恶莫作”、“作持”之“众善奉行”，都可以包含现实生活中的丰富内容。戒法的基本内容对于社会稳定、道德建设都具有认识价值，会对于构建和谐的社会生活环境起到促进作用。

四、佛教自律思想的制度保证

佛教的律学是通过僧团组织形式来贯彻实施的，具有严格的制度保证。

（一）佛法戒律

寺庙就是佛教弟子聚集修行的场所。中国最早的寺庙，是建于东汉永平十一年（68）河南洛阳的白马寺。中天竺高僧摄摩腾、竺法兰携由天竺所带回的佛经、佛像在此住持，他们所译出的《四十二章经》是中国现存的第一部汉译佛经。白马寺是国家首批重点文物保护单位，也是重要的佛教文化旅游场所。寺庙与名山共处，是中国佛寺的一大特点。

如五台山的显通寺、普陀山的普济寺、九华山的化城寺、峨眉山的万年寺等。

寺庙为出家人供佛、传法、居住的场所。汉传佛教的寺庙，一般都坐北向南，沿南北中轴线，形成中国传统式的建筑群。通常依次建有山门殿、天王殿、大雄宝殿、法堂、藏经阁，东西两侧设有钟楼、鼓楼、配殿。许多寺庙还建有以佛塔为中心的建筑形式，或专建塔院。佛塔通常安放舍利、法物以供奉。

僧人是寺庙的主体，主要指四众弟子，分别是比丘（俗称和尚）、比丘尼（尼姑）、沙弥（七岁至二十岁，受十戒的小和尚）、沙弥尼（与沙弥相对的小尼姑）。要成为出家人，是需要具备基本条件的，并非随意而就。要接受法师的“遮难”（即审查），要无各种“病患”，如传染病、精神病等，无“淫、不孝父母和师长、盗、杀”等。

在基本条件具备后，进入寺庙生活，需行剃度，即削发成僧众，换僧服，授“三归”（即皈依佛、法、僧）之后，进行受戒。

未满二十岁的，先受新戒，即初坛传戒，要立下终身誓言依教奉行：

（1）不杀生

（2）不偷盗

（3）不淫欲

（4）不妄语

（5）不饮酒

（6）不涂饰香油

（7）不听视歌舞

（8）不坐高广大床

（9）不食非时食

（10）不蓄金银财宝

其中，前四戒是根本大戒，犯者则夺去僧号。后六戒犯者必自省忏悔，改正方可。

年满二十岁后，方受具足戒，也叫二坛传戒。和尚有二百五十戒，尼姑三百四十八戒。一般受具足戒五年以上的僧众，可以单修，参访寺庙以交换修行心得。

汉地寺庙，修菩萨行的信众大都授菩萨戒，受此戒的不仅是出家人，还包括在家修行的男女信众，称为居士（优婆塞、优婆夷）。包括：

（1）律仪戒，指遵守各种戒律。

（2）善法戒，要积善做功德。

（3）饶益有情戒，教化众生，弘扬佛法。

居士戒，指在家修行的男女信众所持的五戒或八戒，为初坛传戒中的前五戒或前八戒，只是不淫欲为不邪淫，指无非婚性行为。

戒律从内容和形式两方面为佛教信众制定了自律的行为规范，主要是思想和观念认识上的要求和约束。佛教的自律思想对于出家人还制定了一系列的规定，从制度上保证了修行的实证过程。

（二）寺院清规

我们熟知的清规戒律，就包括这方面的内容。戒律是印度佛学与中国佛学所共有的内容，具有外来文化的成分；清规是汉地寺庙特有的行为规范。前者成为律学，表现的是思想与教义；后者表现为制度建设，是僧人独具的生活规矩，衣食住行的要求。两者在理论上相互联系，在实践中各有侧重。

唐代是佛教中国化的重要历史时期。佛律传入中土，经过历代僧人的传译与实践。到中唐，怀海禅师在新吴（今江西省奉新县）的百丈山，融会大小乘戒律，创立著述了寺庙制度的戒律《百丈清规》，又称《百丈古清规》，首开中国佛教开山置院、农禅并行的生活方式。由此，在元顺帝至元元年（1335）“重辑”清规，颁行天下的《敕修百丈清规》，流传至今。

寺院清规，是寺庙管理的制度化建设，包括出家生活的全部内容，是中国佛教的创造。这里仅就反映自律思想的独特之处做一扼要介绍。

第一，一日不作则一日不食的传统。汉地寺庙，无病僧人必须承担起寺庙中的所有日常劳务。根据庙里的情况，有耕种、手工、建筑、清扫、采集等劳动内容，维护庙宇和正常的支出，开创了农禅修悟的修行方法，大大改变了人们对于僧人不劳而获的偏见，拉近了僧人与民众的距离。

第二，肃众的惩戒。所谓肃众，就是严肃规矩，整肃僧团，对违反制度僧人的教育方式。轻者责罚，重者赶出寺庙。采取全体僧人集合，考察过失原委，征询僧众意见的方式，由住持或监院宣布意见，告诫众僧。

总之，清规包括修行的一切事务，十分具体详尽，是从制度上保证出家人修证佛果的规定、条例，是把佛教的自律思想化为行为举止的具体要求，是思想与行为的统一、理论与实践的结合。清规戒律对于我们当今社会的制度化管理有启示价值。诸如：

“不得废坏器用不赔偿，不得挑唆斗争。莫开两舌口，须戒无益言。

“不得欺心，不得贪财，不得使奸，不得用谋，不得惹祸，不得侈费。”（《百丈清规》卷七下

禅门清规，损坏别人的东西要赔偿；不能与人相互争吵不休；说话要和气，不说不利于团结的话；不说别人的坏话。要求信众与人相处不做违心之事，不得贪图财物，不能弄奸使诈算计别人，不能搬弄是非，浪费奢侈。这些对世俗之人也不无教益。能这样做事的人，也是可贵的。

第六章　处世和交往的行为准则

佛教有关处世的准则和交往的行为对象方面的内容是十分有特色和丰富多彩的。这与通常意义上人们所认识的佛教有很大差异。人们会说：佛教不是远离世俗的宗教吗？不是要摆脱世俗的欲望，追求清净佛国，作为出家修行的终极目标，是永寂的涅槃，何以会有丰富的交际往来？如果有，其处世与交往的行为准则又是什么？

我们认为，佛家学说是对人类社会生活进行深入考察，认识了人与人、人与社会、人与自然之间相互关系而形成的一种人生观和世界观。佛教在得出了人生是苦的结论后，大乘佛学选择的不是逃避，而是为了度脱众生于人生苦海，对此岸世俗世界的理性批判以及对彼岸理想世界的不懈追寻。信仰主义从来都不只是超脱人生，其思想学说来源于对人生的思考，致力于对现实的超越。因此，佛教徒处世与交际的对象，表现在三大世界之中。这就是信仰世界、认知世界、现实世界，这三个世界构成了一个完整的认识体系，形成了独特的处世与交际准则，这就是对佛陀和他的教义的信仰高于一切，是卓绝的人类理性的高度抽象的选择。

历代的高僧大德，都是善解人意、深谙社会、长于教化的宣传家，都是人类文化交流史上最优秀的人物，他们的处世与交往的行为对社会政治、经济、文化的影响怎么说都不过分。理性和常识告诉我们一个事实：宗教对于人类世界的影响、精神世界的濡染、现实世界的渗透，历史最久远，影响最深刻，内容最丰富。佛教作为世界上最古老的、文化影响最深远的现存的世界性宗教，如果没有为人处世的深沉老练、交际往来的特立独行，没有历代精进博学、辩才无碍的高僧大德，深谙世态人心的摄魄宗师，何以使佛弟子从徒甚众，遍布四海？又何以能延续两千五百多年，至今信众数亿？

下面我们就佛家的处世和交往的一些特点进行讨论。

一、佛家与世俗

佛教四众（比丘、比丘尼、优婆塞、优婆夷）与世俗众生交际往来，有清规戒律作为一切言行的规范，表现出更高层面上的伦理道德思想，更具有理性化，对世俗社会有教化作用。实际上，佛教和其他宗教一样，都深植于现实社会的土壤之中，与现实生活保持着千丝万缕的联系，任何脱离了现实生活的宗教，犹如离开了生存的土地，必然会消亡。因此，任何有历史文化传统的思想和教义，在现实中充满生机的动力和源泉，都来自于生活之中。佛教作为现存的最古老的世界性宗教，其广泛地与现实生活互动交往的内容和方法，是其充满活力的根本原因。

（一）人皆平等的处世理念

禅家历来讲究佛性平等，人人皆可悟道成佛。当年六祖慧能，面对五祖弘忍“岭南乃不开化之地，你为蛮子身，怎么会有佛性”的诘难时，当下反诘：“人有南北，佛性也分南北吗？”从而成功度过诘难，以至于传承衣钵。《佛所行赞》集中表现了佛陀与人相处的行为。要求在公共场合，要神态端庄，注意礼貌，“和则常安”，提倡和睦相处，反对一切在与人相处时用不正当的方式获取钱财的做法。

佛家在为人世事、交际往来中人皆平等，鲜有君臣等级、礼法刑治的认识，更亲近体贴，深谙人世，知人心。以下皆出自《佛所行赞》卷一，从各方面显示了佛陀处世之道。

对人方面：“爱育如其子，子敬亦如母，犹日月火光，从微照渐广。”爱护别人的孩子如同爱护自己的孩子一样，那么他们也会像对待母亲那样敬重你。人们之间的感情培养，好比日月的光亮，由一点开始而形成普照大地的光华。在与对自己有怨恨的人相处时也要“以德降怨敌”，要能以德报怨、虚怀若谷，善于用道德感化对自己怨愤的人；“软语而教敕，矜施以财物”，教化人时要和颜悦色，晓之以理，动之以情，不要以物质利益去引诱。要“成人饶益事，遭难不遗弃”，要成人之美，多做好事。在别人碰到困难的时候，要伸出温暖的手，不能置之不理，这样就能“捐弃世荣利，进步随我来”。引导人们摆脱世俗的声名、财富的约束，好比甩掉了沉重的包袱，人就能轻装前进。“亲念于来宾，我心实爱乐。美说感人怀，闻者皆洒浴。”有亲朋好友来自远方，是一件让人十分高兴的事情。那朋友的祝愿感人肺腑，使听者如沐浴清泉般身心舒畅。

佛门的义理人情与儒家别无二致，不同的是佛家往往将义理寓于人情之中，最终使人摒弃世俗，走向清澄，这样的理趣就必须更细致、更精巧、更完整。

如佛家讲人生聚合离别“譬如春生树，渐长柯叶茂。秋霜遂零落，同体尚分离。况人暂合会，亲戚岂常俱”，认为亲朋好友不可能常常相聚，永不分离。人生的聚散离合就好比大树一样，春意融融时枝繁叶茂，而秋风萧瑟时则落叶飘零。每一次相聚，都会伴随着别离，而每一次有情人的别离，都寄希望于下一次的相会。“有缘千里能相会，无缘对面不相识”，这无疑是发自内心的人生感慨，但“常合而常散，散散何啼哀”，有聚会就会有别离，既然别离是人生不可避免的，那就不要因此而悲哀。“月有阴晴圆缺，人有悲欢离合，此事古难全”，进而生发出理性的总结，以平常心看离合。佛门的认识并没有到此结束，而是继续沿着理性的思路前行，将人们引入信仰主义的思想境界中的“所以生离苦，皆从痴惑生。如人随路行，中道暂相逢”，指出了人之所以为离散而苦恼，都是因为没有彻悟所致。其实人的聚散离合恰如人们在行路中一样，相逢、相识、分别以至于离散都是必然要出现的，因此不必为此而多愁善感，徒增苦恼和悲伤。这样人生之苦“爱离别苦”的主旨就暗寓其间了，痛苦之因也就呼之欲出了。

（二）喜舍善施的交往准则

佛家面对纷扰的世事，选取了与追求利禄功名、酒色财气截然不同的态度，这就是施的态度。认为“舍”为根本，“钱财非常宝，宜应速施为”（《佛所行赞》卷三），“世利皆有尽，圣利永无穷”，“唯念贪嫉苦，慈心欲令安”（同上），认为金钱、财富并非一成不变的东西，应该使其尽快地产生效益，为社会服务。人们追求的世俗的利益随着生命的逝去也就消失了，而对崇高理想的追求却会代有传承，不断发扬光大。那些有贪婪善妒之心的人，别人的欢乐会刺激他，因此心中总是痛苦的，也永远没有满足的时候。只有心怀慈善、知足的人才能心定神安。佛家在行为上重视“能于众生施无畏，遇有恼害皆劝止。拯济厄难孤穷者，以是得成此光明”（《大方广佛华严经》卷十五）。品德高尚的人能做到无私无畏，善于为他人排忧解难。对贫困者可以挺身而出，尽力相助，当然会得到大家的拥戴。主张善行，以业力果报学说引导人心向善，是佛门沟通世俗社会的法宝。“施为最妙药，能除于重病”且“施报如形影，处处与安乐”（《大庄严论经》卷十），指出对他人的关心和体贴有时就像灵丹妙药一样，能祛除重病，使人恢复健康。能随时给予他人关心和帮助，投之以桃，别人也会报之以李，这样彼此之间就能友好相处，平安和快乐就会如影相随。佛教业力学说认为业力不失，所做一定会有报应，因此“世上所

为作，各自见其行。行善得善报，行恶得恶报”（《兴起经》卷上），指出人一生所作所为，都体现在各自的一言一行上，对此虚饰不得。为善，则得到善报；为恶，则得到恶果。这也是人心共同的指向。

（三）佛家处世观的现实意义

佛教人人平等、尊重生命的交往理念，以施处世的准则，在社会文明的进程中，仍然具有现实意义。比如，卫生管理部门针对某些医院在对待一些危重病人的问题上采取“见死不救”的漠视态度，明确提出了医疗机构必须坚持救死扶伤的人道主义原则，对危重病人，不能采取“先交钱，再救命”的态度。这是社会进步的标志。管理部门的正确决策在医疗机构的反映又是怎样的呢？2007年4月6日，中央电视台经济频道报道，只有百分之六的医疗机构表示欢迎，大部分采取了观望的态度。为什么呢？

我们的医院是经济独立核算单位，不是慈善机构。如果医院对急救病患“先救命”，在实际工作中，就会出现既出力又出钱，也许还要承担相关责任的情况。这种现象的结果，必然导致“善者困窘，恶者逍遥”的负效应。如果只要求医疗机构视生命平等，医务人员慈善施德，是远远不够的。必须在全社会建立完整的制度保障，要求全社会都珍视每一个人的生命，都具有喜舍的观念。我们今天的社会，更需要的是佛家以施处世的行为准则。

首先，要坚决贯彻“先救命”的原则。对于执行这一原则的医护人员、医疗机构，建立奖励制度，根据不同情况，制订细则，力争做到万无一失，形成遇难乐施、遇险乐救的风气。

其次，对于有能力支付却恶意拖欠医疗费的病患，不仅要运用法规追缴，还要重罚；对于确实无力支付医疗费用者，由社会保障机构、社会保险、民政部门、慈善机构来核定支付。确立“善者喜善，恶者向善，富者乐施，贫者存施”的行为准则，弘扬佛家乐善好施、珍爱生命的处世理念，相信人心永远向善，促进社会进步，是我们每一个人的责任。

尽管在社会转型期，我们仍有许多不尽如人意的地方需要改进，但在现阶段，只要全社会都开始关注“生命优先”的原则，给予制度上的保证，进行尊重生命、喜舍施善的教育，我们完全有能力将救死扶伤、抢救生命的人道主义原则落实到现实生活中。

（四）佛教与世俗社会的广泛联系

佛教在长期的发展中，和社会各个阶层、不同的团体、不同的个人都建立了极其广泛的联系。这种联系的复杂程度，远远超出了世俗中人的想象。

1. 各种不同的法会

中国佛教的正规法会都有规定的时间和相应的内容。随着佛教的传播，各地、各个寺庙所举办的法会内容不断扩大，内涵日益丰富。大凡一切与弘法利生相关的活动，都称为法会，其规模、人数、时间、地点、内容都有很大不同。当代举办佛教法会的单位已经不仅仅是寺庙了，还有不同的佛教基金会、协会、学会、居士会。法会形式也很多，诸如大型的万缘法会，包括吟诵经忏、超度生灵、设立坛场等活动；报恩消灾超度水陆大法会，设各种灯位、各种斋堂、随喜功德；护国息灾冥阳两利水陆大法会，设功德主、延生禄位等。

2. 满足各种社会需求

佛教弘法不仅满足信众的信仰需求，更重要的是满足社会不同人群的各种心理需求。这一类活动，有时热闹非凡，民众如赶庙会一般，擦肩接踵，往来如织，诸如各种慈善活动、公益活动、文化事业。如台湾省的证严法师，目睹一位女病患因无力缴费被医院拒之门外而血流满地的惨状，呼吁在台东建一座不交保证金的医院，得到了社会的响应，并由此创建了举世闻名的慈济功德会。

3. 国际、国内长期而深入的文化交流活动

佛教是世界三大宗教之一，也是最古老的宗教，因此传播的时间长，范围遍及世界各地。国际佛教组织和各种国际活动都十分频繁，当代著名的如欧洲佛教联盟、世界佛教僧伽协会、总部设在美国威斯康星大学南亚学系的国际佛教研究会、亚洲佛教和平会等，还有世界佛教联谊会，该组织有位于三十七个国家或地区的近百个地区中心。佛教在20世纪初仍显示出强大的生命力。这里我们还要强调一点，佛教与学术界之间的互动关系，从改革开放以来十分频繁。佛教

与佛学密不可分，佛学与学术研究密不可分。其学术范围广泛，内容几乎无所不包，教内教外，相处十分融洽。佛教学术会议是笔者所参加的各种不同类型的会议中学术氛围最浓郁、交流情况最热烈、学术讨论最认真、会议安排接待最有序周全的会议。

二、佛教独有的处世方式

佛教作为一种宗教能够流传至今，有其特有的僧团组织形式，有着保证出家人修行生活的居住场所，并以此形成了独有的处世方式。一入空门，万事便休。出家与在家，不仅是身份的变化，更重要的是观念的改变。放下的，四大皆空；放不下的，尘缘未了。

（一）居住与修行的场所——伽蓝与道场

伽蓝，梵文音译，又作僧伽蓝、僧伽蓝摩、僧伽罗摩，意译为众园，梵汉并举称之为僧园、僧院，系佛教专有名词。原指修建僧人居住的基地，后又包括土地、建筑物在内。它是僧人居住的园林，今天是寺院、佛寺、尼庵的总称。《十诵律》卷五十六中有："地法者，佛听受地，为僧伽蓝故，听僧起坊舍故。"关于道场，梵文意译，佛教名词，指佛成圣道之所，即中印度摩羯陀尼连禅侧的菩提树下，佛陀静虑四十九天，断一切烦恼，称金刚座。《大唐西域记》卷八有："菩提树垣正中有金刚座""贤劫千佛坐之而入金刚定，故曰金刚座焉，证圣道所，亦曰道场”，以后又引申出多种含义：

（1）修行所依据的佛法义理，“三十七品是道场”。

（2）供佛之处为道场。

（3）修行学道之处。

（4）把寺庙称为道场。《佛祖统记》卷三十九中有：“隋大业九年，诏改天下寺曰道场。”

（5）法会的异名，如慈悲道场、水陆道场。

在信众共同生活的寺院里，大约每半个月都要进行自我检查有无犯戒的行为，即使在小的寺庙，只有一两位比丘、比丘尼，也得进行这项活动，称为布萨，意为净住。另外，我国南北寺庙，都要进行集中修行活动，称为安居。通常是指佛教信徒在分为先后两期共三个月的日子里禁止外出，而致力于坐禅修学。在印度雨季从五月十六日至八月十五日，称前安居；或从六月十六日开始到九月十六日结束，称后安居。可根据情况分别选择。这段时间，草木虫子生长，以免外出伤害它们，这就称为安居期。在我国，安居期在阴历四月十六日至七月十五日，称为夏安居，或简称为坐夏。开始时就称为结夏，结束时就叫作解夏或安居竟。日本与我国相同。

（二）汉地佛教的三大节日

汉地大乘佛教一年有三次大的集会。是时，除佛事活动外，寺院都要设置斋饭来接待与会的信众，进行放生等活动。

浴佛节：农历二月十九日为观音菩萨诞日，观音道场浙江普陀山及汉地各庙都要举行庆祝仪礼，各地信众云集，场面十分壮观。

腊八节：农历十二月初八，相传是佛陀成道的日子，故称佛成道日，俗称腊八节。喝腊八粥是腊八节一大特色，寺庙从腊七就要着手准备（相传佛陀在此晚上悟道），一直到夜半。此风已成中国民俗，非寺庙独有。粥熬好后来祭祖或送亲友，连家中养的“鸡犬豕羊马牛”都有一份，所谓众生平等，皆有佛性。笔者曾受大慈恩寺邀请，是日喝腊八粥。僧人所熬的粥，用料考究，做工地道，用过后还备送一份，带回和家人共享。时至今日，想来仍口有余香。

盂兰盆节：据《佛说盂兰盆经》所记，佛陀十大弟子中以神通第一称誉的目犍连，用能看到地狱众生的天眼，见到他母亲因生前诽谤佛、法、僧三宝，死后堕入地狱，倒悬其间，惨不忍睹。目犍连用尽神通却无力救助，倍感心酸，泣啼不已，恳求佛陀出手相救。佛陀说：七月十五日众僧安居之后，你在盂兰盆中盛百味食，供养僧众，不仅可解救你母亲的倒悬之难，还可以消除你七世双亲在地狱所遭的苦难。目犍连照办后，解除了母亲的倒悬之苦和七世双亲的苦难，心存感恩。这个故事后来就成为盂兰盆节。农历七月十五日就成为佛教的节日，又称鬼节、中元节。盂兰盆，梵文音译，汉译义为超度亡灵之盆或救倒悬。佛教认为在此日设各种饮食供一切僧人（即设斋饭供佛及佛弟子），可救度地狱受难的已故祖先，求得解脱，故也是佛欢喜日。后来我国南方还将其变为悼亡、施鬼的民俗，如放河灯、焚法船，祭一切水陆之野鬼孤魂。今天盂兰盆节已演化成僧俗互动的热闹节日和民俗文化活动。

（三）佛教往来的礼仪

佛教礼仪，在汉传佛教中有十分重要的作用，表现在僧众的一切日常生活中，迎请、礼拜、课诵、修行、祭祀，凡此种种，都有详尽的要求。佛礼在传承上，既表现出外来文化的痕迹，又在长期的演化中形成了一整套独立的礼仪系统，反映出与世俗社会相互独立又相互影响的特征。

1. 五体投地的顶礼膜拜

这是源自古印度的一种最尊敬的礼节。头、双手、两足着地，俯伏于佛陀足下或各种造像、法物，如佛舍利等前叩首的一种礼仪。这是佛礼中最高的礼节，专事佛与菩萨。一般用于正式的场合，如法会、节日时对佛陀的参拜。顶礼膜拜往往与佛礼中的绕佛、长跪、叉手礼仪构成一个完整的礼仪程式。

在佛典中，弟子向佛陀发问，都要完成一整套的礼仪程式。如《圆觉经》卷上：

“于是文殊师利菩萨，在大众中，即从座起，顶礼佛足，右绕三匝，长跪叉手而白佛言。”

三匝，指环绕佛陀三周；长跪，与世俗之跪礼相同，此为中国古代礼仪之一，先秦有之；叉手，原指两手交叉，佛教指合掌交叉十指，将两手相合于胸前，以表示对佛陀、神灵的虔诚和信赖，是印度、斯里兰卡、缅甸、泰国等国信众自古以来的礼节。印度人认为，右手是神圣的，左手是不洁的，两手相合则表示把人神圣的一面和不洁的一面合在一起，从而完整地体现人的真实形态。

2. 常见的礼节

佛教礼仪十分繁杂，行为举止皆有约束。我们只介绍当代人们来往于寺庙之中常见的僧人礼仪。人们最常见的合十，僧俗通行此礼，相当于现代人们之间的握手礼。行礼时，两手掌心相合，置于胸前，僧人之间、信众之间一般还同时口诵阿弥陀佛，即皈依我佛，以示敬意。

寺庙中，人数较多的，还专门设有迎送施主、访客的僧人——知客。根据不同的访客身份，分别施以不同的礼仪。寺庙是社会中的组成部分，现实生活中的长幼尊卑、身份地位、富贵功名、利益权衡，在寺庙的礼仪中也能反映出来。僧俗皆人，礼分贵贱，亦有亲疏之别，不应苛求平等。人们常见到的迎来送往的佛礼，如住持将宾客迎送在山门，寺院鸣钟、僧人列队迎送。对于身份不同的人，包括僧俗两界施以礼仪，是世俗化社会中的等级制度、身份差别在佛教礼仪中的反映。

3. 茶礼

饮茶作为一种礼仪文化，在汉地有着十分悠久的传统，佛家对此物尤为喜爱，素有“禅茶一味”之谈。在唐代，饮茶是一种艺术，被称为茶道。在世界佛教圣地法门寺出土的一套完整的皇家茶具分为：烘焙用具、碾罗器具、储存器

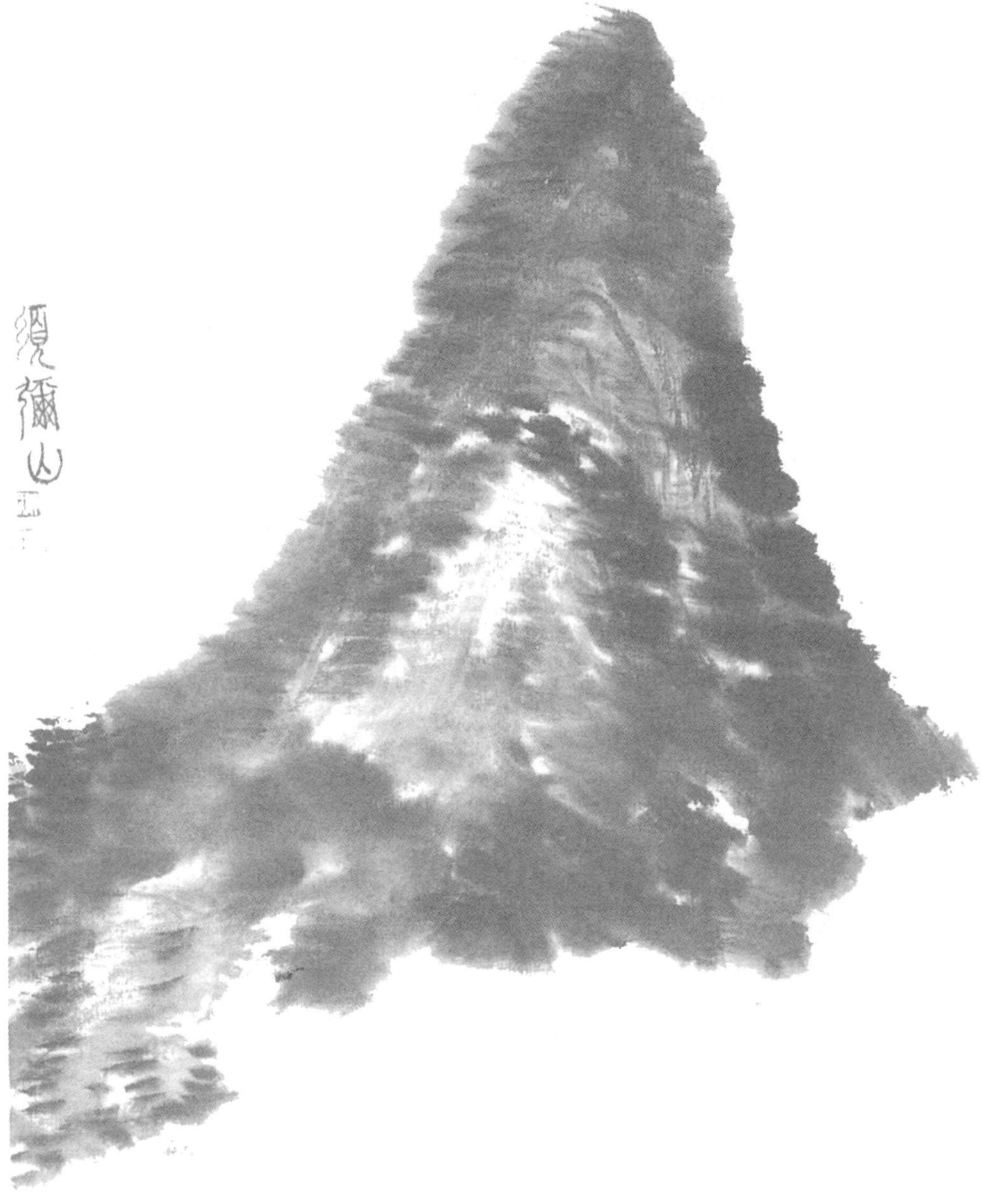

須彌山

具、储专用盐器具、煮茶器具、饮茶、点茶器皿，皆为金银、琉璃、秘瓷所制，精美绝伦。茶与佛家之关系，可见一斑。不少寺院专设茶堂，设专人茶头。茶是寺庙待客必备的礼仪，往往用茶的功夫，就展示出住持的禅家品味。茶与佛家的因缘、故事与传说，不胜枚举。时下流行的茶具紫砂壶上常刻一行人们熟知的字句“云在青天水在瓶”，就是禅语。在唐会昌年间（841—846），山南东道节度使李翱，多次请药山惟俨禅师而未果。李翱登门拜访，惟俨持经卷如未见，李翱愤而说“见面不如闻名”，旋而欲出，法师答道：“太守怎么贵耳贱目？”李翱转身礼毕问：“什么是道？”禅师手指上下，问“懂否”，答“否”。禅师点化道：“云在青天水在瓶。”唐代儒佛道三家圆融，此言问道，禅师以道在日常生活，如云在天、似水在瓶开示，取“道法自然”之意。李翱释然，作一诗：“证得身形是鹤形，千株松下两函经。我来问道无余话，云在青天水在瓶。”

相传，宋代诗人苏轼游至莫干山时，到山中寺庙。住持见苏轼衣着简朴，冷淡地指着对面的凳子说“坐”，又对小和尚说了声“茶”。几句答问之后，住持见来客深谙佛理，起身请苏轼到茶堂，客气地说“请坐”，对小和尚说“敬茶”。问清来客方知是一代文豪苏学士后，又敬请苏轼到方丈室，恭敬地说“请上座”，又唤小和尚“敬香茶”。叙别时，住持请苏轼留下墨宝，苏轼手书一联：坐、请坐、请上座；茶、敬茶、敬香茶。讥刺禅家讲众生平等，住持却人分几等的世俗心态。此传说虽无考，却饶有机趣，从中亦可见以茶待客的佛家礼仪的差别之处。

除此，僧人的葬礼也与世俗不同。佛家一反中土土葬的习俗，人去世称为圆寂、涅槃。僧人皆火化，高僧大德留舍利或骨灰入塔林。也有全身入塔或留肉身如禅宗六祖慧能，被称为肉身菩萨、金刚不烂身。

三、佛教信仰境界中的交往关系

大多数游历过名山大川的人都会在沿途或目的地游览过佛教寺庙，“天下名山僧占多”，会遇到大量佛教神祇千奇百怪的造像、绘画。佛、菩萨、金刚、罗汉、十大弟子、护法众天神，在这个庞大的信仰世界中，他们忙碌着，悠闲着，或聚集，共议佛法，互换心得；或各行其是，各司其职，自得其乐。其交际往来的关系是如何确定的呢？内容是什么？方式有哪些？哪些能参与？又有谁不能参与？

我们首先应当明确，在信仰主义者的彼岸世界中，是离奇而神圣的由想象世界构成的整体，既无法证实，亦无须证伪。其前提是一个“信”字，信守奉持是至高无上的，因而也是圣洁美好的，而圣洁美好的东西，却往往不一定是现实的。

（一）佛世界

佛，原专指释迦牟尼这位佛教的创始人，是觉悟圆满的大智慧者。汉地的大乘佛教认为众生皆有佛性，其关系是众生平等，无贵贱之分，所以在无限的时空，佛如恒河沙数，与无量众生同，是庞大的群体。

具体来看，汉地庙宇供奉以三世佛较为普遍。从时间上有“过去世迦叶、现在世释迦牟尼、未来世弥勒”三佛，分别居左、中、右；从空间上说有“西方极乐世界阿弥陀佛、娑婆世界释迦牟尼、东方净琉璃世界药师佛”三佛，分别居左、中、右。

燃灯佛，为佛陀的老师，释迦成佛就是由他授记。

（二）众菩萨

菩萨，菩提萨埵的简称，梵文音译，意译为觉有情、大士等。

主要指立志修持大乘佛理，以智慧求菩提（即觉悟），下利众生，以便于未来成就佛果的大乘佛教修行者。有具体名号的是四大菩萨，分别为观音菩萨、文殊菩萨、普贤菩萨、地藏菩萨；《圆觉经》十二圆觉菩萨，分别是文殊菩萨、普贤菩萨、普眼菩萨、金刚藏菩萨、弥勒菩萨、清净慧菩萨、威德自在菩萨、辩音菩萨、净诸业障菩萨、普觉菩萨、圆觉菩萨、贤善首菩萨。

文殊与普贤分别是佛陀的左右，分司智、理。由于文殊在所有的菩萨中辅佐最力，又称法王子，位居诸菩萨之首。其道场为中国佛教四大名山之首——山西五台山。简介如下：

1. 文殊菩萨

文殊师利菩萨，简称文殊菩萨。文殊即美女的意思，师利梵文译为头、吉祥、德等，统称妙吉祥、妙德，意即德无不圆，累无不尽。在佛教造像上文殊和普贤常为一对，为释迦牟尼左右的侍者。文殊居左，掌管着智慧，手持代表着智慧的利剑，能断除众生的一切烦恼，骑着狮子，代表着智慧的威猛和无敌。文殊被尊为佛弟子中的德之首。

中国佛教认为五台山是文殊菩萨修行之地，也是他显相、说法的地方。一进五台，就会感受到十分浓郁的佛教文化气息。在每年的农历六月初六至十五日，五台山都要举行规模很大的大誓愿会，自唐以来，游人如织，香火鼎盛。

2. 普贤菩萨

普贤与司智的文殊相对应，是司理的菩萨，是大乘行愿的象征，并接引修悟之人。《华严经·普贤行愿品》就有他开导善财童子证悟佛理的例证。骑六牙白象是普贤菩萨的标志，与文殊分伺佛之左右。这一佛二菩萨称华严三圣。中国佛教认为峨眉山为普贤菩萨的道场。峨眉山位于四川峨眉山市，由大峨、二峨、三峨、四峨诸山合称，方圆数百里，主峰为万佛顶，海拔3099米。其奇景胜形，不可胜数，且作为四大佛教名山之一，无峰不寺，无岭不殿。享誉天下的景观，是第二峰金顶的四大奇观，即云海、日出、圣灯和佛光。云海与日出在峰高谷幽之处皆可见，而圣灯与佛光却是峨眉独具。圣灯是在无云月之夜，在山顶看山坡荧光闪闪“一夜灯出”，据说是一种矿物质所形成的造化灵秀。佛光不可相遇，只能偶逢。在云雾大雨过后，在如玉云层之上，有多重素黄红紫之色，如镜高悬，观者举手动足，影皆随形，僧人称摄身光，疑为一种特异自然下的奇观，与霓虹同理。一现佛光，信众以为祥瑞。

3. 观音菩萨

观音菩萨是中国佛教中汉藏皆尊的菩萨，信众分布最为广泛，有“家家阿弥陀，户户观世音”的俗谚。观音是扶危济困、寻音救度的大慈大悲的化身。观音以女性形象而深得信众的尊崇。因其应化无方，形象极丰，故观音有千手、千眼、三十三观音等。

汉传佛教以浙江普陀山为观音菩萨的道场，普陀山是杭州湾外舟山群岛中的一个岛屿。岛上有十余座山，最高的是佛顶山，又称菩萨顶，海拔291米。全岛共十八峰，形状各异，怪石林立。奇峰、岩洞、沙滩和普济、法雨、慧济三大寺，是著名的文化景观，都与观音信仰结缘。自唐代以来，观音信仰深入人心，各地高僧大德参访不断，信众、游人、香客络绎不绝。

4. 地藏菩萨

地藏菩萨，在四大菩萨中以大愿著称。相传他誓言“地狱不空，誓不成佛。众生度尽，方证菩提”，因此被视为解救阴间苦难的救苦菩萨。

《宋南僧传》有唐代新罗（今朝鲜一带）王子金乔觉出家，法名地藏。后由海路到汉地参学，在安徽青阳县九华山结茅庐修行。因地藏修学有道，深得当地信众推崇，许多人发愿为他修建庙宇。相传当时九华山属于一位佛教信众闵长老所有，闻听有人为地藏建庙，表示愿意出让土地，问地藏所需，答云“一袈裟所覆盖地足矣”。闵老欣然允诺。谁知地藏将袈裟铺地时，袈裟竟覆盖了九华山，闵老只好践约。唐开元二十六年（738）农历七月三十日，金地藏圆寂，肉身不坏，以全身入塔。今天九华山神光岭有一座三层月（肉）身殿，相传供奉的就是金地藏的真身。因其酷似地藏菩萨相，认为他是地藏菩萨转世。九华山为中国汉传佛教四大名山之一，也成为地藏菩萨应化的道场，信众供奉至今。从古至今，这里都是重要的佛教文化场所和旅游胜地。

5. 弥勒菩萨

人们熟知的弥勒菩萨在佛教大乘教派中地位殊胜，他被认为是继承释迦牟尼佛的至高无上觉悟的未来佛。据我们所知，菩萨一词最早出现于公元79年的坦叉始罗薄银板铭文中。参证早期大乘经典，我们相信，约在纪元前1世纪随着菩萨思想的逐步形成和大乘经典的编纂，大乘佛教才真正形成。一般认为《阿闳佛经》《大阿弥陀经》是最早出现的大乘经，其中就有弥勒和观世音两位大菩萨的名字。

弥勒菩萨的起源，一般认为与《吠陀》和琐罗亚斯特教的太阳神米特罗与米斯罗有关。同时，未来弥勒佛出现的世界被描绘为丰乐安定的理想社会，闪耀着人类理想主义的光辉，因此有人又主张弥勒的起源与古巴勒斯坦的救世主的思想有一定联系。虽然在公元前1世纪时西方宗教思想早已传入西北印度，弥勒思想很可能受到西方宗教的某种影响，但要想取得有力的证据却是十分困难的。

据《弥勒上生经》和《弥勒下生经》所载，弥勒原出生于婆罗门家庭，后为佛弟子，先佛入灭，生于三界中欲界天中的内院，经常在院里面讲经说法，并生活在一派温柔富贵的环境之中。四千岁后（相当于数十亿年）生于人世间，在华林园龙华树下成佛，于人间广传佛法。我国的许多寺庙里都供奉着的笑口常开大肚弥勒像，原型是五代高僧契此。传说他是弥勒菩萨的化身，因此后人塑其像，作为弥勒佛供奉起来。弥勒是未来佛，在未成佛前仍居于兜率天，因而被称为“一生补过”的菩萨，亦即菩萨中地位最高的菩萨。弥勒信仰在贵霜帝国境内时已十分盛行，但在南印却未引起人们的重视。自律法东渐，12世纪时在印度渐没不传，中国的僧众对弥勒这位梵文意译为慈氏的笑佛却情有所钟，以大肚佛弥勒供奉的庙、石刻遍及国内，各种传说故事也很多，成为特有的文化现象。如北京门头沟的潭柘山山腰处就有一座始建于晋的千年古刹——潭柘寺，历度一千六百余年，素有“先有潭柘寺，后有北京城”之说。在寺内的弥勒殿除供奉化身，契此和尚身肥体胖、袒胸捧腹的散漫随和像状外，还有一副对联：大肚能容，容天下难容之事；开口便笑，笑世间可笑之人。此形象使人即便是“人间烦恼填胸臆”，到此处也“坦然一笑天地宽”了。举世闻名的四川乐山的弥勒坐像，身高71米，仅脚背就宽8.5米，可坐百人，大佛头与崖齐，脚踏大江，“佛是一座山，山是一尊佛”，是当今世界最大的石佛，凿于唐玄宗开元初年，至今约一千三百年。上海的龙华寺更有独特之处，分别供有大肚弥勒和在兜率天的天冠弥勒，俗雅并举，使人叹为观止。

藏传佛教中的弥勒信仰也同样深得信众推崇。20世纪初，在西藏日喀则城西的扎什伦布寺，建了一座高26.2米、莲花座为3.8米的“强巴”（即弥勒佛）像，用青铜230吨、黄金6700余两，佛身还镶嵌难以计数的珍珠宝石，仅白毫（佛三十二相之中，在眉有白色之毫，右旋转，如日正午，放射光明）就用了钻石、珍珠、珊瑚、琥珀、松耳石计1730多颗。其中最大的一颗天然钻石，相当于核桃大小。这一造像无论从哪一个角度去审视，其价值都是难以估量的。

（三）十大弟子

佛陀创教之初，有十位著名弟子随其左右，皆证佛阿罗汉果。

（1）舍利弗，婆罗门种姓，号称决疑第一。

（2）目犍连，号称神通第一。

（3）大伽叶，婆罗门种姓，号称头陀第一。佛陀入寂后，被推为上首。

（4）阿那律，又译为阿挐楼陀，是佛陀堂弟，号称天眼第一。

（5）须菩提，舍卫城长者鸠留之子，在佛陀弟子中号称解空第一。

（6）富楼那，能言善辩，号称说法第一。

（7）迦旃延，长于哲学思维，号称论义第一。

（8）优波离，出身于首陀罗种姓，号称持律第一。

（9）罗睺罗，佛陀之子，号称密行第一。

（10）阿难，又译为阿难陀，佛陀堂弟，号称多闻第一。一切佛经皆由他口诵后确认。

（四）罗汉

罗汉，全称阿罗汉，梵文音译，汉译为杀贼、应供，或简称为罗汉。罗汉是修行果位，也是声闻四果之最后一果。因其断尽三界一切烦恼，故称杀贼；又因受人、天供养，故称应供。在佛教兴起时期，阿罗汉本系各宗教对值得尊敬的修行者的通称。例如，直到今天，耆那教徒仍把其创始人大雄称为阿罗汉。最初，佛教只把佛陀本人称为阿罗汉，以后随着佛陀地位的日渐神圣，阿罗汉便成为佛陀的十号之一。小乘佛教时期，为了把佛陀和阿罗汉相区别，遂把佛弟子可能达到的最高境地称为阿罗汉。辟支佛，又译为独觉、缘觉，是三乘即声闻、缘觉、佛乘中的中乘，即能够"闻法信受，殷勤精进，求自然慧，乐独善寂者"。果，结果，佛教称为果位。有四大罗汉、十八罗汉、五百罗汉的不同说法，是佛教最庞大的神灵队伍。在国内许多著名的寺庙里，都供奉着五百罗汉堂，如北京的碧云寺、苏州西园寺等。

（五）诸天善神、天龙八部

佛世界中，有诸多的保护神。认为在三界（欲界、色界、无色界）各有六天、十八天、四天，另有日、月、韦驮天，各界天神修行有道，都具有洞察事物真相的能力；天龙八部以天龙为首，依次为一天、二龙、三夜叉即鬼神、四乐神或香神、五战神、六金翅鸟、七歌神、八大蟒神。其中，以天、龙神通最殊，故合称天龙，常用天龙眷属，指天龙八部和亲属。诸天神、八部都被佛教用来做护法神。

佛家的处世准则具有明显的信仰特征，世俗社会只是其中的一个组成部分，还包括三界的众生、寺庙僧众和佛国净土世界。在理论上众生平等，人与人之间没有尊卑贵贱之分，其往来交际中，对现实社会中的礼法持否定态度。

第七章　精进不止的求索精神

佛教追寻清净世界，表现出对人生信仰精进不息的求索和对现实世界的超越精神，要求一切信众不仅要修证义理，更要戒定慧三学并举、禅我合一、定慧双运，进行身体力行的亲践。用信仰取代对现实功名利禄、富贵荣华的渴望，用心灵的峻秀超拔脱离现实生活中酒色才气、苟苟私利的泥淖，向心中理想、彼岸佛国的境界升华。这种目标的追寻与设定，求索的坚定不移、义无反顾，只有通过认知的理性辨析，对现实世界和人生的详尽考察，才能笃定信仰并成为一生的躬身力行。历久弥坚的信仰，是理论与实践、智慧与教义的高度圆融和统一。只有在这样的认知前提下，佛教信众才能在信仰的引导下，舍去对人间的牵挂、对情感的依恋、对身心的各种渴望，进入到无我、无常、性空、妄有的超然境地。

佛教对世俗社会的扬弃，并非只是个人的舍我的境界，而是以仁慈的大悲心度脱一切苦难的众生，怀者大，感者深，行者健，学者深，从而能够产生一大批精勤永进、彪炳千秋的高僧大德。弘富研深的三藏法师，要求佛家弟子十方信众不仅要以“正见”发“狮子吼”，弘法利生，还要永不退缩，终生探求般若智慧，去妄求真，拔人间一切苦，施佛义无量乐，以一生的真修实证来进行精进不懈的求索。这种精神以生命主体的自我觉悟来战胜物欲横流的滚滚红尘、声色犬马的贪婪心机，把人类所具有的理性和最可贵的求索精神，推进到了几乎无以复加的高度。

一、西行求法与东渡弘法的高僧

人能弘道，非道弘人。中国佛教在两千余年的历史岁月里，不远万里西行求法，历度劫难，追寻并传播真理的名僧大德代不乏人，灿若群星。仅就其中法脉渊源、声播四海的代表人物罗列二三，以略窥其万一。

（一）十四载求法的高僧法显

东土僧人不惜身命，西行求法者不在少数。自曹魏甘露五年（260）僧人朱士行，从雍州（今西安市西北）西行求法，成为中国佛教史有记载的第一人后，承继者代不乏人。但真正到达天竺古国并且留下纪实著述的高僧，唯法显和他的《佛国记》、玄奘及其口述的《大唐西域记》、义净的《南海寄归内法传》和《大唐西域求法高僧传》。

法显，东晋僧人。山西平阳武阳人，生卒说法不同（约337—422），享年八十五岁。法显俗姓龚，兄弟四人，三个哥哥早亡，其父为了避邪，在他年仅三岁时就送他到寺院做小沙弥。法显后来曾几度回家，身患重病，但都是一回寺庙即愈。父母在法显十岁时先后去世。法显二十岁时在寺院受具足戒，正式出家。后来他到长安，“慨律藏残缺”，发心西行求法，求取戒律。后秦弘始元年（399），他和同学四人到天竺求法。他们在古印度、师子国（今斯里兰卡）取佛律经典，由海路，在东晋义熙八年（412）到达青州（今山东青岛崂山）。其历时十四载，约经三十国，先后同行凡十余人，除冻死、病亡、中途返回、留在印度未归者，只法显一人克服了艰难险阻得以归来。他带回中土没有的佛典九部，后除传译佛典外，还将十四年间的亲历撰写了《佛国记》，又名《法显传》，成为研究古代南亚社会、历史、宗教和中外交通史重要的第一手资料。

《佛国记》是中外文化交流史上的杰出著述。这部书支那内学院1932年的刻本正文13806字，后跋174字。全书依实记叙，质朴简约，真切感人。如，记叙当初与他一同从长安西行的四人中的慧景法师，在过雪山时圆寂的情景，使人读之，若情景再现，历历在目。在“冬夏积雪”的北山坡，“寒风暴起”，慧景“不堪复进，口出白沫”，在临终时，对法显说：“我亦不复活，便可时去，勿得俱死。”表达了弘愿未果，应舍身求法的坚定信念，使法显“抚之悲号”，其恸哭悲泣之声犹在耳，催人泪下。中国佛教僧人舍身求法、矢志不渝的精神，是民族精神的集中体现，给我们留下了一份厚重的思想文化遗产。

（二）中国佛教的杰出代表玄奘法师

隋唐时期是中印文化关系史上前所未有的繁荣时期。佛教在这一时期为国际文化交流做出了积极贡献。玄奘大师的弘法实践是这段历史岁月中人类文化交流史中最卓越的代表。

玄奘追求真理，精进不止，不惜生命、无私奉献的价值取向，圆融会通、和谐豁达的气度胸怀，构成了高尚卓越的精神风貌，受到了中印两国人民的敬仰。玄奘追求真理的精神，对于我们今天促进与世界各国的文化交流，建立多元和谐的世界文明，仍具有现实意义。

1. 超凡的求索理念

玄奘法师，俗姓陈，河南洛州（今河南偃师市）人。隋文帝仁寿二年（602）生，唐高祖武德五年（622）在成都大慈寺受具足戒。大慈寺作为玄奘大师正式出家的名刹，至今香火旺盛。2006年第三届“玄奘国际学术研讨会”就由大慈寺主办。

玄奘正式出家后，又沿江求学，先后到荆州天皇寺、相州、赵州、长安大觉寺游学。发现南北、诤论于大乘佛义，“凡数百年”在“五天竺”“想具百篇之义”，以“继圣达”和“廓宇宙”为心志，在贞观三年（629）“私往天竺”，为求佛法，奋力西行，“纵死中途”而无悔。其凌云壮志可惊天地、泣鬼神，经“上无野鸟，下无走兽”“四顾茫然”“口腹干焦”之辛苦，最终“见不见迹，闻未闻经”。

2. “晨夕无辍”，精勤不息，学贯中印

玄奘在印度佛学首府师从106岁的戒贤法师，精研佛理，历十六载岁月，疏导瑜伽与中观两大学派的论争，尽取五竺佛学要义。在曲女城十八天的法会论辩中，受到天竺各国二乘信众的一致推崇，被誉“大乘天”“解脱天”。钵罗耶伽国大施场五年召开一次的不分贵贱、信仰，有五十万人参加的无遮大会上，当时统治北天竺、影响五竺的戒日王，在玄奘和众诸侯国王的陪同下赴会。在玄奘的推动下，佛教成为戒日王信奉的宗教，在北印被推到尊崇的地位。贞观十九年（645）玄奘携梵本佛典返回长安后，校合三种梵本，在铜川（今陕西省铜川市）玉华殿译佛典凡六百卷。因此，玄奘不仅是翻译史上最杰出的代表，是当时印度佛学的集大成者，而且也代表了当时中国佛学研究的最高成就，成为中印文化交流史上最杰出的代表。

3. 彪炳千秋的一代大师

玄奘法师以其超拔卓绝的亲历，为人类文化交流事业谱写了由民间个人的行为上升并直接影响到国与国之间亲密交往、互利共荣的新篇章，铸就了一座永不磨灭的思想丰碑。玄奘的历史贡献体现在以下几个方面：

第一，玄奘把对佛教义理的深刻理解贯穿于弘法的实践之中，把佛学从庙堂提升到殿堂，把佛教的兴盛与政权和社会的稳定联系起来，表现了一个伟大的佛教学者对社会历史的深刻领悟和非凡的洞察力，对今天处理好佛教与现实社会的相互关系都有借鉴意义。

第二，玄奘的学识代表了当时佛学的最高成就，突现了大乘佛学兼容并包、博大深厚的内涵。玄奘的返回长安，标志着佛学在印度已经是“西边的太阳”，而在中国成为“东方的朝阳”。佛学中心由印度向中国转移。

第三，根据玄奘法师亲历而作的《大唐西域记》，内容涉及当时极为广大的地区，有以后归唐的西突厥的绝大部分地区以及今天的阿富汗、尼泊尔、巴基斯坦、孟加拉等国的部分地区、印度全境。对于各地的经济文化、风俗地理无不实录，为人类文化交流史留下了极其厚重的历史记录。

今天，我们学习玄奘大师“远绍如来”，精进励行，不顾“百重寒暑”，而“求深愿达”“精穷奥业”（李世民《大唐三藏圣教序》）的奋进精神，就是要立足现实，促进中外文化的交流。

（三）魂兮扶桑的一代宗师鉴真

鉴真，武则天垂拱四年（688）生，扬州人。自幼出家，景龙二年（708）受具足戒。在洛阳、长安参究律学，成一代律学大师。天宝元年（742），日本国僧人荣睿、普照来华，受日本佛教来华迎请戒师的托付，到扬州，请鉴真“为海东之导师”。鉴真出于传戒扶桑的法愿，不惧海浪汹涌，应允东渡。

此后，至天宝十二年（753）的十一年间，鉴真六次东渡，终于到达日本。此时他已六十六岁，双目失明。六次东渡中，数百人中途退出，有三十六人死亡。只有鉴真与日僧普照、弟子思托三人，自始至终参加了六次东渡。

鉴真到日本后，天皇、天后、太子都在奈良东大寺经鉴真受戒，由此日本佛教界把鉴真的传戒视为日本佛教史上正式受戒的开始。日本天平宝字七年（763）五月，一代宗师鉴真在奈良唐招提寺圆寂，时七十六岁。鉴真为中日两国人民的文化交流呕心沥血，受到日本人民的极大敬重。他携带的佛教经文造像、医典方药，对日本的医药、建筑都有贡献。2007年4月12日，温家宝总理在日本国会演讲时说："在扬州大明寺鉴真纪念堂，有一座石灯笼，是1980年日本唐招提寺森本孝顺长老送来并亲自点燃的。这盏灯与日本唐招提寺的另一盏灯是一对，这对灯至今还在燃烧，长年不变，遥相辉映，象征着中日两国人民世代友好的光明前景。"佛教信众为促进世界各国人民的文化交流前赴后继，做出了巨大的历史贡献。

一、佛教的精进理论与基本内容

精进是佛门十分重要的思想观念，有一整套完整的理论体系。精进是六度学说的内容之一，所谓六度，就是六种脱离苦难现实世界，到达清澄佛国的方法，分别是布施、持戒、忍辱、精进、禅定、智慧。

六度是一个完整的学说，相互联系，首先由舍物、财，去贪恋，才能持守戒律清规；由持戒才能修持忍辱之心；由忍辱心发宏愿，才能产生精进奋行的佛心；由精进才能定念心止，参禅入定；通过禅定的反观内省，才能纤尘不染，证得清净智慧，并且进一步认为“六度”与“戒、定、慧”三学是相互促进的关系。施、戒、忍三度，可以增上戒学；禅度可增上定学；智慧可增上慧学；精进则总括三学，增益整体。因此，精进是信仰的表现，是信仰主义的精神体现。

（一）超越世俗

佛教中的精进理论，不是鼓励人们去追逐现实社会生活中的功名利禄，恰恰相反，它是激励人们抵制各种欲望的诱惑，断除烦恼心魔的大愿之心。所谓得易而舍难，因此对自然人性的发掘和扬弃就更深刻，更具理性色彩。

《大乘起信论》中对精进进行了解释：什么是修行精进的方法呢？首先，就是遇到一切善事要勇于去做，不生懒惰之心，不以善小而不为，要确立坚定的信念，远离怯懦不前的观念。要认识一切皆苦的人生真谛，在苦难的人生里是得不到一丝一毫的利益。因此，要不断勤奋修行一切有功德的事，要奉行有利于他人、有益于自己的行为，从而更快地远离苦难。其次，人们虽然产生了修行佛理的信心，但是由于很久以来，有许多深重罪业成为觉悟佛理的障碍，心中常常会被一切妖魔恶鬼所扰乱，或者被人世间各种尘缘所牵挂，或者被各种疾病和痛苦所困扰。有如此多的人间纷扰和阻碍束缚着人们的身心，因此应当精勤勇进，发奋努力，日夜礼佛，诚心悔过。祈佛永驻人间，使心中产生欢喜心意，以自己所做的功德来证悟人生真谛，并且坚持不懈。这样，就能断除一切人间烦恼，使心中的善念不断增长。

三十年来寻剑客几回落葉又抽枝自从
一見桃花后直至如今更不疑

在《法句经》卷二中有："若人寿百岁，邪学志不善；不如生一日，精进受正法。"认为人生一世，如果不接受正确的思想，无益于大众，即使长命百岁，也不如在短暂的岁月里对社会做出贡献更有价值。在《法句经》卷二十九中说："佚乐放逸，恶习日增，精进惟行，习是舍非。""近道名显，如高山雪，远道暗昧，如夜发箭。"讲的是：沉醉于享乐放纵之中，恶习就会不断加深，而努力进取，注意自己的言行，则能自觉地弃恶扬善。一个人如果能够接受正确的思想信念，就会声名显扬，好似高山之巅的白雪那么晶莹夺目；远离正确的思想信念，做人就分不清是非；愚昧无知，好比在黑夜射箭，看不清目标而无的放矢一样。

佛门的精进，主要讲的是在主体（即个人）的精神世界里观念的超越，要求破除一切世俗的妄有形态，在信仰的世界中奋力跋涉，永不停息。在《佛所行赞》卷三中讲："慧者能知，精勤求上进正好比钻木而取火，掘地而得水。精勤正方便，无求而不获。"即智慧的人往往有自知之明，追求知识，不断进步。能认识到自己的不足，努力弥补缺陷，这才是真正强者的人生态度。这就好比钻木可取火，掘井可得水一样，人只要努力上进，坚持不懈，就一定能取得成效。佛家深深地知道，在前进的道路上是不会一帆风顺的，只有不怕困难，努力拼搏、勇往直前的人，才能够到达理想的彼岸。"勇猛精进不畏险路，念善知识修正觉道。"（《佛说罗摩伽经》卷上）只有"不以勤苦而生转退，渴仰无上正真之道"（《十住断结经》卷三）才能增益。从而在追求真理的道路上，不因为困难而产生精神信念的动摇，半途而废。引导信众，要知难而进，永不回头。

（二）精勤探索

佛教是以心灵的般若智慧，超然于现实社会的人生理想，是以坚定的信仰，扬弃世俗功利的系统理论。因此，倡导业精于勤奋，克服自身生理欲求。认为懒散松懈，贪睡不起的习性，会阻碍对无上智慧的获取，从而形成精神世界的空虚。在探求修证清澄境地时“心常好乐，求法无厌，远离懈怠”（《不退转法轮经》卷二），并且能“日夜常精进，未曾起疲厌”（《大方广佛华严经》卷五）。佛教倡导的这种不懈的求索精神，永远都是文化遗产中宝贵的精神财富。

值得注意的是，佛家对于信众并非要求一味地崇信，而是要善于动脑，勤于运思，提出“小疑小悟，大疑大悟，彻疑彻悟，不疑不悟”的主张，反对盲修。“于静于乱，亦莫恐怖；于假于实，亦莫恐怖。”（《大乘方广总持经》）在社会动荡且真假莫辨、是非难定之时，要能处变不惊，认真思索，韬光养晦，静观其变，不盲从也不退缩。这种理性的态度，对人的成长是十分重要的。能“恒与善知识”“信心常清净”。对生命而言人生有限，但追求真理和智慧却是无限的，面对纷繁的生活要保持清醒的认识，从而不断地进取。正所谓：书山有路勤为径，学海无涯苦作舟；宝剑锋从磨砺出，梅花香自苦寒来。笔者浅陋，治学凡二十载，每当疏懒散漫之时，随手翻阅经卷，每每为其字里行间所充溢的坚定信念、透人心扉的心理分析所触动，并常常被前人所具有的那种追求人生真谛的献身精神所推动。常常在愧疚之余，竟也能勉力而行，去做自己力所能及的工作，并没有如有的人所说的那样从佛典读出令人颓废的意念来。因此，对一种思想的真正认识，大体上还是应当自己定下心来，认真地读一读原典，人云亦云，恐失之于本来面目。

三、大乘经典中的精进思想

大乘经典具有穷究天地之极致、无所不包的内涵。为了使法脉传承，使信众在修行证悟的漫长岁月中不会退缩，保持坚定信心，在经典中包含有大量从理论和修证亲历两个方面激发信众精勤勇进的内容。

（一）《四十二章经》要义

《四十二章经》素有汉地传译的第一部佛经的说法。该经由四十二个独立的章节组成，简明扼要，阐发佛义，教化世人精进不息，证悟真谛。请看第十二章“人生二十难”的讨论。

佛陀说：人有二十难。

（1）贫穷的人布施难

许多贫穷的人说，布施是富人的事。其实布施与贫富没有必然的联系。还有的人讲等自己有了钱再布施。应该了解，布施是心灵的善施之于外的表现，布施不在于舍了多少钱财，只要有施善之心，同样珍贵。一分同情、一丝善念和金钱财物的布施，在理念上并无差别，只有作用、条件和能力的区分。

其实，认真考察我们的社会，从古到今，贫穷的人布施，远远胜过富人。我们不止一次地地听到过许多自己生活十分贫困的人收养着流浪儿和残疾儿童的故事。当然，多少年来，穷人的数量总是远比富人多，期盼我们的社会更快地走向共同富裕，消灭贫困。

（2）豪强富贵修悟佛理难

在金钱社会，贪婪自私者富，巧取豪夺者强。既得利益者，对于弘法利生，放弃私利，以无常、无我为理义的佛门，当然是敬而远之的。

（3）终结生命难

蝼蚁尚且惜生，况人乎。舍生取义，杀身成仁者，壮士哉！

（4）认真阅读佛经难

佛教传入中土早期，得到一本佛典并非易事，认真阅读理解义理更难，鸿生巨儒往往都不能诠解。

（5）要生在佛陀在世的世界难

此义主要指能够生在佛教思想广泛传播，被人们普遍接受的时代，是不容易的。

（6）克制物欲的诱惑难

所谓食色，性也，用理性战胜各种欲望的引诱，很不容易做到。

（7）见到利益不贪求难

趋利避害，人皆认同。舍己利而为他人，为众生，非志士仁人难为。

（8）受到侮辱不愤恨难

佛教认为贪、嗔、痴为三毒，愤恨会使人失去理智。

（9）不以势欺人难

在生活中，以势压人，不以理服人之人、之事，实在是随处可见。

（10）面对事变坦然处之难

处变不惊，临危不乱，坦然处理好问题，需要经历生活的磨砺。

（11）博学深究难

一知半解、道听途说，人云亦云，不认真思索“随大流”者，是司空见惯的现象。

（12）不自以为是难

人们总是喜欢以自我为中心，并不易做到认真倾听他人意见。

（13）不轻视没有学识的人难

褒扬后进，提携后学，是优秀的品格。

（14）持平等之心难

生命平等，人人都享有互相尊重的权利和义务。我们经常讲尊重他人就是尊重自己的道理，真正做到却不容易。佛教的平等观具有无际的内涵，是众生灵的平等，是物我同一、互相融摄的理念。

（15）不说是非难

说是论非是人现实生活必须也是自然而然的事情。但如果是不说损人利己、损人不利己的话，就要有很好的修养和高尚峻洁的人格了。

（16）遇到领悟佛理的明师难

逢善知识，是可遇而不可求之事。只在一个缘字。

（17）明心见性悟道难

知心性本清净，因尘缘染后妄有，去妄存真，求证佛理而觉悟，不是一朝一夕能得到的。

（18）随善缘教化人生难

外来的印度佛教如果要在中国落地生根，就必须与中国的社会现实相融合，形成适应中国社会环境的佛教，这就是历经两千多年的佛教中国化的历史过程。

（19）在财、色面前，不起妄念难

处在情色、物欲的环境中，不为所动，纤尘不起，法愿不失，是很不容易修行的。

（20）能认知佛法难

所谓佛有八万四千法，对治八万四千心，能契理契机，广开法门，化度众生，就要能够开释一切信众的疑惑，使之永不退缩。

通过上面所述，不难发现佛家对于弘扬义理、传教布道可能遇到的各种困难，都备极详尽，表明佛陀及其弟子深谙社会人心，深知弘法利生的大愿在传播中的艰辛，正如我们所熟知的常识：只有认识了问题，才能解决问题。只有了解了困难所在，才能最终战胜困难。迎难而上，知难而进，这是佛教信众代有传承的精神风范。这种奋斗不止、定慧双运，以求正觉菩提，使众生脱苦得乐的情怀，给人以巨大的鼓舞力量。

（二）《楞严经》中的修悟三境界

在《楞严经》卷四佛陀在回答六度（即度到彼岸的方法）时说：

度到彼岸境界有三种，即世间、出世间、出世间无上境界。

世间修度者的境界是：执于我与我所有，接受有与无的对立，为了各种人生的现实利益，追求色、声、香、味、触等肉体感官上的享乐，从而修布施以得到现实功德的满足。为此，也要为实现利益持守戒、忍和精进努力。

出世间修度者的境界就是声闻、缘觉，堕入接受涅槃的执着之中，兼修布施、持戒、忍辱、精进、静虑、智慧这六种度脱之法，为自己证得涅槃乐趣。

出世间无上境界的修度者，自觉于心，物我不二。不生妄有，在心识中，不受非分之念。执着于心识的色相（即各种形态）的表现，为喜乐一切众生，行布施修证；生无上方法，对尘缘不生妄想，就是持戒修行；心中的妄想不再生起，认知于忍辱的各种现象，就是忍辱的修行；在夜半星稀之时，仍精进勤修，随顺各种修行方便，妄想不起，就是精进修行；各种妄念尽除，不堕于声闻与缘觉所感受的自身清净的涅槃境界，这是静虑虚空的修行；认识自心妄想，在本质上终归于无，以智慧观察、内省，不堕于有与无的对立，身心进入胜境，不为内境外尘所扰，得到自觉无上的乐趣，这就是智慧的修行六度，即六种度到彼岸境界的方法。

佛陀所述三个境界，是现实世界的得失取舍；自我离俗绝俗的自证菩提，即小乘境界；自觉觉他，般若修度普度众生的大乘境界。这三个层次的修度，都离不开精勤勇进的实践。定慧双运，勉力而行，是修度三境界的共同之处。

（三）《百喻经》劝人进取的故事

《百喻经》有许多劝世人勤修佛理、离俗除欲的寓理和评说。下面一则就是批评世人不能接受“美妙自在清净境界”的机缘，是劝进的故事。

> 从前有一个国王，他有一名亲信，在作战时，舍命救了国王，使国王安然无恙。国王表示要满足这位亲信的愿望，就问他：“你有什么要求，任凭你想要什么？”这个亲信便回答：“国王剃胡子时，请让我来剃。”国王说：“如果这适合你的心意，我满足你的意愿。”

像这样的愚人，受到世人的嘲笑。有辅佐之才或能成为管理国家重臣的宰相，可得到成大事的机会，却只去做低贱的事。

愚人也是如此。西方的圣人在漫长的岁月中，艰难刻苦地修证义理，从而达到了美妙自在清净的境界。人生的旅途中有幸遇上了圣人讲授人生社会的真谛，这是难得的机缘。

好比瞎眼的海龟爬上了可以浮起身体的大木，这两个本难以遇到的事却相遇了。然而却由于见识低浅，以为只要能够信守戒律就足够了，不求无上美妙自在的涅槃境界，不能去修证更高的境界，而自我放任，就此满足。

佛门是讲究机遇的，所谓因缘就蕴含着逢时的内涵。有人以为佛门清净、淡泊，也当然无须进取，这是一种偏见，其实连佛陀本人也被尊称为“勇猛精进者”而作“狮子吼”。因此，在弘法中是讲究不失时机、顺时而动的，其发奋进取的劝诫理念，无疑是正确的。

（四）《金刚经》破一切相的菩萨道

大乘佛学注重从人的心理和认知层面开示传法，对治妄有心识，倡导发精进勇猛之心。《金刚经》的特征在于一个“破”，破中有立，立之于无，万法唯心，皆由妄生，妄灭则般若起，妄生则欲升。若能破除一切妄有形态，即转妄成觉，成空灵之智。缘起性空，逢相破相，其彻底性表现在贯彻始终，催人奋起，俯视人生、世界；生般若之智，断一切烦恼根，是大智呈现。求无上智的宏愿，成大志的觉者，究竟如何降伏其妄有心念呢？佛陀开篇即言：“菩萨即那些已发大愿、有教养的信众如果心存自我的形相，别人的形相，众生们的形相，个体、生命存在的形相，那么这些发大愿、有教养的信徒也就不能成为菩萨。”

菩萨是成大事有大智大勇的修证者，求大乘菩萨道的境界，智悲双运，救度众生。但佛陀却说，如果认为“我”

使一切生灵得解脱，菩萨使众生得救度，那么这种一切“有我”的认识都是妄有形态。必须破除一切世俗观念的认识，从有我，经过修证，进入小我，进而入于大我，继而入于无我，无所谓我。我只是称谓，本自于妄，要破除一切有的执着。这种理念的形成是要发大愿、修大行、立大志，这样才能达到证悟的境界。人最难的就是战胜自我，而比这更难的也就是无我了，但无并不等于无为，否则是恶空。菩萨道行谈空不碍论有的修证实践，方证菩提（即觉悟）心。

（五）大乘经中精勤勇进的修行实践

佛家精进不止的精神，不仅体现在思想学说中，更重要的是要在修行证悟的人生实践中去落实。大乘菩萨道证悟的每一个过程，都是不断悟道体验的过程，是一个由点到面、由具体的对象及方法推及人的整个精神境界和物质世界的过程。这里还列出了证悟者修行的内容和方法，使精进的般若智慧和修行的实践活动联系起来，并且一一对应到实处。

在《圆觉经》中，佛陀在回答普眼菩萨如何由浅入深修行时，阐述了四无碍智、四无所畏、三十七助道品；在《楞严经》卷八中，佛陀依次叙述了大乘菩萨修悟中的十信、十住、十行、十回向、四加行、十地、等妙二觉等五十五个渐次修行的阶位，把渐修过程中的细微差别表述得具体详尽。非实证之行，实不易体会，其同中见异，步步精进之法，把人类的理性推到了难以企及的高度。总之，大乘佛学精进不止的精神风貌，体现在把修行的实践禅定和修悟的智慧结合，称为止观。如中国佛教中的天台宗有止观双修的要求；禅宗认为禅定是慧之体，智慧（即观）是定之用，二者之间是体用结合的关系。其价值指向都是祛恶扬善、奋进不息，都反映出对理想和信念的不懈追求，对修证个体生命价值的深刻反省，表现出一种催人奋发向上的召唤力量，成为佛家思想文化中的精华所在。

佛家精进不止的精神风貌，同样是针对现实世界的，但其目标却不是为了走进现实、走进政治、走进社会。正相反，它是用理念来摆脱现实的束缚，用不断精进的信念向人的自然本能、社会关系开战，具有极大的内向性，是修行者内心自我超越的独特尝试，对作为一个独立的人和社会关系中存在的个体，具有极大的挑战性。这种挑战性与社会关系没有直接的对抗性，更多地体现为学理性的特征，读经悟理是学人提高学养、参悟理趣人生的一个方法，出家修行也只是有限人群的信仰实践。其特殊性是修行者的悟道境界，也不是人们都能认知的。尽管大乘菩萨行具有世俗的普行大愿，但出家人的修悟往往会呈现出独觉的特征，自觉觉他者并不易。个人的行为也不可能完全脱离所处的历史环境，不能不受现实社会的影响，但其分门别类的修证方法、反省内心的个人体悟、精进正信的精神信念，极大地拓宽了我们的视野，把人类改造精神世界的不懈努力上升到了一个高度理性化的境界。

第八章　独具特质的语言观

汉语是世界上最古老的语言，有着十分悠久的历史。记录汉语的文字，已经走过了六千多年的岁月。现存可以识读的最古老的汉字，是距今三千多年的产生于殷商时期的甲骨文（刻在龟甲和兽骨上的文字）以及略晚于它的文字金文（铸造在钟鼎等器皿上的文字）。现代汉语就是将在甲骨文和金文的基础上产生的古汉语逐渐演变简化后形成的。汉语是世界上使用人口最多的语言，对周边国家产生过巨大的影响。20世纪30年代初，由日本学者完成的《大正新修大藏经》，就是用的古汉语。现代日语中的当用汉字约1945个。汉语是联合国六种工作语言（其他五种是英语、法语、俄语、西班牙语、阿拉伯语）之一，汉语在今天世界上的影响日渐扩大。全世界建立了一百多个传授汉语的孔子文化学院。

在世界三大语言学的发源地——中国、印度、希腊与罗马中，汉语在历史的演化中最具包容性，形成了历时最长、范围最大的翻译队伍，几乎翻译了印度古代梵文所留存的全部内容。因此，汉语是世界上最丰富、最精密的语言。语言作为人们之间相互交往的最重要的交际手段，是一切感知认识、思想学说的载体。同时，语言是思想表达的直接实现，语言在表达方式的差异性，反映着思维方式的差异。因此，体察佛教独具特质的语言观，不仅有助于发掘佛教语言丰富的思想内涵，而且有助于提高人们的语言水平和交际能力，为现实生活提供更加丰富的表达方式。

一、佛家语言观的主要特质

佛教的语言观是中印文化交流的产物，具有完整而系统的体系。佛教在诞生时就借助了婆罗门教的基础知识，其中五明学说中的声明，就是语言学方面的系统学说。其传播、弘法都必须借助语言文字，佛教在汉地的传播就是最有力的证据。佛教语言观的特征是充分利用语言文字的功能，又进行了超越，认为只是戏论、假有、言说，即不着于语言现象，着力于心灵超越。源于文字言说，利用文字言说，超越文字言说，把信仰主义者的主体意识、心灵感悟上升到更高的境地，把语言、文字当成权宜方便、俗解，把佛理中的有些义理示为不可思议、不可言说。在这种舍相（即一切外在的表现形态）、绝俗（一切心中所念、所计的执着），超越一切现实的此岸，到达彼岸喜乐佛国的言说传法的实践中，佛门创造了一整套完整的语言体系。这个语言体系涵盖了人类几乎一切的实践和理论的范围，并且在这个人类的现实世界中再造了佛世界、鬼世界等想象、联想和创造、信仰和追

無事是貴人
壇經云憎愛不關心
長伸兩腳臥

寻的世界，形成了丰满多姿、异彩纷呈的佛国语言，不仅极大地丰富了我们的心灵世界，而且激发了我们认识世界、辨析和论证世界、追求美满心灵世界的激情。

（一）假说与超越

佛教在彻底否定对一切语言的执着中，完成了语言的超越。这种超越表现在佛语不再是现实中表情达意的工具，而是人们心灵追求的交流，是佛学弟子信仰的共同语言，是对共同信念的思想共鸣。

1. 创造了充满佛理义趣的词汇

佛教在长期中国化的过程中，创造了一大批被人们习以为常、广泛运用的睿智的语言，构成了十分庞大的意象群，为人们的心灵打开了一扇又一扇通往灵异境界的天窗。这里仅以“一”字打头四字一句的，既为人所知又含蕴佛义的词汇，来说明佛语的特点。如：

一尘不染，尘指六尘，即色声香味触法，指一切现象形态。原指心不为物欲所动。今天衍生义为或形容清洁，或比喻人品性高洁。

一知半解：禅家原指妄有知解，现指所知有限，认识不深。

一即一切，一切即一：佛教华严宗命题，指一切事物相互容摄，相互联系。如察一知万，尝一滴海水，可知大海之味。

一念三千：佛家天台宗教义。指世间万有，皆在一心，一心可容世界，世界皆在于心。

一得一失：禅门公案。原指肯定一方，亦否定一方。以世俗心取舍世事，得到的也就同时失去，反对执着于对立的两边。今天常比喻斤斤计较个人得失。

一擒一纵：禅家原指思路上的一收、一放。现常指急缓有度，一张一弛，安排合理，把握节奏。

一棒打杀：禅门公案。相传佛陀出生一手指天，一手指地，说天上人间，唯我独尊。云门宗文偃禅师对此评说：我当时若见，一棒打杀与狗子吃，却图天下太平。（《五灯会元》卷十五）反对妄有计执，破一切相的禅机、领悟。今人常指不留余地、全盘否定的做法。

一挨一拶：挨指推挤。拶，逼迫。指僧人参禅时相互示意、问答，以见认知的深浅和无误。

除此而外，还有一苇渡江、一杀多生、一花五叶、一阐提迦、一心不乱、一山一宁、一丝不挂、一心法界等，都语涉法理、法脉，展现出意蕴深厚的特征。当代编撰的《佛教大辞典》，收词条11899条。这部由任继愈先生主持、笔者亦参撰的工具书，从撰稿至出版历时十余载，内容分为十三大类，如教派、人物、典籍、教义等，佛家语言之繁复，由此可见。

2. 众多生动的寓言和成语故事

佛经通常是以散文、诗句（偈文）组成的文字，有众多的寓教化于事理的故事，生动贴切，有使人喜闻乐见的鲜活的比喻，从而形成了众多的寓言以及发人深省的成语典故。

寓言类十分丰富，涉及社会生活的诸多层面，在传教中往往含有人生哲理的启示。如："三生有幸""道高一尺，魔高一丈""舍身求法""作茧自缚""善恶有报""苦海无边，回头是岸""放下屠刀，立地成佛""六根不净""尘缘未了""别具只眼""指点迷津""舟行岸移""云驶月运""点石成金""普度众生""大千世界""四大皆空""五体投地""心心相印"等，数量巨大，深入人心。

佛教有为数众多、在民间广泛流传的成语故事，如《六度集经》中的盲人摸象，《维摩诘经·文殊师利问疾品》中的文殊问疾，《观众生品》中的天女散花，《百喻经》中的空中楼阁、一厢情愿，都是脍炙人口的成语。人们习以为常，约定俗成，以至于对于充溢着佛门深奥义理的故事本身，都不知其详了。对于佛教成语故事，在理解上大都可以分为三个层面的认知。这里试择一例说明，以期达到举一反三的效果，以证所言不虚。

例：天女散花的成语故事

第一层含义：知其然

天女散花，形容美妙吉祥的事物，如少女散花，以象征喜雨，遍布世间。许多文艺作品以此命名，如《丝路花雨》。

第二层含义：知其所以然

天女散花，语出佛典《维摩诘经·观众生品》。

有一位在家修行的佛弟子维摩诘居士，博学雄辩，深谙佛义，连佛十大弟子都自愧弗如，听其传法。

这天，诸证修佛义的人们都在维摩诘的室内听法。这时，有一位绝色天女，将无数天花撒向众人身上。以“智慧第一”著称的佛陀的十大弟子之一舍利弗，却心神不定，运尽神力，想把身上的花抖去，但却毫无效果。天女便问：“何以要抖落花儿？”舍利弗说：“这不合戒法。”天女说：“这不是有花的缘故，而是你心中有戒法有区别的认识。有成就的证悟者，消除有与无的分别，所以花不着身。”舍利弗知天女是有意和他参悟佛法，便戏言：“你何不将女身化为男相？”天女说：“我已修证了十二年的女相，一切法本无所谓相，你为何执着于身相？”话音未消，天女运用神通把舍利弗变为天女，把自己变成舍利弗。舍利弗自知神力智慧皆输天女。天女告诉他：“佛说一切法，既不是男，也不是女，男女本无定相。”随后运用神力，使两人恢复原貌。

第三层含义：知其所当然

天女散花，所论证的是大乘佛教性空幻有，不著于相，破一切妄有形态的义理。正如前述《金刚经》有破我相、人相、众生相、寿者相的法理。舍利弗有女相、男相的区分，有有花与无花的妄有分别，不能做到善巧方便和随有随灭，心无妄念，而执着于有与无的对立、男和女的差别，是未悟佛理、未得般若智慧的表现，此一。佛心与神力在此处，有一番表现，散花者，花花落君身；抖花者，叶叶不离身，又如何分别？从而点破心有则妄有，心无则妄无，点示神力皆由智慧来，此二。十大弟子证道，领悟不及居士，从而明示，修行佛理在家与出家无二，这就具有大乘佛学圆融无碍的智慧，把世间与出世间相互摄含的思想内涵揭示出来，反映了佛教中国化的特征，此三。

天女散花的成语故事，以佛弟子之间的问答展开法理的讨论。以情景对答代替枯燥、抽象的论述，以机智、神力、悟性的角逐代替你来我往的争辩，从而达到了生动活泼、形象鲜明，同时又阐发大乘精要义理的效果，表现了佛教经典假以故事、宣说佛理、超越世俗、弘法利生的特色。

（二）重视语言的表达效果

佛家在语言表达上，注重对象及其表述的效果，十分注意语言与佛教义理的统一。把握住这一特点，有助于我们对佛教语言认知的领会。在禅门《人天眼目》卷六中说：

“意到句不到，石长无根草，山藏不动云。意句俱到，天共白云晓，水和明月流。意句俱不到，青天无片云，绿水风波起。”

认为凡写的文章，立意已出但表达不流畅，好比石头上长着的无根小草、山峰中停留的云彩，不能留传于世。如果文章的内容和形式（即思想和语言）结合得完美，那就如蓝天上飘浮的白云、流水中倒映的明月，互为映衬，相得益彰。而内容和形式都不好的文章，好比蓝天没有白云飘动、一池碧水荡起风波那样，使人读之索然无味。禅门“不立文字”也只是言说，若是深谙其意，却别有意蕴。

1. 重视语言在弘法中的作用

佛门传法，都十分注意语言的内容，关注其表达的效果。“自实语者不疑他人有虚诳语，亦令他人信己实语，能令众生永断疑网”（《大乘理趣波罗蜜多经》卷五）指出诚实的人不会疑心重重，怀疑别人说假话。待人以诚相见，实言相告，才能以心交心。这样，人们就会产生信任，消除心中的疑惑。认为：“发辞有义，能称如实说，决定不欺侮人。种种乐说，以柔软言令众生欢喜。颜色宽和使他人亲附。随义而说闻者悟解。”（《胜天王般若波罗蜜经》卷一《显相品第二》）意即说话要言之有物，实话实说，且要和颜悦色，这样别人就会感到亲切，容易理解并接受你的看法与认识。因此说，语言是教化人、感悟人的表达工具。

佛家重视语言的作用，认为“爱语饶益说，真言虚心受，永离诸过患”（《佛所行赞》卷一），是说美好的语言可以增进人们对事物的了解而易于接受。虚心接受别人的批评建议，可以避免过失。《佛所行赞》卷五中说：“诚言而不顾，后必生悔恨。”并讲：“应时随顺言，软语而问讯。”认为忠言逆耳利于行。如果不听别人的诚恳劝告，导致最后犯了错误，日后必然是要悔恨的。应当处处和气待人，向别人问讯时口气要恭敬、礼貌，这样就容易达到预期的目的。要忠实于自己的理想和庄重的誓言，不因环境的变化、处境的险恶而改变志向。“弘誓深如海，历劫不思议。”（《妙法莲花经》卷七）这里的“历劫”是佛门独具的时间概念，指语业所产生的作用不失，在无法计数的漫长岁月里都会显示其作用。

2. 极为关注佛经的传译、宣说

佛经在结构上，一般分为序分、正宗分、流通分。其中流通分，就是对经文的广泛传播、对经文的宣讲。在《圆觉经》贤善首菩萨这最后一章里，佛陀说：如果有人以珍宝充满世界，用来布施，那么也不如听到本佛经的名称，或者其中一句话更有意义；如果有人教导了如恒河之沙数量的人们，能自觉清净，也不如有人能宣传解说《圆觉经》，或理解半句佛言的功德。佛陀对于语言在传播中的作用的重视程度，可以推知。

佛教要想在世界各地广泛传播，就必须解决语言文字的传译障碍。中国的语言翻译工作，在周代就设立了掌管四方语言沟通的官吏，按东南西北方向，分别称为寄、象、狄鞮、译。汉地佛教的传播翻译工作，大体上与佛教的传入同步。东汉末僧人安世高，是有史籍记载的最早进行佛经汉译的翻译家，今存所译经卷三十二种、二十六卷。佛经在汉地的语言翻译，是世界思想文化交流史上的奇迹，其历时之久、数量之巨、保存之完整，同样是人类文明史上的奇观。自东汉至北宋千余年间，有史可查的译师有数百人，所译经论，保留下来的有五千七百余卷。译经是千百年来数以百千计的高僧大德毕生孜孜不倦的事业。

（三）语密与真言

佛教中国化的过程中，在唐朝形成了八宗法脉，其中的密宗是汉地佛教最后形成的宗派，以长安的大兴善寺、青龙寺为祖庭。

汉地密宗以《大日经》《金刚顶经》为基本经典，在传承上不得向未受灌顶之人讲授，且师徒传承，有其独有的修持仪轨，即专门的步骤和方法，尤其重视三密（即身密、语密、意密）修持。佛教其他宗派以身、语、意三密来表现佛法的不可思议的特征，密教则认为三密是法身佛的真如体用，非一般人所认知。

三密中的语密，指密诵真言（即咒语），令文句了了分明，无谬误，为甚深无相法，劣慧所不堪。它特别重视修持人的根机，认为缺乏自觉智慧的人是不能传承其法理的。汉地密教在唐时传至日本，至今有传承。人们常听到的真言，为六字真言，又略称为嘛呢，是藏传佛教最尊崇的咒语，指唵、嘛、呢、叭、咪、吽六个字。

唵为佛部心，意指身口意与佛一体；嘛呢为宝部心，意为聚宝；吽咪，梵文指莲花，为莲花部心，喻法性如莲花一样高洁；吽为金刚部心，意指普度众生，成就佛果。认为六字真言是佛经之源，反复持诵，可以功德圆满。

在佛门咒语中，楞严咒为佛咒之最，在《楞严经》中由佛陀宣讲。全咒四百二十七句，前四百一十九句表示愿归命于诸佛、菩萨和众贤，并祝愿加被使之能离诸恶鬼、病、灾；后八句是正咒，六时行咒，每时念诵一百零八遍即指此句。内容上分为五部分，代表东南西北中五方，每方依次以五方佛为部主。初唐的玄奘在译经时就明确提出了五不翻，即五种不译的内容，认为在五种情况下，只译音，不译意。第一就是陀罗尼（咒）不译。其依据是，咒中所述之鬼神，不是现实世界的人能理解的；咒如军中之口令，不足为外人说；对治于不同人之心魔，各有不同；本意为佛密语，非圣、非大贤不解。这其中，对信众来说诵咒大体上有成就、增益、破恶、息灾、伏魔、伏邪咒、吉祥等功德。因此，可以认为：持咒是笃信并身体力行修行佛法的标志，是信仰者的意愿表现，是信仰者的一种独特语言。

（四）慎言、察言、戒言

佛家对于语言的作用考辨精详，在长期的传法实践中，强调用言的考量，注意对象，弄清原委，反对信口开河的妄语，不负责任的诳口、口无遮拦的两舌。

1. 心智不明需慎言

在《杂譬喻经》中，有一则“瓮中之人”的故事。大意是有一对恩爱的夫妻，有一天丈夫让妻子到酒瓮中取酒，以共饮。妻子取酒时，发现在瓮中有一位妩媚的女子看着她。顿时妻子妒火中烧，气急败坏地质问丈夫：“你居然还在酒瓮中藏着一位美女！你为什么要这样做？”

丈夫闻说，急忙到酒瓮来察看后，也对妻子怒斥道：“你诬陷我，说我瓮中藏娇，但我在瓮中见到的却是一位英俊的小伙子！为何你要骗我？”

夫妻两人争吵不休，惊动了好友，夫妻请友人主持公道。不料友人听了两人各自的陈述后，到酒瓮中一看后，满脸怒容，对夫妻二人说：“你们在瓮中已经藏了朋友，还要我来说什么？”怒气冲冲地走了。

这时，有一位女出家人上门，听到缘由后，也到酒瓮观看，见瓮里还有一位女出家人盯着她，随即愤然道：“既然你们已经请了一位女出家人了，又何必戏弄我呢？”说完转身就走了。

此时，来了一位得证佛理的人，听了夫妻的陈述后，到酒瓮一看，瓮中清冽，酒香扑鼻，人影倒映其中，使人眩晕，从而造成了这么多人之间的误解，叹道：“以痴愚之心，以假为真，以虚为实，可悲。”他叫夫妻二人到瓮旁边，用石头把酒瓮砸了一个洞，酒流满地，瓮中一无所有。夫妻二人方才恍然大悟，迷影成误，妄加斥责，羞愧难言。

不辨真情，不明察原委，信口发难，对人对己，皆为过错。因此，对人对己，对是对非，应知理而后慎言。

2. 察言

察言观色，本是现实社会里人们交往中自然而然的习惯，所谓不要没眼色，就是要注意礼貌。佛教同样讲究察言、辨言的能力。《观普贤菩萨行法经》中有：“赞叹邪见如火益薪，犹如猛火伤害众生。”认为支持错误的思想言行，为之叫好，就好比助纣为虐、为虎作伥，会给社会带来危害。所谓“口是祸媒，舌为斗本”“褒贬由其一言，生死出其三寸”，争由舌发，祸从口出，吾辈不可等闲视之。

在《杂宝藏经》卷三有：“言语善濡意极恶，唯智能远至他方。”指出对那些说得好听但本意险恶的人，即口蜜腹剑之徒，不能不察，必须以智慧的眼力看穿他，防止危害。害人之心不可有，防人之心不可无。还说："若以实事见骂辱，此人实语不足嗔。若以虚事见骂辱，彼自欺诳如狂言。"认为要能分辨语言的含义。别人如果用事实指责自己的错误，这是真话不应当怨愤；若以虚假没有根据的事情辱骂自己，则是他口出狂妄之言。有则改之，无则加勉，闻过则喜，是智者之举，也是人之所难，是不易做到的，非至人达此境界难。

3. 戒言

佛家四大根本戒中就有不妄语。在十善戒中，涉及语言的戒条更为具体，为不妄语、不两舌、不恶口、不绮语，并且告诫信众：如果遇到了那些用恶毒的语言攻击别人的人，就要告诉他，这样做他的亲属就会受到遭人痛打的报应；对于那些诽谤别人的人，就要提醒他，这样将会受到变成哑巴或口舌生疮毒的报应；如果有恶意毁谤佛、法、僧这三宝的人，也会受到瞎、聋、哑的恶报。（《地藏本愿经》阎浮提众生业感品）

佛陀在临终时传授的《遗教经》中云：

"汝等比丘，若种种戏论，其心则乱。虽复出家，犹未得脱。是故比丘，当急舍离乱心戏论。若汝欲得，寂灭乐者，唯当善灭，戏论之患。是名不戏论。"

不戏论，就是力戒语言不节制，海阔天空，小道传言，无根无据，信由己说。佛门中人，讲究惜语如金，反对自吹自擂的夸夸其谈。

二、大乘经中的语言理论

大乘佛教的戒定慧三学，最终要体现在般若智慧的证悟上。要破除一切妄有的心识，离名绝相，排斥一切对语言文字的执着，特别强调修证悟佛理，要得鱼而忘筌。意谓捕到了鱼，就要取鱼，而非取工具筌。以此来比喻领悟了佛教义理，就要舍去语言文字的言说，得义理则息妄，渡过河则弃船，一切本空，语言只是佛理借助弘法的权宜方便。

（一）随说随破的《金刚经》

在《金刚经》中佛陀问弟子："如来有说法耶？"以"解空第一"称著的弟子须菩提回答：按我所理解的佛陀所讲的义理，没有确定的法被称为正确的、完全的、智慧的东西，同样也没有确定的法，这样如来也一无可说。为什么呢？由于如来说的佛法因人、因事、因时不同，只能参悟，不能照搬，不可以说教，也不是本质的、不变的、确定的，但又并非没有佛法。为什么如此呢？由于任何才能和品德出众的人，都会在参悟无生灭变化、绝对存在的境界中表现出彼此品性的差别来。因此佛陀说："所谓佛法者，即非佛法。"

要明确所谓的佛陀的教义，从本质上看，不是佛经的语句，不是表面的、形式的东西。所谓既无所说，亦无所闻，以心传意，了无一痕。但虽说无所说，只有不执有、执名相，又何妨言说；称之为言说，只要无住、不生妄心，则可体悟无说即说、无所讲即讲、无所论即论，就可以智慧了知说而无说、讲即非讲、论即非论的般若思想。展示了佛理玄奥精深、高妙超然的理趣，其意要信众破除对语言文字、概念名相的束缚，与万法唯心的思想体系圆融无碍，展示了语言即工具，是悟道的法门，表现出高度理性、极具思辨的语言理论。以有限的语言，借言显义，彻底破除对于语言、文字、概念、符号上的“执有”妄念，突现了人法二空，大破大立，离言说相、破文字相，立平等心、本体真如，完成超越语言思维，超越逻辑概念，超越认知思维，实现佛性不可言说、不可思议的妙悟圆觉。

这是一种感悟的境界，是现实中不存在的，但在信仰者心里可感知的彼岸的心灵境界。

（二）《楞伽经》系统的语言学说

佛家的语言观，不仅展示出超越名词概念、大破妄有了无一相、随起随破的宏观意义上的教义阐述，同时还具有详尽的有关语言问题的理论探索，为陶醉于理性濡染趣处的学人提供和开拓了一个广阔的研讨空间。

1. 建立在缘起性空理论上的不着名相、言说的语言学说

《楞伽经》开篇即由弟子大慧向佛陀提出了一百零八个有关佛教教义、修持等的问题，涉及哲学与逻辑、语言与论

辩等诸多领域，如长江大河奔涌而至。佛陀接着大慧所问，对提出的问题在回答时并非一一对应，而是集中在根本教义上着力阐发，如深广的大海，随起随落。佛陀承上所立“名相”，而自述一百零八句，句中随立随破。即[①]：

“可产生的说法并不是能产生。常存的说法是不常存的。有形态的认识并非是实有形态的。有存在和变化的看法并非是存在于真实之中的。瞬间的存在并非是有瞬间的存在。事物都有自性也并没有自性。一切皆空的认识也可称为不空。只看到现实的说法并非只是眼前的事。只认识了一个方面的说法并非这样。不偏于常见二边的说法并非不偏于二边。一切有缘的认识并非一切有缘。由因而生发的认识并非由因而发。产生烦恼的句子并非是说产生烦恼。爱的心念并不是爱的心。讲方法的句子并非有方法。说巧妙的句子并不是有巧可言。讲澄净的句子并不是有澄清。有成就的说法并非有了成就，是一种表达。譬喻的讲解并非有喻指。弟子的廉洁并非实有弟子。法师的讲法并非有法师。有如种子和自性的说法并非实有。声闻、缘觉和菩萨三种修行成果的话也只是一种称谓。众生的句子并不是众生实有。发愿求证的说法并非要许愿什么。惑业苦的人生句子并非说惑业苦轮回。无相的说法并非无相。有修行道品的说法并非有道品。俱有六因的说法并非有六因。参悟因缘能得到无上智慧快乐的说法非有实乐。有佛国土的说法并非有佛国土。微尘的讲法也

---

① 以下四段所出佛言，参见拙作《白话楞伽经》卷一、卷二、卷三、卷四，三秦出版社，2003年2版2次印刷本。

并不是实有微尘。讲水的并非如流水。说弓这个长度单位并非讲长度。所谓实有的并非真实。讲数量也并非是说数量。说数只是一种称呼。谈因明的推理也并非理念。说虚空的认识也并非无有。讲浮云的认识并非谈云。说工匠技巧方法和五明的实有也并非如此。讲风的并非说风。谈地的也不是说地。论心识的并非谈心。说假设的句子也并非在设论。谈三自性的并非实有。说中阴转换的也并非有中阴。说众生的也并非实有四众生。讲觉慧的也无所谓觉慧。论涅槃的也无所谓寂灭。说人幻焰的也并非说人幻焰。论其他教派并非说什么教派。讲荒芜混乱的也并非如此。幻觉的句子不是幻觉。梦想的说法也谈不上梦想。讲欲念如焰的也并非似焰。相像的并非相像。转轮的并非什么转世轮回。犍闼婆的说法也并非是海市蜃楼。说各种天界的并非天界。说饮食的并非饮食。讲淫欲的也非指淫欲，执我见的不是说我见。讲彼岸的也无所谓要度到彼岸。说戒除的也不是戒。谈日月星辰的也非指日月星辰。讲苦集灭道四谛的也并非是要修行涅槃。说道果的无所谓果。讲灭起无常的并非有灭与起。说治病的也并无所治。谈无相的无所谓形。说道支方法的也并非道路和方法。说各种行业的并非指各行业。讲禅定的也非指禅定。说迷失自我的并非迷途。谈现在的也非指现在。说护法的无法可护。讲族类的也非指族类。说仙人的并非指仙人。谈转轮圣王的也无所谓圣王。说摄心定止的无心可定。谈珠宝的非指珠宝。记住句并非要记什么。无善根的谈不上无善根。男子女子和阴阳人也非指这些人。味的感觉并非有味。事的说法并非有事。身念的认识并非身念。觉悟的讲法谈不上觉悟什么。心动句并非指心动。业根的讲法也无什么业根。有所作为的并非指有所为。无作为的也并非指无所为。因果相续的认识并非谈因果。修证色究竟的境界也并非实有。节制的说法并无所谓节制。丛林葛藤也并非指丛林葛藤。杂处句也并非有杂处。说讲本身也并不要说什么。调伏的戒律也并非要调伏什么。男出家人也并非指男性出家人。处所句并非有什么处所。说字的也并非指字。

“大慧，以上一百零八个句子，是先世佛教导的。你们有成就的修行者，应当修证学习。”

佛陀的一百零八个否定句，意在所问非问，万事万物总归于一心，所问并非实有，真实离于名相，所问只是一种灭的形态，只是假设的一种称谓，对佛法而言，一切归于心寂，空无一物。其大起大破的宏观把握方式可见一斑。对“遍计所执”，即一切物相的分别，所思所执有的妄有否定，并非对具体分析的抹杀，也不是简单的一言以否之，而是进行认真的探究。

2. 对语言产生的解说

在《楞伽经》卷二，佛陀对语言产生的生理机制、语言与现实生活和对事物本质的反映及其关系进行了解释，并进一步讨论了语言与佛理的关系。佛陀回答了弟子在何地、何原因、何以使众生产生了妄想言语的疑问，他说：

“人的头、胸、喉、鼻、唇、舌、齿、齿龈等机能的和合，就发出音来。”大慧对佛陀说：“您说，言语和妄想，是不同还是相同呢？”佛陀告诉大慧：“言语与妄想，既不同又非不同。为何呢？因为言语由妄想生。大慧，如言语和妄想不同，那么妄想不应是因，言就不反映所想了；如是相同的，言语却不能完全地表达义理，而只是显示而已。所以说并不相同，也非不同。”

大慧又问佛陀：“您看，言语是最重要的真理，还是所说的是最重要的真理呢？”佛告诉大慧：“语言本身不是真谛，所说的也不是真谛。为什么呢？所谓第一义的圣乐境界，是言语所要引入的真谛，并非言语就是真谛。所谓第一义的真谛，是证悟了圣智境界才能认识的，并非口说的真谛和妄想的境界。因此说言语妄想，不显示真谛。言语是有生与灭、变化动摇，辗转由因缘而起伏。如果辗转是由因缘生起的，它就不显示真谛。大慧，言语由他而起无定性，言语的表现形态不能显示真谛。其次，大慧，各种形态，由自心现量而生，各种形态无固定之性，所以言语妄想不显示第一义之真谛。因此，大慧，应当远离言语妄想的表现形态。”

这时佛陀又复述其义理，用诗归纳说：

一切法性无自性，亦不能用言语尽。

深奥的空不空义，愚昧之人不能知。

一切事体无自性，言语所说如像影。

自觉证悟得真谛，这是实际我所说。

在这里，佛陀接着论述了语言的相对性，认为所谓言语，只是人们造作的产物，也不能认为只有靠语言，才能传达意愿。好比动物中的蚊虫，虽然没有如人一样的语言，也同样传递信息和心意。妄念可生万物，如兔子生角、石女生子这类本来没有的事，但语言可以表述出来。但究其本是人妄念所生，本自不实，是以妄解妄的言语，从而得出语言并非佛理，只是论述的工具。其所述十分精细，禅宗“不立文字”的言意认识的理论依据，基于本经。

3. 进一步讨论语与义的关系，揭示语言和佛教义理的联系

在《楞伽经》卷三，有一部分佛陀和弟子间关于语与义的对话。

这时大慧这位修证者对佛陀说：“世之尊者，如您所说，具有大志的证悟者，应当善于用语义。什么是修悟者善于用语义？什么是语，何为义？”佛告诉大慧：“听着、认真听，好好思考，应当为你们解说。”大慧对佛陀说：“好的，世之尊者，恭敬地接受教导。”佛陀告诉大慧：“什么是语呢？即言语和字妄想习气的和合，依据咽喉、唇舌、齿龈、面颊的辅助而发声，由此我说，由妄想习气的执着而产生的，就称之为言语。大慧，什么是义呢？就是远离一切妄想形态，只是称其为显现的形态，这就是义。大慧，有成就的修证者在无心识的义中独自证悟，静思修行，增进智慧。缘自于自觉，入于涅槃城。使自心习气转变之后，在自己觉悟的境界。进一步在菩萨十地中，殊胜进取悟得义的显现形态，这就叫作有成就的修证者善于了解义的形态。

“还有，大慧，善于语义的具有大志的修证者，观察语与义，同中有异。观察义与语，也是如此。如果语言和义理不同，那么就不会仅通过语言来辨别义理，而且可用语言表现义理，就好比灯光照亮一样。再说，大慧，不生不灭的自性涅槃以及三乘与一乘佛果、心和自性等，如果只由缘于语言所表达的义理而执着，那么就堕入心有所建立和诽谤佛理的见解中。不同于语言于义理的实质，无异于妄想，如幻梦产生各种妄想心识的表现。比如处在幻想中，是愚昧的人所做的偏执心念，不是圣贤的境界。”

这时佛陀，又复述义理，用诗归纳说：

在语言的妄想中，建立起各种事理。
由这执着的建立，堕入泥潭轮回中。
五阴之中本无我，色受想行识非我。
并不是人们妄想，本质之中原无我。
一切事理有性能，如此都是愚昧想。
如果真是此见解，一切都有其真谛。
万法本自无有性，澄静秽污皆如此。
事理如幻似镜花，并非形态无所有。

佛陀对语言、义理的内涵做了界定，强调语言只是表现形态，对于否定一切现象形态的佛门来说，本归于妄念；义理是对佛教教义证悟后的了知，这种了知的认识用语表达成为语言时，则成为如照亮黑暗的灯火，所以义理与语言是珠联璧合、相得益彰的。如果执着于能够反映义理的言说，就会陷入偏执的妄想。从而意念、心念的认识，义理的修行证悟能表现为语言，指导语言，通过语言来表现佛理的“语言”与“义理”的佛门语言理论就明确地表达出来。其同中见异，异中有同，相互联系又相互区别，同时又能统一在万法唯心的理论基础之中，极具辩证思维的特色。既不执着于名相，又融于名相；既不同于佛门义理，但又可以为义理所服务，表达义理的语言观，在《楞伽经》卷四中得到了进一步的论述。

4. 语言是证悟佛理的随机方便、权宜法门

佛陀还阐发了语言在弘法中的价值和意义，指出了语言在修证实践中，特别是在反映“不思议”境界中的局限性。其中，对于语言概念在揭示事物本质属性的问题上，提出了差异性认知，揭示了人们认识上的差别，提出了语言概念是人类发展过程中的产物，而事物的本质属性，真理本身并不随语言存在或消灭的精辟认识。佛陀说：

“大慧，他们这些痴迷的人，这样说，义理如语言所说，义理与语言没有不同。为什么呢？就是说义理本身无所有，在语言之外就更没有义理了。因此无语言，亦无义理。大慧，他们被邪恶烧掉了智慧，不知道语言的自性即本质，不知语言是有生与灭的，而义理是不生不灭的。大慧，一切语言论说，如都局限于文字，那么义理也会受到局限。这是由于脱离了自性即本质就并非有性了，在无感受之处，也无本身。大慧，如来不说被文字局限了的法门。由于文字的有与无不可得，所以不局限于文字之中。大慧，如果有人说，如来的说法也局限于文字，这就是妄说，因为法离文字的缘故。因此大慧，我和诸佛及诸菩萨不说一字，不答一字。为什么呢？因为佛法远离文字的形态，并非不愿做有益众生的

解说。由于用语言说法是众生们的妄想的缘故。大慧，如果不说一切法，教法就不能成立。教法不成立，则无诸佛、诸菩萨以及缘觉、声闻等修行者了。如果都没了，谁还说法，又为谁说法呢？因此大慧，有成就的修证者，不要执着于语言说法，要方便随时而适宜地广泛传经说法。因为众生的希望和烦恼都不一样，我以及诸佛为了不同见解的众生而说诸法，是为了使他们远离心、意、意识，不只是为了使他们自觉证悟圣智的境地。”

佛陀在这里所陈述的语言与佛理的关系，可以归纳为以下六点。这些都涉及语言学的基本理论，揭示了佛法与语言的联系。即：

第一，语言是会产生和消亡的，而义理是不生不灭的境界。

第二，语言会受到文字的局限，而义理不会受到局限。

第三，语言是相对的意识的产物，是非本质的，而义理是绝对的本质即真实的体悟。

第四，佛法的义理脱离文字，不受文字的局限。

第五，因为法离文字，故佛不说一字、不答一字，这是由于用语言说法是众生的妄念。

第六，不执着于语言说法，而要随机方便随时广泛地针对有各种不同见解的众生说一切法，即佛门义理不变，语言的内容要因人而异。

认真的读者会发现，以上六点包括两个方面的内容，讲述了六种关系。第一方面讲述了佛教的语言观，包括语言和义理、语言与文字、语言和意识这三重关系；第二方面阐发了佛陀的教义与语言的理论，包括义理不受文字所限、无所说的空观、随机方便的言说，这三种关系的解说。

佛说一切法的作用在于离妄念，至于证悟则主要靠修行的实践。理论不能代替实践和修证体悟。

5. 离名称、形态，离言除相

佛家离名除相的语言观，是为阐述佛教大乘人法二空、妄有性空的理论服务的，因此具有信仰主义的思想特征，具有对语言认知的超越境界。在《楞伽经》卷四中：

佛陀说："愚人执着于世俗的数量、名称以及现象形态，使心念随境流离散乱。"且"愚痴的人们，如水追随着名称形态而流动。所谓相者，是眼看到的事物的形态、现象，称之为色；经过了耳鼻舌身意所感知，就称为声香味触法，叫作相。这些妄相，建立各种名称，显示各种现象形态。凡此种种，如象、马、舟、车、男女等名称，都是妄想。正确的智慧不是从这些名称和表现形态可以得到的。犹如纷纷过客，随来随去若心中各种妄念不生，则不断不常。从而不会堕入外道及其声闻、缘觉的境地"。

"有成就的证悟者，依据正智，不建立执着于名称的现象形态。但并不是不确立名称形态，只是舍离有与无两种偏见，不执着于建立与偏执的诽谤，认识知道名称和表现形态，本自无生，由人心而起，这就叫作如实而来、真实与本质的认知。"

佛陀的语言理论，不仅包括语言和义理的差别，还要考察语言表达是否合乎义谛，合乎般若智慧，关注信念的坚定性。反对执于名相，即所谓语非语、言非言说，只是一种方便，更强调对义的领悟。重视语言的弘法功用，关注语言的表达效果，认为语言本质是不实、变化的，与真实的事物本质存在着差异，是具有相对意义的妄有形态，只有在体悟佛理心得后的言说，才有实际价值。

在语言对象上，认为由于认识水平和学养的差异，因此对不同业力根机的人，有不同的言说，既可以循循善诱，以俗谛导入真谛，也可以以心传心，不置一词，把世间法和出世法相互统一在弘法利生的亲证过程之中。

三、禅宗“不立文字，教外别传”的语言学说

中国禅宗典籍《五灯会元》卷一有：“世尊在灵山会上，拈华示众。此时，人天百万，悉皆罔措。独有金色头陀，破颜微笑。世尊言：吾有正法眼藏，涅槃妙心，实相无相，微妙法门，不立文字，教外别传，付嘱大迦叶。”以此成为禅门“直指人心，见性成佛”的顿悟法门。

（一）“不立文字”的内涵

所谓“不立文字”，指禅宗在传承上是正法，讲究禅定的止观修悟，重视个人在修证过程中的心理体验，语言文字具有很大的局限性，在许多时候和场合都不便于用言说来表达佛教深邃的义理，故才有佛陀“拈花微笑”以心传

風動幡
動心動
為聖嚴法師禪詩百題作畫
乙亥夏仲傍晚微雨 陳永鏘并記

心的教法。其本意在于否定那种偏重于语言、借助于语言来传播佛理的执着，反对只讲经典，不注重个体内省认知的形式化、表面化的修行证悟方式。禅宗在理论传承上，有着对语言理论的深刻理解。在东土初祖菩提达摩付法传《楞伽》之后，宗风不断。楞伽宗风后至禅门六祖慧能，更产生一个飞跃，在顿悟与渐修功夫的理论和修证的实践中，使具有中国化特色的修证方式从此大行其道。注重心法，提倡感悟佛理的认知境界，反对只重言教，不能自证觉悟的隔山打虎。语言不等于佛义，理论并不是真实如如（即本真）的本质，更不是只可内证意会，不可言教身传的禅家密意，突现了信仰主义者内心祛邪扬善的心路历程，是不足于向世人道白的。慧机深浅，证者自知。既然具有不可思议的心灵感悟，当然也就成为不可言说的主体验证。自觉的亲证，是妙悟的独家功夫，是超越经验的境遇，是只可意会，不可言传的感受，是证悟的心灵之间彼此心领神会的“心有灵犀一点通”的直觉。

（二）“直指人心”的方法

重视直觉、妙悟的修行，摈弃执着言教的阅经泛典，就产生了禅门独特的教法——直指人心、见性成佛。

直指人心，就是通过参禅的方法，以无念为宗、无相为体。所谓“说一佛字，满面羞愧，日日疚；念一句佛，漱口三日，妄有生”“只管打坐，终为妙悟”，佛法的正觉，须自身的禅心体证，不在语言文字的念诵，不在经文的烂熟于心，而在以心为宗，即心为佛，达智境双离，脱体无依，亦无所谓离、无所谓依的通脱。

语默通脱，行坐皆禅，外息诸缘，内识本心，自观其心，即心即佛，从而离一切相，不滞于经教言说，契合妙意，即成佛心。如抽钉拔楔，把一切学人妄执愚迷的语言、文字置于心外。因此，修心即佛强调的是自己的参禅实践，而非他人的言说和自己的泛泛而谈。讲的是“真参实悟”的体用，不落言筌的“得失两忘”，而不是执着于语言表达的假智，刻意寻思的功夫。这样，才能不思量，心无相，湛然宁静，“妙用恒沙”。

正是在破除语言的传播心执、重视心悟内参的认识引导下，创造了为后人津津乐道的大量禅门的“公案”，不着文字的棒喝、拳打、扬眉、指月、默照、示意等各种特立独行的传教方式。

（三）“不离文字”的圆融无碍

禅宗“不立文字”与“不离文字”是两个不同的范畴。在内涵上，前者强调的是修行的自证亲历，是心灵的自省内修；后者讲的是弘法的方式，是对外的表达方式，传播经文教义的设施方便。正如力阐《圆觉》的圭峰宗密禅师在《禅源诸集都序》所言：“达摩受法天竺，躬至中华。见此方学人，多未得法，唯以名数为解，事相为行。欲令知月不在指，法是我心故，但以心传心，不立文字，显宗破执，故有斯言。非离文字，说解脱也。”表明立与离，不是对立的关系，不是非此即彼的抉择，都只是设施的方便，都是不同的为达到解脱之门的方法。中国禅宗在教法语言上创造了大量的机锋对答、参禅话头、公案偈颂、诗词曲赋，我们在下面的章节中将略做介绍。

第九章　教育思想与治学理念

教育是人生观、价值观形成的直接重要条件，是人生定位的决定性因素。对社会来说，教育的成功是社会的最大成就；教育的失败是社会最大的失误；教育的平等，也是社会最基本、最重要的平等。对个人来说，良好的教育是人生最大的收益；青少年时期的教育投入就是未来人生最充沛的回报。教育几乎决定了一个人在生活和生命历程中的荣辱兴衰、得失成败。

作为度过了二十余载教育生涯的笔者来说，个人的体会是：人生最大的悲哀，不是贫穷困顿和疾患缠身，不是前程迷惘和信念的失却，不是失恋、失意、事业的彷徨。这些都可以改变，而失却了教育的机会，被剥夺了接受教育的权利，才是人生最大的悲哀。因此，人类文明史上最伟大的思想家，几乎无一例外都是最杰出、最能够亲躬实践、身体力行的伟大的教育家。孔子如此，佛陀同样如此。他们把自己的一生都投入到为他人、为后代的成长而献身的工作，在一生的教学生涯中，改造社会、教化人生，形成了重视教育、尊师重教、尊重传统的优良的文化风气，成为一个民族能够发愤进取、生生不息的思想源泉。

一、佛家教育思想的基本定位

考察当今世界所有的信仰和宗教，泛览人类文明的发展历程、文献记载，讨论人类文化史、思想史的演化脉络，我们可以得出一个结论：佛教的教育是真正教化人心、濡浸心灵、征服人心的教育，是历史上最悠久、最成功的教育实践。佛教没有强权，没有杀戮，没有流血的宗教战争，没有对人强制性的逼迫，有的只是思想交锋、理论争辩以及自觉觉他的修悟实践。

“万法唯心”，旨在人心，即心即佛，人法二空，是透彻人心的智慧。对佛陀所创立的佛教及其教义和思想，在过去、现在乃至将来，都会不断有持否定态度的人；但对他放弃世俗的王位，以一生的实践来寻求解脱人生苦难道路的献身精神，都会给予极大的敬重；对他三十五岁成道后四十余年的教育生涯及其教育思想，都会产生由衷的敬佩。他以坚定的信念、终身的教育实践、海涵地负的学识，成为人类文明史、文化交流史的硕德至圣，也使佛教思想文化的内涵及外延，都远远超过了佛教本身。这种情况，使我们在讨论佛家教育思想时，先有一个基本定位，以便使我们陈述的内容有一个大致可以界定的范围。

（一）广义的佛教教育思想

佛陀的教育思想是博大深厚的，也是穷尽学者一生也难以企及的。当然这只是笔者的体会，读者闻此，定会质疑：何以不得穷尽？我们认为佛学不仅仅是佛陀的智慧。他是创立者，自他之后，更有后来者。两千五百余年至今，历多少代人？以数十亿计的信众，以倾心之智汇成的经藏，仅1997年完成的《中华藏》，收典藏一千九百三十七种，有万卷之巨，共一百零六册。目前正在进行续编工作。若一天读一卷收入正编的典籍，非三十年之功而不能穷尽。人的生命、时间、精力是有限的，以一己之力搏数十亿人心智的结晶，是不是难以企及？

佛门讲戒、定、慧三学，讲修行，修指修正，行即行为，指把错误的思想观念、言行举止改正过来。戒就是行为或形式的标准，定是思想的标准，慧指认识了佛义（即真理）的标准。说到底，佛教就是佛陀对众生的教育，其内容就是三藏即经、律、论所对应的三学。我们讲难以企及和不能穷尽，不等于不能掌握要义，更不等于它是绝对真理，我们认为执于两端都是偏颇的。佛教的教育思想是丰富的，也同样是可以认识和借鉴的。

广义的佛家教育思想和实践，涵盖了经、律、论的全部内容，涉及了信仰的真修实证，并体现在教与学的指导思想和基本态度上。其中包括了教育内容的审定、安排，教学目的及其定位，教学方法的选取，教学效果的检验等具体的考量，还包括对教育价值的判定，等等。这些都不是我们讨论的着力点。

（二）狭义的教化理论与实践

所谓狭义的佛教教育思想，指的是教化佛教信众的教学内容及其方式。佛教教育理论的突出特质在于：不用压制的方式让信众接受信仰，而是十分重视教化（即“修学”）的问题。正如人们通常耳熟能详的话语，佛弟子们把信仰佛教都称为“学佛”。所以，佛教从创教之初就高度重视教育，历代的高僧大德无一例外都是享誉教内、教外的学者，都是当之无愧的教育家。在学术界，有许多人，包括笔者在内，习惯于把佛教称为佛学。有意思的是，这与信仰者的称谓刚好打了一个颠倒。二者之间既有联系，又各有侧重：前者表示一种选择，后者表示一种认知；前者突出了信仰的内涵，有倾向性，后者显示出学术性，呈现出理性的追求。这里仅对狭义的佛教教化的理论和实践做一扼要的介绍。

1. 重视僧团的教育

在佛教史上，佛教僧众都十分关心教义的流传、修持心得和方法的传承。培养僧众的主要方式，大都是经堂讲经的弘法方式，即我们常讲的白话演说的宣讲方式。为了达到良好的效果，首先要认知我与佛本自无二，这一平等无际的教化理论，主张由“疑”发心，从小疑小悟到大疑大悟、彻疑彻悟。学佛首先要先修心，做自心的主体，从而持律知矩，奉行“诸恶莫作，众善奉行”。在统一认识的基础上，把修学纳入一定的制度化仪轨之中，从而代代相传。

2. 建立和发展正规的教育机制

当代佛教在教育理念上，吸收了现代教育的理论和成果，并通过对高等教育机构——大学模式进行改造，不断发展成现代教育方式与佛学教育结合的专门机构——佛学院。这种学院式的教育机构，成为培养新型僧众的主要途径。这些在佛学院经过几年专门学习的信众，学养得到了提高，许多人都成为各个地方寺庙的住持、监院，成为现代佛学丛林的管理者。

3. 主动联系和沟通，与大学共同培养僧才

佛教教育理念具有不断自我更新思维的特质，从而能够不断总结和创造出许多新的培养佛教人才的新途径、新方法。我国当代名校北京大学、复旦大学、南京大学、厦门大学，都和佛教界有过共同培养人才的成功范例。诸如招收僧众读研究生，从事学位教育。另外，当代海内外许多著名寺院的管理人员，大多具有大专以上的学历，笔者知道的一些住持还具有博士或博士后的学历。在现代文明的进程中，佛弟子当仁不让，从而保证了佛教能够继往开来，与时代并行不悖。

（三）佛学教育思想的现实意义

佛教在长期的发展过程中，形成了独具特色的教育思想和完整的教育体系，体现了理论与实践、信仰和现实的巧妙结合。其丰富的教育思想也是我们反省和矫治现代教育弊端、价值观念偏差的宝贵财富。对佛教教育思想进行发掘并

做出现代诠释，赋予其新的思想意义，不仅有益于佛教文化的传承，而且把佛教教化的义理融入当代社会教育的内容之中，使其发挥很好的作用，诸如禅修在调节心理平衡、疗治精神疾病以及由现代物质文明所引发的各种精神危机、社会伦理失衡上，都有殊胜作用。佛教教化众生，净化人生、弘法利生以及对待人心灵精神境界的了脱生死和终极关怀，这些有利人心向善、社会和谐的思想，有益于当代教育内容的充实、教育理念的构建和教育体系的完善，从而为现代教育提供思想资料。这也是我们讨论的着力点。

二、佛教的治学理念和启示

佛教学说有极为鲜明的学术性特征，因此，很多人认为佛教是哲学，是完整的人生观和关于世界观的学问；还有人认为整个佛教史，是关于人生和社会认知的思辨，是系统的思想、教派、学说的发展史，是体系完整的思想史；还有学者从宏观上看，认为佛学是人类文明发展的纪实，是包含着宗教学说、思想沿革、历史演变、文学艺术、建筑美术、语言翻译和文化交流诸多内容、十分丰富的文化史大观园。这诸多的讨论，站在各自的学科立场都是言之凿凿、持之有据的言说。这说明了佛教在学人眼中，更具有学理性、知识性，是一门传统的学问。因此，佛学具有十分突出的治学理念，这些理念对我们今天的学科建设和教育的发展具有借鉴意义。

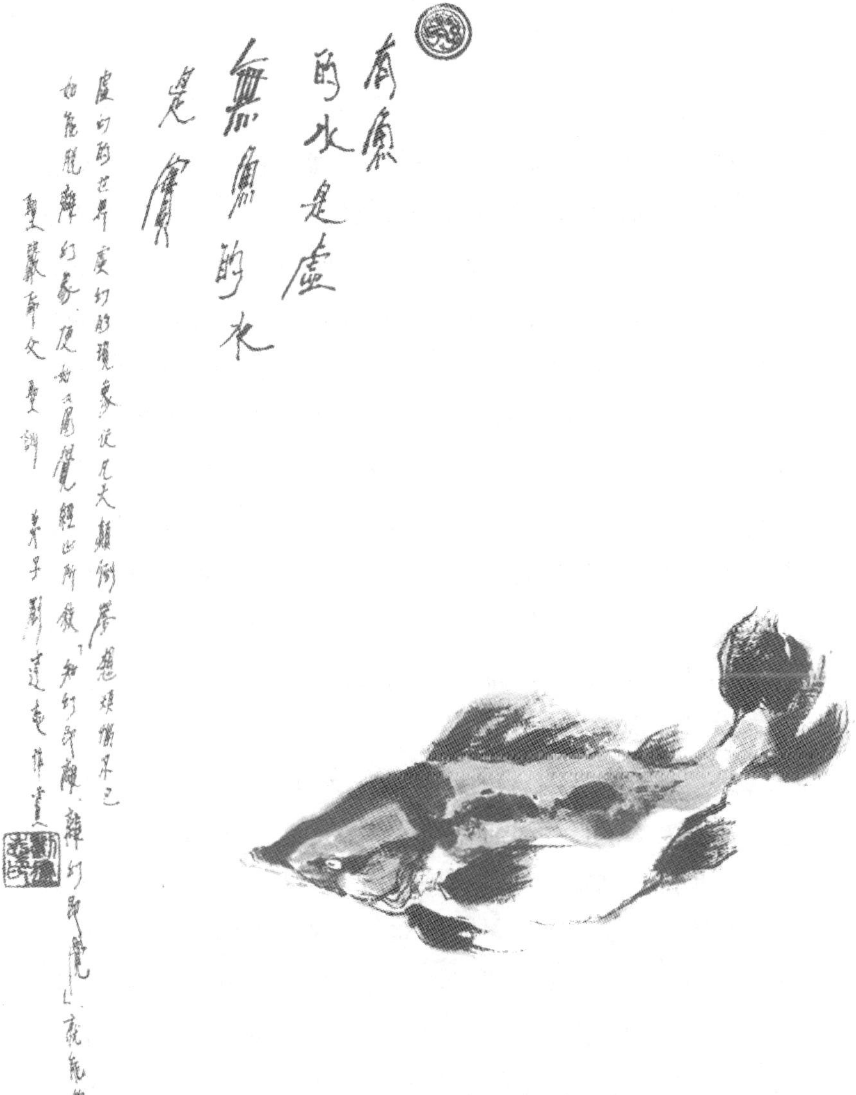
有魚的水是虛
無魚的水是實
虛幻的世界 虛幻的現象 從凡夫顛倒夢想煩惱不已
如能脫離幻象 便如圓覺經所說「知幻即離 離幻即覺」就能解脫 得自在
聖嚴師父 聖訓

（一）敏学、慎思

佛学的特征凸显在广博的文化内容上。佛陀在创立基本教义时，就受过完整的五明和吠陀神学、婆罗门教义的熏陶。这些学养成为他建立佛学义理的文化基础。因此，佛教的治学理念十分重视学识的增益，倡导敏学、多闻、深究、精进。《法句经》卷二讲："敏学摄身，常慎思言。"即人应当善于通过学习来提高自己，常常注意自己所说的言论是否有道理。在《法句经》卷三中说："多闻令志明，已明智慧增。"且"若多少有闻，自大以憍人，是如盲执烛，炤彼不自明"。说的是博学多闻能使志向明确。目标既明确，若情志专一，才能就会随之增长。如果知之有限，就妄自菲薄，好比盲人点蜡烛，只能照亮别人，而自己仍在黑暗之中。

所谓敏学，就是要善于学习，要能够选择适合自身特点的学习方法和修行方式。对于不同习惯、不同学养的人，施之以不同的教法；对于不同的内容，也要考虑选用何种方便以悟道。慎思，强调的是独立的思考，所谓佛说八万四千法，对治八万四千心，参学、参禅，都是一种内心的省悟以及和他人共同交换心得的方法。做一切学问，求一切知识，敏于学、慎于思，都是行之有效的治学之路。

（二）扶掖后学

佛教认为对于初学佛门义理的人，要热情帮助，不可轻视。有志如朝霞日出，终究会光满人间、遍照乾坤的。要“常正其心，不轻后学”（《十住断结经》卷二）并“诱进群黎，使发无上，正真道心”（《度世品经》卷二）指出对于不同的学术思想要互相尊重，评论事物要言之有据。佛门善于汲取不同思想精华的治学态度，是佛学形成博大精深的理论体系的根本原因。在《十住断结经》卷二中说：“所言护口不妄言说，于一切人思维平等。”强调：“求种种经书，心无有疲倦。得解其义趣，能随世而行。”（《大方广佛华严经》卷二十四）意即遍览经、律、论藏，取其精华。努力追寻真理，不断增长学识，乐此不疲，就能在认识水平上跟上时代潮流。“随世而行”的治学观念，是佛教不因时代的前行而失却内在动力，并被遗忘的基础认识。佛教信众要及时抓住一切机会，向求学的人进行授业。如雪中送炭、饥时送食一样。即：“善知时非时，调伏一切众。教化不失时，善知时所行。”（《大方广佛华严经》卷十二）认为知识都是千百万人一点一滴积累而成的，学业道理也是从古至今逐步丰富、发展而来并不断传承下去的。“若春露之轻滋，学渐泻器。同秋萤之末景，业谢传灯。”（《十门辩惑论》卷下）

接引信众，激发正信，使之产生精进修证之心，是佛弟子的“法愿”。当代僧学两界对于培养人才、奖励后学，都是十分重视的。因此，在社会飞速进步、科技日新月异的时代，一方面要不断汲取新知识，另一方面传播已知，学与教相得，是每个人都应有的学习和工作态度。

（三）不妄议他人

提倡深入探究的学习态度，反对妄评他人。在《济诸方等学经》中说：“己身少明，不毁他人博达慧者。”对于自己不了解的事物，不要随意评价，要尊敬各行各业的行家里手。所谓七十二行，行行出状元；三百六十家，家家有精妙。故《出曜经》卷十九中说：“耳识多见闻，眼识多所见。闻见不牢固，事由义析理。”认为善听者可以广闻，善观者可以广览，但人的所听所见都有限度。只有了解事物的特点和规律，才能掌握事物的本质。要“常当听微妙，自觉寤其意。能觉之为贤，终始无所畏”，且“是则照世间，如云解日现。起止学思惟，坐卧不废忘”（《出曜经》卷十七）。能够多听博学者的讲授，探求真理的精微之处，理解其意义，就是觉悟智慧的人。在求学中要有知难而进的精神。好比驱散乌云的一阵风，求知也须除疑解惑，要收心安神，不为外界所扰，淡泊利禄功名，才能显出成效。

不妄议他人，在时下的学术界似乎鲜见。更多见的是，有人见到走红的学人，就可能妒火中烧、恨人成功，佛学界此种风气很少见。做学问是一生的追求，也许倾其一生都难有建树，即使是十分慧敏和勤奋的人，也仍然会有如此结局。我们的体会是，如果有研究方向相同的学者能够对自己的工作提出批评，那么作为被批评者，应当有一种感恩的态度。恩于有同道知音，在学海泛舟中不再是孤舟只身；感于有人关注自己的劳动，分享其“果实”，以至苦辣酸甜不独自知。至于如果在研习中，发现了他人的失察或误判之处，那么以此为鉴，能少犯错误、少走弯路，因此对人仍应有感恩之念。当然，这绝非见错不非，如果自己确有心得，大可撰文著述，畅所欲言，谈自己的认知。窃以为，对于一位真正学有所得、精勤勇进的学人来说，其时间和精力都是有限的，与其把时间和精力放在对别人的失误的关注上，还不如用来正面阐发自己的理解。

（四）持之以恒

佛家认为，治学要日积月累，成效自见。《镡津文集》卷二中说："故其书为博为多为不约。浩浩乎不可以一往求。不可以一日尽，治其书之谓学，学其教之谓审。"认为对于传统文化中的精华，不能指望轻易得到，认真阅读还不够，还需要了解其思想并进行分析研究。滴水石穿，历久弥深。《出曜经》卷二十二中讲："虽复寿百年，懈怠不精进。不如一日中，精进不怯弱。"认为人若放松对自己的要求，不求上进，那么即使百年长寿，也不如在有限的时光里努力求知，知难而上。人生的意义不仅仅是活着，还要活得有价值。

三、大乘经中的教育思想

大乘经的教育思想首先要求一个“信”字，其次讲“解”即理解，“行”即行动、行为，“证”即证实佛陀所言。佛法就是对众生圆满的教育。从总体上看，信众都是在成年后才接受佛教思想的。当然藏传佛教、南传佛教由于是全民信教，所以出生在那个地区的人，从客观上说，是与生俱来的信众，但大部分地区的信众，尤其在汉传佛教，主要是通过佛陀教育了解并逐渐接受的。这是佛教最大的特征。因此，佛教的教育直接关系到其能否延续的实际问题，其教育理念、教导方式、教育内容都有着极具意义的实践性、体验性。

（一）持守正信、抵制邪魔外道

要想坚定不移地追求人生理想，就必须能够辨别和抵制各种与信念相悖的观念和学说。在佛典中，对于一切与佛教教义持不同认识的世俗观念，佛门都视为邪魔；对于不同的宗教、教派以及古代印度的其他哲学思想都斥之为外道。如《百喻经》中批判其他思想学说的阐述：

两鬼相争的故事

从前，有两个癫狂的饿鬼，共同拥有一个宝盒、一根手杖、一只木鞋。两个为此争吵，都想独自占有这些东西。两个鬼怪从早到晚纠缠不清，找不到一个都能接受的办法。这时有一个人看见他们的样子后，就问他们：“这盒子、手杖、木鞋有什么奇妙的地方，使你们争吵不休，怒目愤然到如此程度？”两个鬼怪回答：“我们这个宝盒，能变出衣服、饮料、食物、床褥、卧具……凡是生活必需品，都可以从中变出来；拿这手杖，可以让一切仇敌都归顺服从，不敢有异议；穿这只木鞋，能使人飞行在天空而没有任何妨碍。”那人听了这话，就对两个鬼怪说：“你们稍微走开一点，让我公平地为你们分配这些东西。”鬼怪听了这话，就走得远远的。这人立即抱起盒子、拿起手杖，穿上木鞋腾飞而去。两个鬼怪惊呆了，结果一无所得。那人飞走时对鬼说：“你们所争的我拿走了，现在你们也没有什么可再争吵的了。”

这个故事中的癫狂鬼可以用来比喻那些修行各种邪门外教的人。布施即舍物利人，就像宝盒，可以为鬼、人、神提供各种需要从而离恶向善；禅定即沉思化境，就像克敌的法宝，可以使人降伏人世烦恼的心性；信守佛理就像穿上宝鞋，超脱世俗进入清澄境界。那个骗走宝物的人可比喻邪门外教引导人们争夺世俗的各种享乐。若能修持利他为人的行为，帮助他人，遵守各种条例规定，凝神静虑，深悟佛门义理，才能够脱离人生的苦恼，获得无上美好清净的佛国境界。

可以看出，佛教在维护其教义、抵制和反对其他教派及其哲学思想时，是不遗余力的，同时也是十分精细、严密的。在这个故事里，佛教借用印度古代的神话传说，巧妙地把鬼怪比喻为外教，将宝盒比作布施，将手杖喻为禅定，把木屐类比为持戒，再将争吵引申为世俗烦恼，最后推出脱离苦海的佛教义理。其构思十分巧妙，比喻、借代、类比、引申各种表现手法交互应用，与理趣融为一体。在论证上相互参照，用心良苦，由浅入深，丝丝入扣。这种教育手法，利于开启心智、发人深思，确有可借鉴之处。在浅显的故事里，寄寓佛理，为欲所争，终归于空，无一例外，佛经故事思之精巧可见一斑。

在大乘佛教的经典中，几乎是部部经籍，指斥外道；人间百态，皆有邪魔。魔，佛教术语，是梵文音译魔罗的简称，意为夺命、破坏等，具体讲就是破坏道法、失去功德、损坏善本。分别有十种魔：

(1) 蕴魔，即色、受、想、行、识五蕴。佛门认为这是众恶之源，是障碍正道、迫害慧命的根本。

(2) 烦恼魔，由贪而起的欲望永无满足，永远使人处心积虑，迷痴于世事义理，从而碍正道、夺慧命。

其实，生活在当今市场经济条件下的人们，诱惑更多，烦恼也更大。

(3) 业魔，指杀害一切生灵的业障，业之杀心，杀之业力，皆碍正道，夺慧根。我们今天爱护环境、保护动植物，是造善业。

（4）心魔，持我有、实我之心，傲慢自负，不谙佛理，亦阻碍正觉，害慧根。

（5）死魔，人的生命有限、修证无限，从而妨碍修证佛理。

（6）天魔，欲界六天王，用各种诱惑妨碍人修行，以害慧命。

（7）善根魔，有各种善行之人，执着自身所得之善根，不愿进一步修行，以证佛理，再结善缘。

以上七魔是以世俗之人为对象的，这七方面的内容，涵盖了人们所能认知的现实世界里阻碍人修行的一切现象。这些现象包括了人们的感官和认识功能，对事物的推理，由遗传的“业”所带来的缺失，心理因素，自然因素（即死亡），欲色天界，能明理、自知、知命的达人。可以认为，佛家对于妨碍教育的各种可能因素都分列其上，都以魔视之，这对我们现代教育有可能出现的问题提供了很好的借鉴，有进一步深入讨论的必要。

以下三种魔，皆系对出家的修行者而言。

（8）三昧魔，即修行禅定的人，执着于所得的静止智慧，不求进一步修证，从而碍正道而害慧命者。

（9）善知识魔，悭吝于法，不能以其所悟开导启发众生灵而碍正道修行，妨害慧命者。

（10）菩提法智魔，即对于觉悟的法门产生执着的认识。佛教认为，对一切事物既要知于此，更要了于此。

对于出家人修定、慧、学有成就者，亦明确指出，若谓之成，皆为妄。从而在理论上表明，生命尚存，修学不止，一生无论施教受学，都要至终方休。

佛教是在与各派哲学思想、传统宗教长期斗争中逐渐发展形成的，因此对一切“不受佛化，别行邪法”的其他宗教和古代印度的各种世界观都称为外道。佛教不仅要与传统认识、传统宗教信仰的对手交锋，而且必须应对人类各种思想认识、理论学说的挑战；不仅经历了两千五百多年来历史的洗礼，还要面对现实与未来世界一切人类认知的重新审视。

在历史上，佛教所指的外道包括四大类：

第一类，三外道，指因中有果论、因中无果论、因中亦有果亦无果论。

第二类，六师外道，分为一切智六师外道，见邪真理，发邪智而辩，才无碍者；神通六师外道，得世间之禅定，而发神通之人；韦陀六师外道，即文字外道，博学多闻，知世间吉凶之事以及天文地理、鸟兽鱼虫、医方卜相者。

第三类，六种苦行外道，分别是：

（1）自饿外道，节饮食而忍饥饿者。佛陀未成道前，亦曾修此行。

（2）投渊外道，投身于深渊而亡者。

（3）赴火外道，常以五热炙身者。

（4）自坐外道，常为裸形，不拘天寒酷暑，坐于露天高地者。

（5）寂默外道，以林间墓冢之地为居住场所，常寂默不语者。

（6）牛狗外道，持守牛、狗戒，尊牛敬狗者。

第四类，以不同观点加以区分的外道。主要有十三外道、二十种外道、三十种外道、九十五种外道、九十六种外道等不同的分法。《华严演义》卷九将各种不同的认识观点归纳为十一种，依次为：

（1）数论师，古代印度的数论派哲学，有二十五谛学说，以神我为主，常住不坏，是万物之因。以此作为基本观点。

（2）卫世师，昼避声色，匿迹于山林之中；夜绝视听，游方乞食，获五种神通。所谓五神通，梵文意译，指通过长期修行得到的神力。包括身通，飞天入地，变化自在；天眼通，见六道众生一切境况；天耳通，听一切声音；他心通，知众生心中所念；宿命通，知众生宿命及所做之事。

卫世师有论偈十万颂，证得菩提智慧，主要论点有六个方面：

第一，一切事物为实有；

第二，道德实有不虚；

第三，业力产生作用；

第四，地水火风，四大实有不虚；

第五，四大各有同异；

第六，和合，一切事物相互融合。

（3）涂灰，人名，认为自在天产生万物。

（4）围陀论师，认为计那罗天（即神）产生了各种不同地位的人。

（5）安荼论师，认为世间初有大水，这时有大安荼出生，形如鸡卵，后为两段，上为天，下为地，中间生一梵天，能产生一切有命无命之物，因此梵天是万物之主。

（6）时散外道，认为一切事物都是从时间中产生的，如草木开花结果，随时间枯荣。

（7）方论师，认为四方生人，人生天地，灭后随入于四方。

（8）顺世派，认为人的认识都来源于地水火风之中的原子，事物无常，但极微之原子不变。

（9）口力论师，认为由虚空生风，由风生火，由火生暖，由暖生水，由水生冻；作为坚实的大地，地生五谷，五谷产生了生命，命终则还归于虚空。

（10）宿作论，认为众生所受苦乐之果报，皆随宿世（即前世）所造业，如果能持戒精进，身心受苦，则能破坏前世所造苦业；苦业既灭，则众苦亦灭，众苦灭则得到永远静寂的涅槃境地。因此，认为前世所作，是今生一切苦乐的根本原因。

（11）无因论师，认为一切事物若无因则无缘，一切都是从自然中产生的，也是在自然里消失的。

耐心的读者看完了佛典中保存的这一部分资料后，大都会感到上述各种人生论和世界观实际上包括了我们所了解的唯物、唯心、主观、客观、机械论、循环论等一系列的观点学说。这表明了一个事实：佛教是继承了古代印度各派学说的合理内核后，在与各派哲学展开充分而深入的论辩的基础上诞生的思想学说。同时，佛教传入东土后，又与中国固有的思想学说相互渗透、融合，发展成适合中国国情的佛学，并且不断补充和完善它的教义，不断丰富其修行的亲践内容。过去如此，今后仍然会如此。

（二）尊师重教、亲近善知识

佛教教育思想中除了拒绝邪师外道之外，还高度重视心灵引导师“善知识”在传道解惑、排疑正念中的关键作用。

1. 亲近善知识

所谓“闻名为知，见形为识，是人益我菩提之道，谓善知识”，认为人生如能得一善知识之人为师，是大因缘。结善知识，能远离罪恶，常修于众善，如水葆其清纯，具圆满之智。通常以十德喻善知识：

其一，有使人觉悟的“菩提之心”。

其二，令人生善根。

其三，救度众生于此岸的苦难，到达彼岸的极乐世界。

其四，解说一切法，为人宣讲佛教的义理。

其五，成就一切众生，不分男女老少、富贵贫贱，皆为传法。

其六，使人辩才无碍。

其七，不执着于一切世俗社会的妄有之见。

其八，勤修亲证不止。

其九，安住世间，发愿践行救度众生。

其十，令人入一切佛的智慧。

此外，还讲有“三种善知识”，分别是：使修行者坚定信念，安稳修道者；同修佛法，互相切磋者；去恶从善，传播佛理者。这三种人又称外护善知识、同行善知识、教授善知识。

2. 对导师的要求，有“四威仪”、离“四病”

佛陀在《菩萨善戒经》卷五明确指出“善知识”需有“四威仪”，即行、住、坐、卧的威德和仪礼规则。

《圆觉经》中，佛陀在回答普觉菩萨提出的在佛末法时期，信众将向谁求法这一问题时，除明确答复“求善知识”后，还指出“彼善知识”应具备“四威仪”，远离“四病”。

认为：有教养的男信徒，未来世界的人们要发大愿，修行佛理，应当追求一切具有正确智慧见解的善知识，心念中不存在一切现象形态，不执着于闻教而信以及自觉证悟的修习境界。虽然处于世间纷扰劳碌的环境中，心中保持清澄宁静，冷静地分析并显示过失，从而更赞许感叹长期修行严格遵守佛门戒律的行为，不使众生灵们进入不按戒律仪式而行的境地，追随这样的明师，就可以得到无上正确的智慧和觉悟。

未来世界的众生灵，遇见明师这样的人，应供奉养活起来，不惜用生命来保护。那些证悟了圆满觉悟的善知识，要在行、住、坐、卧的生活中有威德和规则，常常呈现出清澄宁静，以至于会明示修行者的各种错误和过失，心中没有傲慢自负，更不会对财产妻子儿女以及亲属有所计较。倘若有教养的男信徒，在与导师的学习中不起恶念，就能最终成就正确的智慧，心如华光发出光明，映照一切佛土。

有教养的男信徒，那些证悟了智慧、觉悟圆满的人，所证悟的玄妙法界，应远离四种毛病。何为四种毛病呢？

一是作的毛病。如果有人这样说道：我在自己心中，产生了各种修行的方法，要求得圆满觉悟。这种圆满觉悟的心性，并非是由所作而得到的，因此就称为作的毛病。

二是放任的毛病。如果有人这样说道：我们现在，不断除生死烦恼，不求于寂静之中。在生死寂灭之中，不起灭度心念，任由一切随合各种现象形态，要求得圆满觉悟。但圆满觉悟的心性，并非是由任意而具有的，由此称为任意的毛病。

三是休止的毛病。如果有人这样说道：我现在自己的心念永远止息，得到一切事物的本性，都是寂灭和平等的，要求得圆满觉悟。这圆满觉悟的心性，并非休止完成的，因此称为休止的毛病。

四是寂灭的毛病。如果有人这样说道：我从今以后永远断除一切烦恼，身体的形态与心识终究是空无一物的，更何况所谓那些感官和现象形态这些本自虚妄的境界？一切都归于寂灭，要证求圆满觉悟。然而圆满觉悟的心性，由于并非是寂灭形态的缘故，这就叫作寂灭的毛病。

远离这四种毛病的证悟者，才能知道清澄明净。有这样观点的修行者，称为正确的观点。倘若有其他观点的修行者，就称为错误的观点。

上面佛陀从“善知识”的基本要求谈起，要发愿，更要践行，进而提出了应远离的四种错误认识，将其概括为“四病”，并阐述了人生如果立志发愿去证悟真谛，应“求何等人”的问题。所谓古之学者必有师，修行佛理若无明师指引，亦好比大海行船没有方向和舵手一样。佛门非常重视导师的作用，对其有严格的要求。我们阅读佛典，一个基本印象就是往往由弟子执问，佛陀解答。作为佛教创始者，释迦牟尼的博学雄辩给读者留下了深刻印象。作为一位伟大的思想家，能够准确而令人信服地表达自己的思想观点，这种能力是在长期的修习中，在与各种哲学思想的交锋中逐渐形成的。对于“善知识”也是有着很高要求的，这绝非如一些人的印象之中那样，所谓佛教高僧，只是每天敲着木鱼，口中念念有词地反复重复着“阿弥陀佛”的寡言木讷之人。中国佛教主张“达教之人，岂滞言而惑理”，而且“释其旨趣，自浅之深，犹贯珠焉”。就是说，为人师表的人，应当善于口头表达，并且能够明白地讲解事物的道理，以其昏昏使人昭昭，显然是不行的。佛学讲经解义的方法是注重朗读、记诵，环环相扣，层层深入。尤其是注意渐次差别，其条分缕析、循循善诱的宣讲之法，很值得借鉴。还认为修行者如果不能得遇明师指引，只会造成盲修瞎练，以至于走火入魔，误入歧途。从这个意义上讲，小乘佛教的独觉者，只能依靠个人长期的修行和摸索，他们的成功，绝非偶然的机缘所能代替的。中国禅宗六祖慧能，如若当初不遇明师弘忍，何以会将衣钵传于他这样一个不会书写的南人呢？

中国佛教中对于师资问题，历来都很重视，认为能否得遇明师，全依靠本人的福德机缘，于幽隐难察处见人格。首先要贤善柔和，恳切仁厚，兼有淡泊之心；其次要能依佛法思维判断抉择，不仅要守戒遵律，还要身体力行、以身作则，要有修行者敬重的戒德；还要熟悉了知印度或中国佛教的禅法，以对境炼心，尽除妄尘。不仅如此，还应摈除“尽有常圆之月，各怀无价之珍。所以月在云中，虽明而不照。智隐惑内，虽真而不通”（《五灯会元》卷十）之弊。即修证佛理，不仅要学有所得，而且应当能够用语言准确完整地表达出来，否则如月在云中，无法朗照，佛门不立文字的心传口授，并非轻文，其本意在于要慎于文字。

（三）佛教教育思想的当代价值

佛教教育是对众生圆满、智慧的教育，具有实践、心理、信仰这三个方面的教化内容，这三者是自成体系又相互联系的统一体。这种全面教化的理念和实践，对我国正在深入开展的教育改革，有一定的借鉴意义。

1. 在教育理念上的启示

随着教育的不断普及，我们的教育已经不能仅停留在技能教育的层面上，不仅要培养学生的专业素质和实际的运用能力，还要注意提高学生的人文素养、理想情怀。我们现在的教育理念，片面地强调科学知识和技能的培养，忽略对人道德品质的教育，急功近利的思想泛滥，缺乏平等态度和合作精神。常常见诸媒体上的道德沦丧、犯罪现象层出不穷，令人触目惊心。在现实社会中，人们的疏离感增加，家家防盗网，户户防盗门，越来越没有安全感，安乐、祥和、快乐似乎正在远离我们。探究产生这些现象的主要原因，正是对道德教化、人文教育的忽视。要从根本上改进教育价值取向，以新的教育理念指导我国素质教育的探索与实践，这是需要我们全体教育工作者和全社会共同关注和努力的。汲取佛教完全人格和道德修证教育理念中的合理内涵，有助于构建和谐社会，培养学生使之具有健全人格。

2. 众生平等的教化实践

佛家“众生平等，佛性无二”的教化实践，在于开示觉悟，启发自我意识的觉醒，从而反观内照生命的价值。佛教认为人虽有性格差异、环境区别，但佛性平等，只要通过个人的努力，去妄存真，都可以实现自我的人生追求。这对我们由精英教育逐渐走向以全体社会成员为对象的大众教育、终身教育的转变，有积极的意义和思想价值。尊重每一位学生的人格，给全社会的每一位成员平等的受教育的机会，逐步改变以考试分数作为评判教育效果的单一模式，努力改变当前教育城乡差距拉大、有失公平的状况，实现教育资源的公平配置，以满足全民教育的社会需求。这些都是我们努力的目标。

3. 心灵抚慰功能

佛教极为重视对人心的抚慰，“万法唯一心”，我们也许很难在主客观条件的制约下改变社会，改变人生的处境，但是却不妨改变和调整自己的心态。由得失心换作平常心，换作法喜安乐、同体大悲的菩提心。当今社会，科技发展日新月异，社会财富迅速积累，社会矛盾纷繁复杂，文化交往日渐频繁，工作节奏加快，人际关系紧张，生存竞争加剧，也更容易使人产生心理疾患。和谐社会，从心开始。这是首届世界佛教论坛的主题，也是佛教义理的特质。佛理并非玄虚的清谈，而是体悟社会和人生的智慧，是消除人生苦难的良药，是心灵的抚慰，是一把开启心灵愉悦大门的钥匙。佛家有一个“幸福只在人心”的故事：

“哭婆”变“笑婆”

从前，有一位老婆婆，和她的两个女儿相依为命。一个女儿卖扇，另一个女儿卖伞。老婆婆每天在两个女儿去市场后，都悲泣不止，大伙都叫她“哭婆”。为什么呢？因为天下雨时，老婆婆想：我卖扇子的女儿，这下可难卖掉扇子了，因此啼哭；天晴时，又想：我那卖伞的女儿，又没生意了。因此，每天都是以泪洗面的苦日子。

这天，老婆婆遇到了一位禅师。法师对她说：“你为什么不这样想呢？下雨时，你想着卖伞的女儿；天晴时，你想着卖扇子的女儿。这样，天天都有生意做，天天都是好日子。”老婆婆听后顿然开悟，从此“哭婆”变“笑婆”，欢度每一天。

佛教一心生万法，万法总一心，心静万念息，苦乐方寸间的义理，有助于舒缓现代人的精神压力，对治人心的浮躁，弥补心灵沟通的不足。其开悟人生、抚慰心灵的作用，已经被越来越多的人所认识。笔者曾赴广东惠州礼佛禅寺参加学术会，返回深圳时，下榻弘法禅寺。在晚课时，应邀与参加佛寺夏令营的企业白领们座谈。来参学者有四百余人，令人惊讶；所涉问题之广，使人感慨。其中有不少涉及社会问题、心理问题，可见忽略人的心理疑惑，缺乏相应的心理对治，不仅在学校教育中缺失，在社会教育、企业文化教育中同样如此，这应当引起人们的重视。

4. 终身关怀

佛教教育的内容涉及人生历程的各个方面，贯彻终身。其弘法利生的义理包括：除妄解惑，人法二空的修身理论；平等本际、无情有性的山水自然观；深邃完整的教化理念；无常、无我的人生观、智悲双运、同体大悲、普度众生的情怀等，这些都极大地丰富了人的精神世界。由于佛教在长期的演化和发展中，必须在理论和实践两方面完成对于现实世界的超越，要对治人间的一切“烦恼魔”，因此，其教化也必须涉及社会生活的一切方面，这也包括对人的终极关怀。其普度、大悲的弘愿，有助于健全人格、理想人生的实现，有助于形成达观豁朗的人生态度。其包罗万象的义理学说，决定了其对人的思想影响往往是终其一生的。

四、教育方式的多样性

大乘佛教具有双重的价值取向，即出世法和世间法，前者把万法唯心的思维推到了极致，后者则广被人间，极具普世情怀。所谓权巧方便、契理契机、圆融无碍，根据对象的差别，采用不同的教育方式。

（一）根据不同对象有针对性的教诲

师徒问答，举一反三，相互配合，因人因事而异，是佛典最突出的传道弘法的方式。根据对象的不同根机，因材施教，随机开示，证悟义理的教化方式，对于我们改变在教育过程中所存在的程式化、简单化的倾向，有启发意义。如在《圆觉经》中，由十二位菩萨根据各自不同的证悟途径，依次就如何进行修证的方法问题进行发问，由佛陀一一解答。从内容上，又可以归纳为三个部分：

首先，涉及的是法性、真如、佛性等一系列理论问题。这些问题关系到佛教对人生、世界本质的基本看法，因此分别由代表智慧的文殊、代表理趣和大愿大行的普贤、代表遍观世俗人生的普眼、代表能摧毁一切烦恼心魔的金刚藏这四位菩萨来逐一设问。

其次，讨论修行义理和方法属于修悟中的亲践部分。因此由代表未来佛的弥勒，代表禅修清静、慧敏的清静慧，代表广被众生育德教化的威德自在，代表传法之音圆融无碍的辩音这四位菩萨提问。

第三，是对佛教修证义理的论说，从而由灭除恶业烦恼的净诸业，代表佛光普照、平等不二的普觉，代表圆满灵觉的圆觉，代表贤德与善良的贤善首这四位菩萨发问。每一位证悟者所代表的内涵不同，提出的问题各有侧重，佛陀的回答，都逐个进行甄别，依次一一解说。佛门传法，分门别类，概括归纳，针对性强，是其教化方式的一个特征。

（二）师徒相授、代代传承的教化方式

重师承关系，传法脉衣钵。佛教不仅要求信众要“事善知识”，敬师如佛在世，还十分重视法脉衣钵的传承。具有尊师重教文化传统的中国佛教，敬师如敬父母的观念，深入人心。如北宋道原著的中国佛教禅宗史书《景德传灯录》（景德是宋真宗年号，以灯光能照亮黑暗，禅门指以佛法传播世间，如传承灯光）。全书叙述了禅宗代有所承的传法世系共五十二世，一千七百零一人，对禅宗至北宋“一花五叶”的法系传承，考订精详。又如胡适1926年9月在法国巴黎国立图书馆和随后在英国大英博物院发现了两个版本的《楞伽师资记》，都记载了禅家楞伽宗师传法的六代宗门谱系。

中国佛教高度重视师徒关系的传承，入佛门首先要拜师傅。把佛法代代相续喻之为传灯，意谓让光明的火炬代有传承，照亮黑暗，普度生于苦难此岸世界的众生，到达彼岸平安清净的光明世界。我们今天常讲的导师一词，即源出于佛门。在中国佛教，维护和捍卫师徒相授的这种衣钵关系，是

不惜以生命为代价的。这种师徒关系的特征是不分亲疏、贵贱，旨在弘法之利弊上做取舍，无私无畏，肝胆相照。仅以禅宗六祖惠能法师得五祖弘忍衣钵真传的故事，具体说明。

岭南修行人慧能，千里迢迢赴湖北黄梅双峰山投东山法门禅宗五祖弘忍大师门下，弘忍时年逢花甲，慧能年方二十有四。如果认为这正是千里因缘师徒间，衣钵传灯一笑然，那就太幼稚了。慧能得法，通常将其表述为过五关，其惊心动魄绝不逊于沙场搏命。

一拜师关。弘忍认徒，须视其人根机，慧能一路风尘，弘忍不问艰辛，劈头一句："汝何方人？复求何物？"答道："弟子是岭南人，不求余物，唯求作佛。"师责："汝是岭南人，又是獦獠，若堪作佛？"答道："人即有南北，佛姓（即性）无南北；獦獠身与和尚不同，佛姓（性）有何差别？"师纵有轻慢，生"佛性平等"却无半点含糊。

二磨难关。收慧能"随众作务"，因其不识字，就当伙头做饭，为使弱小之躯负重便于舂米踏碓，负石于腰，达八个月之久。

三考偈关。弘忍不传弟子神秀法师，却公开考核以对佛法理解的偈文，来定传承。对于前述神秀偈评曰"人到门前，尚未得入"。对"得法偈"的慧能请人代写的偈文也深藏不露，当众只称"此亦未得了"。当晚更深之时，授《金刚经》，慧能"即悟"从而"得了"。当然，关于禅宗"付法"以《楞伽经》相授，此属大乘有宗的"真如缘起"，而《金刚经》属大乘空宗，持"性空幻有"。但以南北佛教义理“圆融”去理解，当为可行，且所谓人有南北之分，佛性无南北，传法无南北，同属大乘，本自一枝。

四脱难关。弘忍说“自古传法，命如悬丝”，遂命慧能连夜逃离，且亲自送行。后慧能又在江西和广东的交界处大庾岭感召欲夺法脉衣钵的三品将军陈惠顺，才回到岭南。

五隐遁关。弘忍告诫慧能“向南”“避难而去”而“在后弘法”，语重心长地告诫“若得心开，汝吾无别”。师徒义重，溢于言表。慧能自甘困顿，在广东四会、怀集两县山区隐居达十六年之久，终不负五祖弘忍付托之重，重振禅风。后作《坛经》，倡“见性成佛”的顿悟法门而彪炳千秋。

佛门师徒之间，又怎是世俗之人的一个“情”字所能了得的呢?

（三）以点带面、激励人心的弘法

大乘经典在结构上，通常分为序分、正宗分、流通分。在这三个部分之中的“流通分”中，大都采用以点带面、对比递进、引导信众的方式，激励弟子们在弘法的亲践中精勤勇进。

如《楞严经》结尾处佛陀问阿难：如果有人以遍及空间的珍宝来供奉佛，以此因缘，得到的福报多不多?阿难回答：其福报不能用数量来考量。

佛说：如果有人将修定的方法，在末劫之时开启未学的信徒，他得到的福报会超过以珍宝施佛的人百倍，千倍、万倍、亿倍。以至于无法计算其数量，是譬喻所不能企及的。

佛陀又说：倘若有众生，能念诵楞严经，能念诵持有楞严咒，像我一样广为解脱，其福报历度岁月也说不尽。

这种运用设问和递进对比的句式，来说明修定与持咒的福报，比施财之报，不仅在数量上无限，在时间上亦无限，由此可见佛教对于传播的重视程度。这种方式在客观上具有双重效果：一是符合人们惜福向善、趋利避祸的心理，体现了佛门重实践修行、轻浮财利益的信念；二是以点带面，以修定持咒来总括一部经，激励信众持守，并为他人演说，从而能收到四两拨千斤的功效。

（四）当代佛教传播的新特征

当代佛教的传播方式有了很大的发展，采用了许多新的方法，诸如利用光盘版的典籍资源，借助当代音像等传播技术，开设佛教网站，发挥互联网迅速传播的便利，等等。这里仅介绍笔者所熟悉的情况，以助于说明。

1. 教界与学术界的广泛合作和互动

改革开放以来，佛教界和学术界建立了十分广泛的联系，每年都以召开学术研讨会的方式，分享佛学研究的最新成果，交流相关的信息。这种情况以沿海发达省份更为明显，广东省甚至有的县市佛寺，都有能力每年召开一次国内范围的学术研讨会，研究内容越来越广泛、深入。出现了三种情况：

第一，由国家主管部门召集、主持的国际性佛教学术研讨会，诸如世界佛教论坛等。

第二，由学术界或佛教界召开的国际学术会议，其范围、人数有很大的差异性。如笔者曾三度参加的玄奘国际学术研讨会、中日韩三国儒释道思想研讨会、纪念中国佛教两千年国际学术会、中日佛教研讨会，等等，范围大小不同，人数少则数十人，多则数百人。

第三，以国内不同佛寺、各级佛教协会、各类研究机构、高等院校为主体，发起召集的各种佛教会议。有时每年有十余次之多，学、教两界其交往之密切，得以体现。

2. 教界与学界合作，开办各种佛教教育讲习班

在新的历史条件下，为了探索佛教教育的新方法，不仅在原来佛学院的范围内培养佛教人才，而且实现了佛学界和高等院校合作，共办研究班、培训班。有培养高层次僧伽人才的佛学研究班，还有以不同层次的教内、教外不同人员为对象的佛教体验营，形式多样。如真禅法师在《僧教育史上的新纪元——在复旦大学佛学研究班开学典礼上的讲话》中说：

“大学办佛学研究班，比佛教界办佛学院和研究班有更多的优越条件。

“首先是大学的师资力量雄厚，教师的教学经验丰富，教学方法先进。学生在这里可以得到名教授的教导、培养，从而获得更多的知识。

“其次是大学里的图书资料丰富。除了佛学方面的图书外，有关世间学问的书应有尽有。这可以使学僧们开阔视

野，吸收各方面的知识，从而使他们所获得的知识更全面、更系统。”①

年轻的佛教僧人接受现代文明的教育，使传统佛学与现代文明保持密切的联系，把传统文化与现代社会生活中的问题结合起来，发扬其优秀的思想文化内容，为社会文明提供思想资源，这不仅是佛教教育的新内容，也是传统文化现代化的尝试。

五、中国禅宗独特的教化方式

中国佛教的八宗法脉，以禅宗影响最大，其独有的教化方式，对于当代教育方法的创新具有启示作用。诸如不落言筌、禅门公案、棒喝话头、禅语机锋、五十禅观、渐顿四法、真言咒法、身口意三密传法等。许多方式，非修持者不能体悟，非真修实证者难究其详。中国佛教不立文字的口授心传，并不等于轻视语言文字在弘法中的作用。禅宗“教外别传，不立文字，直指人心，见性成佛”②所揭示的开示方法，从教学角度看，是师徒之间传播佛教义理，交换修悟参禅的心得，领悟、会通的独具方式。所谓“心有灵犀一点通”，强调的是师生之间心领神会的沟通和对话。从这个意义上说，不立文字，是要求传道者要慎于文字，不执着于

① 《玉佛丈室集》(4)，上海社会科学院出版社，1992年版，第386页。

② 《临济慧照玄大师语录·序》，大正藏47册495页。

文字的传播功能，不局限于对字、词、句所揭示的内涵的认知，而是注重内心的领悟和身体力行的亲躬实践、定慧双运。这也在提示我们：语言文字只是反映事物的方式，概念、学说也只是一种言说，并不等于事物本身。我们的教育也不应当拘泥于烦琐的教条和刻板的形式，启发学生独立思考的能力，培养身心健康、全面发展的劳动者，才是我们教育的目标。古往今来，禅门学问僧从来都代不乏人，硕学大德，不胜枚举。这里仅就人们耳熟能详、津津乐道的禅门教化方式略述一二。

（一）话头公案

禅门自唐宋，主张禅观慧照，不重经典，非经毁教，也不在话下。但非经，不是否定佛理，只是反对执着于本本的教条；毁教，其本意也旨在批判僧人执着于教义，而不谙教义经典，只是一种方式，只是言语，只有真心体悟，才是理趣。因此，禅师们在体悟修证时，便创造了许多话头，形成了一个个生动活泼、耐人寻味的公案。如《五灯会元·六祖慧能大鉴禅师》中，就有一则风动还是心动的话头，引出一个著名的禅门公案。

唐高宗仪凤元年（676）正月初八，慧能来到法性寺（今广州光孝寺）。“暮夜，风飏刹幡。闻二僧对论，一曰幡动，一曰风动。”互不服气，慧能云：“风幡非动，动有心耳。”

这个公案，由风吹寺幡，两个僧人以事论理的讨论展开。本来无风旗帜自然是不会动的，因此，一僧便认为是由于风吹而幡飏；但风却吹不动旗杆，吹不动屋宇庙堂，而另一僧认为幡的轻扬、飘逸，是动的根本原因。用现在的话说，幡是内因，风是外因，内因通过外因而起作用，二者缺一不可。但慧能却直指人心，明确点出是两个僧人妄有之心随风、随幡而动，是各执一端，二元对立，不谙佛门契理的偏执。心有则万有，心无则法无，万法唯心，只在一念之中的佛门真谛、证悟，当下可见。法性寺住持印宗法师闻言立判“行者定非常人，师为是谁？”如此禅机，绝非俗人，定有“大善知识”真传。慧能出示五祖衣钵，印宗纳头便拜，不仅为慧能正式剃度出家，而且拜慧能为师。六祖慧能至此结束十六载隐居，正式弘法，开一代宗风。

话头公案，是禅门判定机理义趣、权衡体悟迷觉的标准和方式，记录的都是禅师独具个性、奇异灵动的事迹，极大地丰富了佛教禅观和教化的内容。这些公案事迹，通常以《景德传灯录》所述，共记一千七百零一人。

（二）棒喝机锋

棒喝与机锋，都是禅门启发僧人证悟、不拘仪礼的教化方式。棒打的源头，始于德山宣鉴禅师。有新罗僧人讨教，禅师举棒便打，其目的在于对初学者的妄见进行阻断，以转迷悟道。大喝的起始，出自禅宗的临济义玄法师。义玄在参见他的师傅黄檗希运时，禅师希运说：“这个疯癫汉，却来这里捋虎须！”义玄便大喝一声，如虎啸，师徒相互呼应，以示证悟，故后世素有“德山棒，临济喝”的话头。

机锋，指禅门师徒之间参禅悟道时所用的隐语、他言，这些看似不相关的话，常暗含理趣真谛，所答非所问，表现了僧人的睿智博学、禅修体会。如慧能弟子青原行思传石头希迁禅师，希迁因曾在一巨石上建庵修行，故称石头和尚。《五灯会元》卷五石头希迁禅师中有记，有一位僧人向禅师请教道："如何是解脱？"答："谁绑住你了？"又问："如何是净土？"答："谁弄脏你了？"再问："如何是涅槃？"答："谁又把生与死给了你呢？"这种随言顺答，以意代言，表面上对所问佛门义理一无所述，但反其意而考辨，对弟子的执着于教义的名称概念，不知反观内证、作茧自缚的"言筌"，给予了戏言般的回答，但句句却指向弟子执着于妄有、言说的束缚，暗寓证悟旨在一心，见"本来面目"就是佛义的真谛，用智慧的"机锋"利剑，斩断了自缚的绳索。

棒喝机锋，是禅门特有的教育方式，机锋尚可取，棒喝要缓行。我们要汲取的是这种用平常生活中习以为常的现象来解说、促使僧人觉悟的方便，不能着于怪异、偏执的妄断和不着边际的言语、假说。

第十章　灵异神奇的宇宙观

我们所讲的世界观或宇宙观，是指佛教在面对人生、社会、自然时，所表现的认知程度和基本态度。

人生存在于广袤的自然界之中，和自然界有着密切联系和接触，必然会见到各种自然现象，产生认识。如：

最基本的物质形态：地、水、火、风、空；

最常见的生命形态：鸟、兽、鱼、虫；

触目可见的花草林木、七彩云霞；

周而复始的四季更迭、日月交替；

有限的人生与无限的岁月；

严格的疆界分野与浩无边际的宇宙；

人类有共性的生、老、病、死、喜、乐、哀、惧；

既难以避免，又必须面对的自然变异现象，如地震、海啸、火山喷发、台风突袭。

凡此种种自然现象，乃至天灾人祸，都必然会引起人们的关注，并会引发出人的主体认知渴求以及情感诉求、心绪躁动、喜怒哀乐等诸多生理和心理的体验。

由于对上述自然现象不同的观察和思考角度，就产生了对自然客观世界的不同认识；对人生和社会的不同理解，就产生了不同的人生观，并由此反映在人的社会实践之中，表现出迥然不同的人生态度；对人与人之间的相互关系、社会关系的不同体验，就形成了不同社会阶层的相互认知，并在政治、伦理上确认自身的定位与价值。因此，我们从对自然的基本认识、人生的价值取向、社会的角色定位和价值评价这几个方面出发，来讨论佛教宇宙观及其特异之处。

一、佛教唯灵的认识

佛家认为现实世界本自无常，一切皆是妄有心念的“假有”形态，非真实的。无常理论，无我学说，以性空缘起，构建了极为庞大的宇宙体系。在这一庞大的体系中，既有人们生存的娑婆世界，还有神异的佛世界，并由此构建了一个净土世界。

（一）佛教看人生

佛教的世界观，是建立在人生是苦的人生观基础之上的。从对人生观察的十二因缘理论出发，认为产生一切痛苦的最终原因是无明。只有消灭了无明，认识到一切现象从本质上说都是性空妄有，才能解脱现实的束缚。人法二空、世事无常，一切自然与社会现象，都是各种因缘的和合。缘尽则事灭，因灭则物亡，无时不在变化之中。人本身也是如此，由地、水、火、风四大构成，本自各种条件的聚合而成，产生之因一旦消失，其缘亦尽，并没有本质真实之我，我只是妄有之心的形态。佛教在面对过去乃至现在人们仍无法认知的浩瀚宇宙时，调动了人类在当时的历史条件下所能认识世界的想象、联想能力，描绘了一个主观唯灵的宇宙图式。在对微观世界认真观察之后，见微知著，由有限时空到无限宇宙，从认知到无法认知；从由四大构成的物质世界，上升到天人一体的三界，进而跳出三界，不在五行中。用灵性的抽象思维进入大千世界，这就形成了佛教的宇宙观，并进一步构建起佛世界、净土世界的信仰境界。除妄求真，证悟佛理，世俗凡夫经过禅观修行的定慧双运，皆可证入佛国净土。

佛教宇宙观的认识价值，体现在对于人类已经认知或尚无法认知的一切宇宙现象，都能够在现实理性和经验理性的前提下，采取超越、积极、创造性的断想态度，试图对一切都做出系统性的探索和回答，把人类的想象发挥到了极致。以一切自然现象本自不实、化有为妄，以心有万法、万法唯心的进取认识，为我们留下了一份厚重的精神遗产。总之，佛教的宇宙观是建立在对人生详尽考察的缘起论及其人生观、社会自然观的理论基础之上的，是超越现实的庞大的理论体系。这一体系具有丰富的想象力和神奇的创造性，是既无法证实，也没有必要证伪的信仰主义的想象境地，对于扩展人们在思维领域的视野，有不可忽视的启发作用。

（二）佛教看世界

佛教的宇宙观的理论体系是超越现实世界的，认为时空无限，一切无常，皆为妄有，但谈空不碍论有。有的世界，被称为俗谛、世间。仅就其要，依次介绍：

1. 无量世界

佛教的数字，按《俱舍论》最大的是十的五十一次方（10^{51}），超过我们今天宇宙膨胀学说的尽头。佛陀常讲“恒河沙数”即无量之意。描述时间常讲的“刹那”相当于今天七十五分之一秒。空间谓之虚空。

佛教把一天分为六时，白天分为上、中、下日，夜里分为初、中、后夜。六时吉祥已经成为人们常说的平安祝福的话语了。

2. 三界理论

佛教把现实世界分为欲界、色界、无色界。

一切有情识的生灵皆在欲界，分三个部分。第一部分为大地及其地下的区域；第二部分是须弥山，其山腰住着四大天王，山顶住着三十三天；第三部分又有四层，住四类神。

六道众生，佛教认为众生死后根据其生时所造业缘，可往六种去处。

一地狱趣，受八寒八热之苦；

二饿鬼趣，与乞食的饿鬼同处；

三畜生趣，成为禽兽；

四阿修罗趣，怀愤怒争斗之心，与人隔绝；

五人趣，往生人类居住之处；

六天趣，身处光明而快乐的天神之间。

在此仅将人们常说的佛门地狱略做说明，以领略佛教世界的纷繁复杂。地狱指生存环境，是地下暗无天日、备受煎熬的地方。其意义在于“为善送你上天堂，作恶送你下地狱”，有祛恶扬善的内涵，颇受历代善良人们的认同。地狱理论是佛教轮回学说的组成部分，罗列精详，概括起来，可以分为三大类：

第一，根本地狱。包括重重竖立的八大地狱，即：

等活地狱，此处的生灵互相折磨、残杀，经凉风吹过后，又死而复活，再备受折磨；

黑绳地狱，用黑色铁绳反复绞杀有罪之身，痛苦至极；

众合地狱，以各种野兽的伤害与各种刑具的组合来反复折磨罪人；

号叫地狱，逼迫罪身发出哀号悲叫之声；

大叫地狱，相对前者受罪更甚，由哀号至大声惨叫；

炎热地狱，火随罪身而起，炎炽周围，苦热难堪；

大热地狱，比前者受热更甚，大叫不止；

无间地狱，罪恶深重者，受无边的苦难。

除此而外，还有与上述相对应的八寒地狱，指罪者身上要承受的八种不同程度的苦寒状态。

第二，近边地狱。在八大地狱中，每一个大地狱有四个门，各有四处火、尸、臭、刃增加折磨，计十六处。八大地狱，每个地狱有四门，每门四处，共计一百二十八处，为罪身游履时所增设，故称近边地狱。

第三，孤独地狱。在山间、旷野、树下等处所，无任何生灵，人若游魂。

此外，还有地狱饿鬼，常受饥饿之苦，因其所受果报不同而有所不同，常忍饥挨饿。有九鬼、三十六饿鬼之说。三十六饿鬼依次为：镬身、针口、食吐、食粪、无食、食气、食杂、食水、希望（有望无望）、食唾、食发、食血、食肉、食香、疾行、伺便、地下、神通、炽燃、伺婴儿便、欲色、住海渚、使执杖、食小儿、食人精气、罗刹、火炉烧食、住不净巷陌、食风、食火炭、食毒、旷野、住塚间食热灰土、树中住、住四交道、杀身。对地狱饿鬼，《十八泥犁经》《佛说鬼门目连经》等都有详尽之述。

在中国民间流传最广的是十八层地狱的说法。以佛教六根（即眼耳鼻舌身意），六尘（即色声香味触法），六识（即眼识、耳识、鼻识、舌识、身识、意识），这十八界为十八重地狱。《地狱经》分别记为：泥犁、刀山、沸沙、沸屎、黑身、火车、镬汤、铁床、嵅山、寒冰、剥皮、畜生、刀兵、铁磨、冰地狱、铁栅、蛆虫、烊铜。落入十八层地狱的罪身，永远不得超生，以此用来比喻最苦难的境地。其实，地狱不过是人生苦难和世间罪恶的缩影，是历史上人与人之间进行迫害的间接记录和写照。

色界，在欲界之上，脱离了众生的食、欲境地，有十七种天神住在有色（即物质）建成的宫殿之中。

无色界，在色界之上，为无形无物质形态的天神所居的境地，有四无色天。

3. 三千大千世界

根据佛教的世界观来看，他们把整个宇宙称作三千大千世界。人类所居住的世界，称为一世界、一小世界。它以须弥山为中心，周围有四大洲，其周又有九山八海。它所包括的范围，上自色界的初禅天，下至地下的风轮，其中有日、月、须弥天、四天下、四天王、三十三天、夜摩天、兜率天、乐变化天、他化自在天、梵世天。集一千个这样的小世界称为一小千世界，集一千个小千世界称为一中千世界，再集一千个中千世界称为一大千世界。因大千世界包含大、中、小三种千世界，故称三千大千世界。佛教此说，还认为一大千世界为一佛的教化范围，亦称一佛国。

4. 涅槃境界及波罗蜜

涅槃，其原意在梵文和巴利文中为消散，也就是痛苦、烦恼和无明完全消除的境界。在早期佛教文献中，又把涅槃称作渴爱火、无明火、不死、绝对寂静、清凉等。以后随着佛教的发展，各派对涅槃的解释也各不相同。涅槃是早期佛教的最高理想和人生的最终目的，是摆脱了一切外界物质的束缚以及理念与感觉的影响，达到永恒寂静的一种境地。它是完全摆脱了轮回之苦的彻底解脱的境地，因此与解脱同义。从无常、无我到寂静涅槃，是早期佛教理论发展过程中的几个重要的阶段，也是佛教的几个重要的特征。早期佛教充满了辩证法的思想，以缘起论为理论基础，提出了无常和无我的学说，否定了天国和神的婆罗门教义，否定了主宰一切的梵和灵魂不死的学说。但是当它一接触到轮回和解脱的问题时，它的辩证法就走进了死胡同。它把缘起论运用到人生的问题上，形成了十二因缘的学说。最后，以涅槃论完成了它的体系。

涅槃一般分为两类：有余涅槃，是指已断绝一切烦恼，消灭了未来生死的原因业，但肉体尚存时；无余涅槃，指无制约的涅槃世界，完全真实的涅槃，完全脱离了肉体束缚的状态，消灭了烦恼而获得永远平安、寂静的境界。具体地说，就是不仅已断尽一切心惑，而且连肉体也已消失的状态，亦即在完全无迷的状态中死去，而与永恒的真理归于一体。

波罗蜜，梵文音译，意谓到彼岸，通常指六波罗蜜，又称六度、六到彼岸等，即到达彼岸的涅槃世界的六种方法。分别是布施、持戒、忍辱、精进、禅定、智慧。

涅槃学说，到大乘佛教时期还有所发展，成为大乘佛教三界唯心、性空本净、尘染妄有、业缘种子、万法唯识等理论学说中的组成部分。大乘佛教认为涅槃也只是一种权巧方便的言说，无所谓涅槃，也无所谓佛世界，皆为心识的妄有形态。要随起随破，性空无碍论有，圆融不二，不执有无两端的二元对立，如如而来，去妄皆真。

二、佛世界

佛世界是指修行得道的圣者居住的境地。在这里没有劫浊、见浊、烦恼浊、众生浊和命浊这五种污垢浊染的清净世界，包含着六种含义：

（1）它是自在、炽盛、端严、名称、吉祥、尊贵。这六义是不生不灭，不来不去，不一不异，不断不常，不增不减，由福智庄严满足构建，是赞叹功德的总称，也是成就了大智、永射常寂之光的彼岸世界。

（2）三昧正受之地，三昧即正受，二者为同意蕴。前者落在定上，所谓定正心行处，息虑凝心，思想集中在一点而不变；后者正受指端正思想，使世俗之心定住于一缘。从尘世而来的世人之心常曲不端，得正受则端直，犹如蛇行常曲，入于竹筒中则直的道理一样。三昧正受就是禅定摄心，从而心体寂静，远离邪恶。

（3）一切佛庄严住持。大乘佛教认为人人都有佛性，只要发愿修证，则都可成佛，是说证悟了佛法的众生都来到佛国境地。

（4）是诸众生清净觉地。是诸，这是。众生，指宇宙中一切有灵性根苗的生物。佛家把众生根据不同的诞生方式分为四种：胎生，指一切由母胎而生的动物，如人和兽；卵生，指一切由卵而生的动物，如鸟、蛇、鸡；湿生，指一切由湿气而生的动物，如虫；化生，指无所依托，自然而生者，如神、幽灵和劫初的人，当代利用克隆技术产生的生命似亦可列入此类之中。清净觉地，清澄纯净智慧的境地。

（5）平等本际。平等有以下含义：共通、通用、同等的人、人与人之间无高下与尊卑之分的平等、超越憎恶爱好的超然境界、无差别的世界和贯穿于各种现象中的绝对真理。

行亦禪坐亦禪
語默動靜體安然
永嘉玄覺大师證道歌

其底蕴宏大，不乏认识价值。本际，指穷极之始，即一切生灵的自性之根。可以理解为一切生灵从最初的本质来讲，都是完全平等的。

（6）寂灭，是梵文涅槃的译文，即体寂静，在对象、客体面前没有任何心念的状态，亦即开悟并远离一切外部形态的心境。又分有余涅槃和无余涅槃两种。（参见《法华经》卷一）

（一）众佛与菩萨

在佛教的理论体系中，有一个庞大的神佛系统。除了我们在本书第六章介绍的佛陀以及三世佛、一生候补的弥勒佛和观音、文殊、普贤、地藏四大菩萨外，还有众多的佛和菩萨，仅扼要述之。

1. 燃灯佛

根据佛教的说法，燃灯佛是过去佛，是佛陀的老师，佛陀就是由他授记的。由于燃灯佛在佛教中的辈分高，在中国佛教广泛流传中，民间誉其为古佛。

2. 千万佛

中国大乘佛教认为人人皆有佛性，只要修悟，皆可成佛。因此，大乘佛教提出了在无限的时空里有无量佛，如恒河沙数，不可计数。在许多佛寺中，供奉着千佛殿、万佛殿，即指此。

3. 大势至菩萨与日光菩萨、月光菩萨

大势至菩萨，是接引众生往生西方净土的菩萨，象征智

慧。他与象征慈悲的观音菩萨都是西方净土的教主阿弥陀佛的侍者，分别以右胁侍和左胁侍的形象被供奉在寺庙。他们被中国佛教净土宗称为西方三圣。

日光菩萨和月光菩萨是药师佛的侍者，分别任左右胁侍。日光菩萨代表日光普照，破除三界黑暗；月光菩萨代表温柔的月光遍及大地，给众生以慈悲关怀。二位菩萨分侍在代表东方净琉璃世界的药师佛左右，常被供奉在药师殿或大雄宝殿中。

（二）罗汉与天神

罗汉是佛教的守护者。在佛教有四大罗汉、十六罗汉、十八罗汉的不同说法，都是天竺或西域人的法名，在汉传佛教中，不单独供奉。最有影响的是中国佛教寺庙中供奉的庞大的神灵群体五百罗汉堂。据玄奘的《大唐西域记》卷三所述，是由五百只受了佛法的蝙蝠托生为人后，成为五百罗汉的，因此，罗汉大都面目狰狞。但由于佛教对于五百罗汉有不同的说法，因此汉地佛寺中的五百罗汉堂出现了许多有趣的现象。如著名的北京碧云寺五百罗汉堂中，乾隆皇帝以“破邪见尊者”之名，位列其中。更有趣的是在云南昆明筇竹寺的五百罗汉中，还塑造了建造罗汉堂的工匠。在罗汉堂中，还有一位中国罗汉济公，他以南宋在杭州灵隐寺出家的僧人道济为原型，常被塑成一半笑脸、一半哭相。相传由于他到罗汉堂报到时迟到了，因此常被单独安置在过道。尽管如此，他仍然是各地五百罗汉堂中最受信众喜爱的一位。

天神是佛教诸天鬼神的略称。在佛经中，我们常常可以读到一切世间天人、阿修罗和鬼神的句子。天神往往在表述中成为佛教众多的护法神中的一类群体，以其神灵之力来弘法利生。

中国佛教中最为人们熟悉的诸天鬼神，莫过于四大天王和夜叉鬼。

在佛寺的天王殿供奉着四大天王，俗称四大金刚，分别是：东方持国天王，为东方的守护神，常手持琵琶，以示用音声庄严佛国，故又有主乐神之称；南方增长天王，守护南方，能增长众生善根，故得名，常着甲胄、手握刀剑；西方广目天王，是西方的守护神，常着甲胄，手中缠绕一蛇或赤索；北方多闻天王，因长期保护如来道场，闻佛法甚多，故得名。相传，有一次战事失利，他避在塔侧，因塔避难，故常着甲胄，右手持剑，左手擎托一塔，因此又称托塔天王。四大天王在中国民间流传甚广，在《封神演义》中分司风、调、雨、顺，故民间广为供奉，另外多闻天王还兼财神，在婆罗门教中被称为施财天，因此天王殿很受百姓喜爱。

夜叉，在佛教中原为鬼神，为天龙八部之一，是护持诸天神和佛法的鬼神，数量众多，有百、千、万之众的不同说法，形象怪异、狰狞。以后夜叉在中国民间变成了阴间的鬼卒，凶恶恐怖，故人常把凶恶的女性称为“母夜叉”。

《大智度论》卷十二中列举了夜叉的三个种类：地行夜叉，喜欢行乐，好美食、音乐；虚空夜叉，具有神力，行走自如，似风行水上，了无一痕；天行夜叉，在天空中飞行，住在天际的宫室，享受各种娱乐。据《大日经疏》卷一中记载，密教以手持金刚杵的“密迹金刚”（即知如来一切秘密事迹），又称夜叉王、鬼神王，统领五百夜叉守护佛法，是佛教守护山门的护法神。

明代以后，随着《封神演义》的流传，佛教山门的护法神密迹金刚由被民间称为哼哈二将的两位神代替。在佛教山门殿内两侧常供奉着这二位金刚的神像，手持金刚杵，张牙怒目，神情可畏。这是佛教中国化过程中出现的现象。

三、净土世界

净土世界又称为清净佛国，是佛居住的世界。净土思想源于古代印度的婆罗门教中神所居住的天界理论，佛教诞生后汲取了婆罗门教中的净土思想。相传佛陀分别在耆阇崛山讲授了《无量寿经》，在王舍城传《观无量寿经》，在舍卫国祇树给孤独园宣说《阿弥陀经》。这三部经典，被称为净土三经，阐发了西方极乐世界的理论。

（一）佛教的净土思想与经典

1. 法脉特征

随着佛教净土理论的传入，净土思想渐渐被中国佛教信众和文人所接受。东晋高僧慧远与一百二十三人在庐山结社念佛，共期往生西方极乐世界阿弥陀佛的净土，标志着中国佛教净土宗的诞生。当时，著名的山水田园诗派的领

一鉢千家飯孤身萬里遊
青目睹人少問路白雲頭
乙亥夏日
永根畫

袖谢灵运，为此在庐山西北的东林寺凿东西二池，内植白莲，以示纪念。因此，净土宗又称为莲宗，僧人慧远被后人尊为祖师。

由于净土宗强调信奉佛法，在修行上只要一心念“阿弥陀佛”即表示皈依净土，无论长幼尊卑、贫富贵贱，皆可往生西方极乐世界的思想，深入民间，被民众接受，因此法脉传承源远流长。净土宗法脉自宋开始确立，一直到近代的印光法师被列为十三祖。该宗祖师并非师徒相授，而以弘扬净土思想为法缘传承，这也是净土宗的特征之一。

慧远倡导一心念佛、往生净土的法门，到唐代发展到新的高度，代表人物是公认为二祖的善导法师。善导对净土思想身体力行，一生游学于与净土思想密切联系的名山梵刹，驻足庐山东林寺，参学并州（今太原）石壁山玄中寺，师从于道绰法师，后在长安终南山悟真寺弘法，谨守佛律，声誉满长安。相传其念佛一声，有光明从口而出，故又称善导为光明和尚。善导晚年住实际寺（今西北大学老校区），圆寂后，弟子怀恽等将其葬于长安神禾塬并建寺立塔。因为寺旁有水从香积堰而过，故寺被称为香积寺。由于净土宗风经善导的倡导和弘传，因此善导与这一法系的北魏高僧——在玄中寺传净土思想的昙鸾、道绰并称为创宗三祖师。善导一生力阐净土思想，著述甚丰，现存五部九卷：《观念法门》一卷，《净土法事赞》二卷，《往生礼赞偈》一卷，《般舟赞》一卷，《观经疏》四卷。其中的《观经疏》，全称为《观无量寿佛经疏》，因有四卷，又称《四帖疏》。在8世纪传到日本后，日本僧人法然依教创立了日本净土宗，尊善导为高祖，法脉至今。后世都以善导大师为中国净土宗的实际创始人，因此他弘法的寺院长安悟真寺、实际寺和所葬的香积寺以及庐山的东林寺、山西并州的玄中寺，都被尊为净土宗的祖庭。这是净土宗的又一个特征。

2. 基本思想与代表性经典

净土思想集中体现在三经一论，分别为：

《无量寿经》又称《大无量寿经》，相对于全文不过两千余字的《阿弥陀经》，又叫《大本阿弥陀经》。此经译本今存五种，通行本为曹魏康僧铠的汉译本二卷。上卷说国王法藏闻佛法而信，发愿往庄严佛国，在佛前立下四十八愿，后经劫累德，修成佛道，号无量寿佛，其国土号安乐，即西方极乐世界。接着，佛陀又对阿难描述了其国土的七重宝树、八功德水等美妙。下卷讲往生净土，有上、中、下三辈的差别，以及修证应离恶向善，以求正果。

《无量寿经》中所述法藏四十八愿，是净土宗往生教义的主要内容，具有广泛影响，其中把大乘佛教普度众生的大悲情怀阐发得淋漓尽致、深入民心。如：

发愿若国土中有地狱、饿鬼、畜生，有堕于恶道者，决不成佛；有争斗、丑恶，不断贪、嗔，不得神通，生命不能无尽无量，凡此种种，我决不成佛。接着从第十九愿又以假设发愿，首先说如果我成佛后，有人发心修净土，其临终必前去接往佛国，系于心，闻我名号，必往佛国，得一切美妙智慧、相貌、辩才、喜乐，得佛正果。四十八愿中提出了简便易行的修行方法，反映了一切善良人的心理渴望。

《观无量寿经》又称《观无量寿佛经》，简称《观经》，今仅存南朝刘宗元嘉年间（424—1452）西域僧人畺良耶舍的一种汉译本一卷。本经是说古印度摩揭陀国太子阿阇世弑父囚母，其母韦提希遥向耆崛山，请佛救度。佛陀现身为她说三净业、十六观门等往生净土之法，具体阐发了往生净土的方法，成为净土信仰的理论依据。《观经》将往生西方净土世界的众生分为三品九等，说明了众生如何在他人临终时十念佛号的方法，具有很强的实践性，包含了佛教临终关怀的理念，在佛教信众中有很大影响，推动了净土思想的广泛传播。此《观经》一出，历代注书颇多，在朝鲜、日本也很流行。英译本与《阿弥陀经》一起载《东方圣书》第四十九卷。

《阿弥陀经》又称《小无量寿经》，简称《小经》。现存后秦鸠摩罗什译本一卷和唐玄奘译本《称赞净土佛摄受经》一卷。全经仅两千字，容易记诵，是净土信众每日必读的功课。全经以佛告弟子西方净土世界的殊胜美妙，劝诫众生发愿往生极乐佛国，并讲述了修行方法，指出只要一心称念佛号，死后即可往生净土，极具感召力。因此，《小经》流传最为广泛。

《往生论》又称《净土论》，全称《无量寿经优婆提舍愿生偈》故又简称《愿生偈》，古印度世亲著，北魏菩提流支汉译，全一卷。该论为印度僧人唯一撰述的净土论著，历代都受到净土信仰者的推崇。全书结构独特，以《无量寿经》为依据，由五言四句组成一行偈颂，共二十四行偈颂，然后对每一偈颂分别进行阐发。全书以赞美极乐净土的美妙庄严，宣说礼拜、赞叹、作愿、观察、回向等五念门的修行为主要内容，是开学人正智、起众人正信的净宗要典。

（二）西天净土

西天净土的思想是具有理论和现实意义的，是信仰主义者最后的归宿，也是对现实人生的终极关怀。追求理想、追求完美，这是人类最宝贵的品格。在中国传统文化中，尤其是儒家思想里缺乏对于人生归宿的告慰。而人是需要心灵抚慰的，佛教的净土思想补充了中国文化中的缺失，表现了一切善良的人，一切辛勤劳作了一生、苦难了一生的民众的终极渴求，给了他们一个充满光明和平安喜乐的允诺，让他们在充满着法喜安详的期待中闭上双眼，和这个世界做最后的告别，给自己的一生画上一个祥和的句号。

那么西天净土世界是什么景况呢？佛教给予了具体的描述。这里仅依《阿弥陀经》加以简介。

首先，佛教肯定了西天净土的存在，在那里有一个极乐世界，有阿弥陀佛在宣说佛法。这对人死如灯灭、如灰飞烟灭的人生观和世界观是一种否定。

其次，明确指出：极乐世界，不是现实中的那种充满了苦难和烦恼折磨的生活，而是充满了快乐。这无疑是对现实人生的一种扬弃和批判，是对苦的厌恶和对乐的期望。那么，极乐世界是什么状况呢？佛教为我们展示了一个美妙的世界，充满大胆而丰富的想象，开拓了人类的视野。

那是华美无比的用七重珍宝、七层网络、七排宝树环绕的世界。那里有七种珍宝修砌的水池，甘泉清冽、甜爽润滑，取之不尽，用之不竭；那里的道路、楼阁亭台，都是用奇珍异宝铺就和装饰起来的，水中的各色莲花，光芒四射、流光溢彩、清香扑鼻；极乐世界时时都响奏着天籁般的妙音，散落着花雨，人们在清晨拿着美丽的鲜花来供佛；人们尽情地享用着佳肴，衣食无忧；净土世界百鸟齐鸣，妙音鸟、共命鸟、比翼鸟那婉转的歌喉在吟唱着法音；净土世界的人们有无尽的岁月，得无量光和无量寿。

西方净土世界是佛教的理想世界，也同样反映了世俗社会的愿望。难道我们的一切努力，不是为了创造一个共同富裕、平安喜乐的世界吗？因此，极乐世界的美妙描绘，表现了信仰主义者的理想和追求，闪耀着人类追求美妙未来的思想光辉。

最后讲述了追寻西方净土的方法，告诉信众，只要皈依佛理、念诵佛号，在临终时阿弥陀佛就会接引信众，往生极乐世界。

彼岸的极乐世界是对现实的苦难世界的否定，是对人间不平的一种批判，也是对人临终的关切，是与社会现实问题间接联系的一种世界观。

（三）人间净土的实践

佛教世间法的理论，为中国佛教创立人间净土的思想和实践提供了依据。在长期的发展过程中，佛教不断地与中国的民风民情相适应，由法建世间到当代的人间佛教的理念，把佛教教义的基本精神众善奉行，落实到人们的社会生活中，拉近了信仰者与社会、人间的距离，为佛教的发展带来了动力，为社会的和谐进步提供了思想文化资源。

自太虚大师倡人生佛教到印顺法师人间佛教理念的倡行，得到了中国佛教信众的积极响应，建立人间净土成为当代佛教界的思想共识，开展了许多有益的实践活动。以广东省为例：

2006年，广东省佛教协会举办了以传承禅宗优秀文化，共建和谐美好社会为主题的社会文化活动。从4月份开始，先后举办了大型音乐会、重走唐僧西行路、禅宗学术研讨会等一系列大型历史文化活动。其历时达一年之久，广东省的各地禅寺纷纷响应，举办了各种活动。政、教、学三界代表汇聚一堂，僧俗四众、学者和百姓共同参与，“或开坛说法，或结夏坐禅，或演奏梵乐，或举行传统武术表演，或组织体验农禅生活，或迎请高僧大德作现场开示，或举行传统经典诵读活动[①]，为构建和谐社会“献上一瓣心香，续上一盏心灯”[②]。笔者参加了其中的学术活动，其间，感动受益颇多。人间佛教净化自身，有益社会、有利他人，使佛教契社会文明之机，为社会进步做出了贡献。

①② 明生：《禅和之声》序二，宗教文化出版社，2007年3月版，第4—5页。

第十一章　海涵地负、穷究义理的思辨

佛教在形成和不断完善与发展的过程中，始终体现了丰富的人文理念、严谨致密的逻辑以及高度抽象和理性化的特征。这些都使其教义学说在哲理化的思辨中呈现出新奇瑰丽的意象，在追寻彼岸信仰的睿智之中蕴含着灵动的情思，在冷峭清寂的超脱中浸润着忘我的境界，成为历代学人孜孜以求、乐此不疲和津津乐道的思想文化资源。

一、佛教的认知对象

佛教必须面对现实人生和社会以及不断向其教义发出的一切疑问，因此从一开始就必然在理性的思辨上能够面对诘难。在弘法传教的实践中，同样也会碰到现实生活所产生的一切烦恼和困惑，也要求佛教能够做出令人信服的回答。因此，这就导致了佛教在发展中逐渐形成了庞大的理论体系，穷究义理，阐发智慧，对治人心，极尽玄机，把主观唯心的认识推向极致，激发了人无穷的联想。在面对世间万象的分析、论证时，充溢着辩证的思想光辉。具体来说，佛教面对世俗和必须回答的基本认知问题，可以归纳为以下三个方面：

（一）人生

佛门对人生的态度，常常能通过超脱生死的解说，对治人的贪欲之心，使人能够达到生死相安的人生境界，表现出对人深切的终极关怀，给饱受苦难的人们以心灵的抚慰。在《法句譬喻经》卷一中有："人有四事不可恃怙。一者少壮会当归老。二者强健会当归死。三者六亲聚欢娱乐会当别离。四者财宝积聚要当分散。"且"如河驶流，往而不返，人命如是，逝者不还"。认为人的一生有四件事是绝对不可改变的：一是少壮必然会老的自然法则；二是从强健最终走向衰弱、死亡，无一例外；三是亲朋聚会终有别离之时，所谓"天下没有不散的筵席"；四是钱财宝物积聚再多终有用尽、散完之时。此四件事悟得，则可形成一种旷逸通达的人生态度，从而少为人生俗事所累。而且人生短暂，如逝水常东，一去不返。时不我待，要惜时如金。佛家对有限人生、无限宇宙的认识，颇具辩证色彩。所谓"命如果待熟，常恐会零落。已生皆有死，孰能致不死"（《法句经·生死品》卷三十七），认为人对于死的恐惧，犹如担忧一颗待熟的果实不知何时坠落一样。活着就必然免不了苦难和挫折，要珍惜有限的人生，又有谁能长生不老呢？这个道理想通了，就不会为这些避免不了的事情而自寻烦恼了。

佛教对人生的观察并没有停在自然理性的达观态度上，而是更加关注对于人心的塑造以及对现实与自然的超越。在理念上表现出对一切世俗现实生活的扬弃和批判。在表述义理时，撷取事物类的相通、相似性进行譬喻论证，用此岸世界的事理论证彼岸世界的佛家信仰。表现在逻辑上，有大量的空概念，即有特定内涵，却无法确定外延的事物，如佛、菩萨、鬼、神等等，此外还创建了大量的佛教专用术语，如三法印。在思维方式上，不仅有经验理性，更多的是高度抽象的理性论证；对人生苦难的观察、论述是以细致、准确的唯物观为出发点的，展示人生的各种苦难现象，冷静、客观、具体，极具说服力；在认识论上以主观唯心为特征，早期佛教已经展示出经院哲学的特征。论证抽象、间接、非具体性的事物，是其内容上的主要特征，如人生无常、一切无我、归于涅槃。

（二）事理

印度佛教要在中国落地生根，必须适应中国社会的文化传统，回答一切社会现实问题的诘难。诸如出家人不孝顺父母，出家了年老的父母将何以堪？出家人不婚配，如此发展人类岂不绝后？出家人不劳而获、不作而食的“行乞”，是否会助长社会不劳而获的恶习？凡此种种疑问，都要给予合理、正面、令人信服的解释和辩答。

首先，出家人不是不孝敬父母，而是要以大悲心视天下一切父母为父母，以度众生脱苦海为己任，因此是大孝，而非一己之孝。而且出家并非是对父母不闻不问、视为路人，佛陀就是对自己父母生前敬重，进行心灵抚慰，临终给予关

法鼓山的
佛法教育是
為了落實淨化人間
的全面教育
它不僅是重視
有形的建設 同時也
淨化無形的人心
人人都可以參與也
需要人人都來參與推動
教育及普及教育
讓我們共同做好一個

怀，逝后送终，接引净土世界的典范。

其次，修佛并非只有出家一途，佛有四众弟子，在家修行的男女信众代不乏人。出家剃度，并非人人可行，六根未净、根机不到、机缘不合者，佛门并不接纳。佛门有一整套严格的清规戒律，能“持守”者只有少数人。进去了，也不妨缘尽者自便而出。

另外，出家并非坐地而食，中国佛教素有一日不作，一日不食农禅并重，生活是禅、平常心是道的理论和实践。寺院的经济来源和支出是一个十分复杂的问题，包括方方面面。教外之人，难究其详。

佛门对于事理的认识，也通达知变，深寓理趣，与其教义紧密联系。《无量义经》有“水虽俱洗，而井非池，池非江河，溪渠非海”。意即水虽然都可以用来洗东西，但井水不同于池塘，池塘也并非江河，奔流的河渠和小溪也绝非大海，水的能量与功能有很大的差别。如井里可浮木却不可载舟。数量的改变可以引起质的变化，大海可没巨轮，水塘只能泛起阵阵涟漪。《华严经》卷九有“一中解无量，无量中解一。展转生非实，智者无所畏”，认为事物并不是孤立的，有共性，一中有万；有特性，万中有一。同时也在不断演化，所谓智者千虑，必有一失，何况万乎？此义与华严一念三千、万法唯心之佛理相通。佛门义理不仅透析一切事物相互联系，而且处于变化之中，还注意到对同一事物人的认识的差异性，以及了知因缘、认识事物产生和变化的原因和结果之间的联系。在《观普贤菩萨行法经》中有“若有眼根恶，业障眼不净”，即如果心术不正，那么在大家眼里美好的事物，在他眼里却充满了邪恶。不同的人对事物有不同的认识与感受。如瑞雪给农家带来欢乐，但给旅人平添了烦恼一样。在《华严经》卷三十六中有“譬如猛威火，梵烧一切物。无草木聚落，火则自然灭”，意指好比火烧要有可燃物一样，事物的发展、变化，往往要具备必要的条件。遇事要查其因果，辨其缘由。不能只看现象而忽视本质，也不能只看内因，还要兼顾外缘，不仅要善于分辨推究所缘缘，还要注意到事物发展变化的增上缘和加持力。

（三）法理

佛教认为一切无常，都无永恒，皆“虚伪无实如水沫，如幻野马水中月。有为如梦如浮云，一切放逸有忧净”（《华严经》卷七）。意即一切形态皆如水中泡沫，很快消散，如尘土在水中无法飞扬，世间个人的欲望名利如浮云一般，追逐私利的人只会不断给自己带来烦恼。只有认识万法皆幻，一切无我的佛理，“如人夜执灯，去处皆明了。生死黑暗中，慧明能度彼”（《大萨遮尼乾子所说经》卷二）。意谓好比人在暗夜里手拿着明灯，就可以看清道路一样，掌握了佛陀的智慧就可以用心灵之火光驱除阴霾，为信众指出一条到达幸福彼岸的人生之路。这些教义都极具抽象的理性，为了使这些精深的法理深入人心，佛门广泛地运用了比喻和象征，把一切形态间联系、差别、对立以及矛盾等多元的事物都贯穿融合，呈现出和谐、统一、圆融无碍的思辨体系，开拓了人们的视域和境界。

任何学说的创立，都必须有完整的思想体系并以此来阐发义理，要在确定概念的内涵、外延上进行理论建构，佛教也不例外。佛家在形成的整套名词概念的基础上，构成了庞大的理论体系；在高度抽象的思辨中，形成了自己独特的教义，并且进行了极为精密而深刻的论证。在早期佛教时期，就初步形成了主观唯心的辩证法思想，是对人类思维的贡献。佛教的基本理论如无常、无我、涅槃、三法印、四谛、八正道、十二因缘，都具有严密的逻辑关系，层层相因。佛教发展了古代印度哲学的因明学，为世界三大逻辑体系（即古希腊的形式逻辑、中国的名辨学、印度的因明学）之一的因明学中的逻辑理论和方法，做出了巨大的贡献，也为我们留下了一份厚重的理论成果。

二、早期佛教的辩证法思想

佛教的基本教义中所包含的丰富的辩证法思想，是向古代印度神圣的不可动摇的婆罗门神权发出的挑战，其最有代表性的理论是无常学说。

（一）无常论

早期佛教在它的无常、无我和缘起的学说中，都充分体现了深刻的辩证法思想。对此我们做一些概括性的介绍。

无常是指一切现象都是暂时的、流动不息、瞬息万变的，一切现实存在的事物都是要消灭的，无一永存。诸行无常就是世界上的一切现象都在生、住、异、灭的不断变化的长流中，这就从根本上排除了永恒存在的最高实体，从而也就从根本上否定了古代印度所谓永恒的婆罗门教的神学。佛陀认为法为无常，即一切现象都在变化，并最终消灭，这就是世界不可抗拒的规律。法，是贯穿于物质世界和精神世界的规律，一切物质世界的现象和人的精神、意识都是法的表现。万象是瞬息变化的，既有差别，又有联系；既是对立的，又是统一的。人的认识的根本目的就在于通过对自己精神的反观内照来认识法，从而得到真正的精神解脱。这种反观内照不是简单地以主观精神、意识代替客观世界的存在，也绝不是认为客观世界只存在于主观的精神、意识之中，而是要求如实观察世界的无常而后进行的反观内照，以认识法性，获得如实智见的智慧，获得真正的解脱。这种丰富的辩证法思想是宗教唯心主义的辩证法。因为佛陀的无常论中缺乏发展这个概念，所谓生、住、异、灭的住，只不过意味着存在；异，只意味着变化，并不是发展。佛教无常论的核心是灭，也就是说一切事物都要灭亡，于是得出了一切皆苦、一切皆空的结论。

（二）无我论

从无常论出发，又产生了早期佛教的无我论。佛陀在《摩诃因缘经》中就驳斥了有我论，认为人们有我的谬见，才产生了我所的念头。佛教根本否定我，自然也就否定我所

自心脫落
乙亥仲冬作於倚石居

了。认为一切事物皆处于变化、消亡的过程，故我及我所的见解都是错误的，而且是形成一切苦恼的原因。因此，佛陀认为以智慧观方可窥察一切皆流的道理，摆脱一切苦恼，获得解脱。

我，梵文原意为呼吸，在佛教教义中引申为生命、自己、身体，相当于自我，物体自性；又指支配人和事物的内部主宰者，通常分为人我和法我。无我论是佛陀学说中最难理解的基本教义。因为在理论上既然否认了婆罗门教的灵魂存在说，又主张轮回和解脱，而轮回需要有一个主体，那么这个主体又是什么？

这一系列问题，早期佛教并没有给出确切的结论，佛陀也不正面回答这类问题，而是将关注点落在修行的实践活动上。这一点，在《箭喻经》中佛陀回避鬘童比丘的提问中，可以得到证明。佛陀逝世后，对这一问题的争论聚讼纷纭、莫衷一是。因为如果坚持无我论的同时，又不放弃轮回学说，就形成了逻辑上的矛盾关系，成为必须做出回答又无法回答的难题。佛陀以后的部派佛教时期，无我论发生了变化。首先由部派佛教中的犊子部提出了“补特伽罗”，即一种朦胧的、混沌的状态，由这种状态成为轮回业报的主体，这个主体就“假施设名”。随后上座部的“有分识”说、大众部的“根本识”、化地部的“穷生死蕴”、正量部的“果报识”、有部的“随同得”以及唯识哲学中的“阿赖耶识”“种子学说”，这些提法实际上都不过是补特伽罗的异名罢了。这一问题，在犊子部的学说中得到了信仰上的合理解释。《大毗婆沙论》卷九称：“我有二种：一者法我，二者补特伽罗我。”后者即“人我”。到大乘佛教则认为我即主宰，含义有二：一是自在力，即如国之主；二是割断力，意为独立，可支配一切。我在大乘经典中常具有实在、真实、独立以及永恒等不同含义。大乘义理主张无我，认为我是一种妄有形态，因为一切无常，一切人、我、事物从本质上看都是非真实、独立、永恒的，故为无我，把一切“有我”的认识，都视为是迷惑、妄有和颠倒。小乘佛教通常讲人无我，大乘佛教则认为人法皆空。所谓人法二空，是指人无我和法无我。人无我，因为人的一切都是因缘和合，都是各种条件的组合体，无永存的实体与真实的我；法无我，指一切事物、一切现象形态，也是因缘而成，随时生灭，无刻不在变化，并无实有自体，这就是万法皆空的理论。

1. 无我论的思想渊源

佛教无我学说中的因缘和合、四大理论是在印度各派哲学基础上产生并发展起来的，并非佛教的独创，其中顺世派的学说被列为各派哲学的首位，这一点可以从摩陀婆的《一切见集》中得到证明。顺世派哲学认为，世界上的一切形态都由异质的原子所组成，这些原子是包含在空、时、方中的地、水、火、风的微粒。原子彼此相异，而且是永恒的，它们既不能被创造，也不能被消灭。但由于原子所组成的客体是暂时的、变化无常的，他们把呼吸、生命等生理现象都当作我存在的证据，并认为我是心理现象的主体，其特征是能产生认识，我与各种心理现象间的关系称为和合因缘，从这种聚合关系中就能产生认识。他们从生命来自物质这一基本命题出发，认为世界由地、水、火、风四种元素组成，这四种元素的物质粒子组成了一切生命形态。因此世界上一切事物皆自然而生、自然而灭。这就是无因论或无因无缘论。佛教把上述理论加以改造，变成了人之身由四大和合，因因缘聚合而成，但四大皆空，因为是结合体，分离后皆无，并无一个真实和本质的我的存在。人的组合的元素无时无刻不在发生着变化，从未停止。岁月催人老，如飞瀑而下的流水，所谓的我在任何情况下，都在变化，所以认为有实我，是妄有之见。所谓我的身体，只是一具血肉之躯，是色、受、想、行、识这五蕴的假有合成的形态，是物质形态如地水火风和精神世界如认识、意念以及心理活动暂时的聚合。所谓我之身心，是由无始以来的因缘相续，一念与一息，一生与一灭，永无终止，如涓涓水流，后浪追逐前浪，似芳林新叶，叶叶催陈促新，似星球旋转，周而复始。身心究其根本，既非一亦非常，从而不仅否认了我的真实性，进一步也彻底否定了一切物质与精神现象的真实性，称之为法无我亦即色即是空，这是大乘佛教所提出的入法无我境界。

无我一词在巴利文原典中是既可作为名词使用，也可作为述语使用的形容词。自古以来就有无我和非我，后者的含义是并非真实的我。这两种意义，在我国的汉译和藏译中仍以无我为主。在《无我相经》中，集中论述了佛陀的无我论。经中告诫世人，人们如果能认识无我，就能远离五蕴绝灭贪欲，才能最终获得解脱。一切痛苦皆来源于有我的妄见，从而必须除此谬误的见解。在佛教看来，色、相、行、识皆借因缘而生，如何能有我呢？并没有所谓‘人’，而只有诸行之集合。正如‘车’不过是各种部件集中而成的一种名称，人由五蕴而成亦同此理。

2. 无我论的文化意义与大乘思想特征

大乘佛教的无我论是彻底的，不仅指自己，还包括一切人、一切事物。在大乘经中，阐发为“无我相、人相、众生相、寿者相”，构成了一个整体，并且进一步由我及他，由他及众，由众到一切事物，以至于一切发愿要证悟佛理的人，都要彻底断灭我，除一切有。即使是我要悟，要为众生，都是有我的妄念，从而揭示出那种期望通过修行来摆脱生与死的困扰、摆脱一切烦恼到达静寂境界的心念，也同样都是由欲望、我支配的世俗的认识，是只治标不治本，只注重现象或目的，未能把握修行的本质以及佛陀教义的不能“解脱”的妄识心念。把凡是有“我”与求人生利益的修行，都归于“名不解脱”的结果之中。

不能用简单的方法和态度审视无我论的学说。无我论是建立在对世上一切事物，至少是当时人类所能够观察到的社会时空之内的万事万物，如实观察分析基础上的。其中所包含的四大合成、业力学说、因缘和合学说，如果从纯科学即高度的抽象来考察也是有根据的；倘若再以假说、设想来对待这些学说，其价值也是不容忽视的。无论是从唯物主义以及无神论的立场出发，还是从唯心论以及宗教信仰主义者的观点来看，对大乘佛教思想的研究都还是有待深入的。如果从文化角度去审视，其底蕴就更加深厚，内容也更为丰富多彩。

大乘思想的一个特征，就是有一种双重的价值取向，这种价值取向包含着人生论、宇宙论以及对世界的完整的看法。这就是其出世法和世间法，前者把“万法唯心”的思想推向了极致，其经院哲学的缜密与庞大，足以淹没任何一位认真的学者一生的精力；后者把其义理方便到八万四千、法门之中，所谓无意不可到，无事不可为，以至于不着一字、不识一字，只要念一声佛号就可以往生西方净土世界。向人间、向世俗靠拢与接近，救度一切众生于苦难，又成为其世间法的另一重取向。这也反映了佛教史上的一个突出的特点，由少数人的认识发展到大家的信仰；从单一民族发展到众多民族；从一个国家逐步推向世界。据初步统计，佛教作为最古老的宗教，在两千五百多年的岁月里，虽历度沧桑，至今仍有佛教徒约3.34亿人，占世界总人口的6%。因此，能否适应不断发展和变化的社会，是佛教能否继续发展的关键所在。起源于印度的佛教在12世纪左右，在全印几乎荡然无存的情况，正好可以是一个历史的佐证。

（三）涅槃论

从无常、无我、到寂静涅槃，是早期佛教理论发展过程中的几个重要的阶段，并形成了三法印。是否认同无常、无我和涅槃论是区分佛教与其他教派的标准。有认为无常、无我、苦是三法印的，主要见于巴利文佛典；而《大智度论》卷二十二认为诸行无常、诸法无我和寂静涅槃是“三法印”，两者强调的重点有差别，故此。三法印是佛教特有的学说，以辩证法的万物皆流来论证万物皆苦皆灭，进而人生的最高目的在于彻底从生死轮回的无尽法则中解脱出来，达到彻底消灭一切本能、思想的寂灭即涅槃境界。这种唯心主义辩证法的核心是灭，而不是不断的更新和发展。佛陀把缘起论运用到人生的问题上，形成了十二因缘的学说。最后，以涅槃论完成了它的学说体系。涅槃又是早期佛教的最高理想和目的，是永恒的寂静、绝对的妙乐，于是就形成了涅槃论和无我论、无常论之间的对立。因为根据无常学说，一切事物无不在生、住、异、灭的不断变化之中，无一永住，从而排除了永恒存在的实体。从人类的生死出发，分析一切痛苦和烦恼产生的根源，认为无明是最后的根源，由此提出了涅槃学说，它的形成就标志着佛教的确业。

本来，从生死出发来探索人生的究竟，就是从死出发来探索不死的途径。但是死在实际生活中是不可抗拒的，于是就只好去探索精神的不死，而精神的不死也就意味着灵魂的不死。然而早期佛教又是主张无我论的，所以它又不能以精神的不死作为理想。在这种情况下，它提出了较其他任何宗教更为精巧的涅槃学说。涅槃就是首先消灭精神，尔后消灭肉体的境地，这是比任何一种主张灵魂不死的宗教所说的彼岸世界都更为神秘、更为玄妙的境地。涅槃学说在汉传大乘佛学时还有发展，认为不仅人无我且法亦无我，主张人法二空。所谓涅槃也只是言说，若执着，变为妄有，皆破之。这是修证者不可言说、不思议的境界，既无法证明，也不需要证明。可是，无论佛门的义理多么神秘、多么玄妙，彼岸世界毕竟还是彼岸世界。这一点，佛教和其他宗教并无本质上的差别。

三、汉地大乘经的辩证思维

汉传大乘经中充溢着辩证思维的特征，表现在谈空不碍论有、论无不碍修证的辩证关系中，体现在世间法和出世间法圆融不二的修行实践上。仅略举两例以说明。

（一）《圆觉经》谈空、论无

在《圆觉经》圆觉菩萨章中，揭示的是佛教性空、幻有、本自清静的教义，却无碍以不可言说的心性空观，来假以言说，讨论修行止、观、禅这三种禅修的实践活动。佛陀指出："倘若有人普遍修行止、观、禅定，勤奋修行，精进不已，这就称作佛陀出现于人世间。如果以后未来世界根机迟钝的人们，心中想要求得到证悟，这是不能成就的，这由于前世所作恶业障碍的缘故。应当勤勉忏悔一切过失，常在心中升起希望，先要断除憎恶、渴爱、嫉妒、谄谀、歪曲，追求殊胜的上进之心。在止、观、禅三种修行方法中，随便修学一种。如果修习这种方法而不得要领，就再修习另一种，专心致志不舍弃放松，逐渐求证。"

大乘空观，认为一切观想、认识，都皆出幻有。本质无实，既重视一切现象形态，但又不能认为是“真实”的，都不能“取”，要随有随无，随取随舍；既看到“有”，又要认识本质的“无”，更不能落入“有”与“无”的执着，不能着眼于二元对立的偏执。大乘佛教的辩证思维方式很值得人们借鉴，有利于心智的开启。

“修行”不能简单地理解为使妄“不生”，或者归于“无”，而应认识为“寂静”。寂静不等于“枯禅”，不是一段死木、一个呆人，而是平实地看一切形态，洞察万有。从认识论上考察，修行是一种智者或称为主体的思维方式；从实践论上分析，是信仰主义者的一种独特的实践和体验。

（二）《楞严经》了别真心

在《楞严经》卷四，佛陀说：“我是以美妙澄明既不灭也不生的心性来认识世界的，而本自包含的明净心，总是美妙觉悟明净的，圆满地普照着世界。在清净心中，一心能容万物，万物化为一心；一滴水虽小，可以反映太阳的光辉，太阳虽大也可以显现在滴水之中。一颗清心在净地，遍及世间十方界。”

那么，本自真心清净，何以产生妄有心念，将自身本真之心遮蔽，沉溺于人生苦海呢？佛陀讲述了一个狂人演若达多的故事，来启发信众。

从前，在这个城里有一位叫演若达多的人。有一天清晨，他照镜子，十分欣赏地看着自己眉清目秀的脸，既而怨恨：为什么自己之头，却不能看见自己之脸？因执意而生妄，认为自己变成了鬼怪，没有目的地狂奔起来。

那么，是什么原因，使这个人发狂似的奔跑呢?

在故事中，佛陀以狂人自己的头譬真心本性，镜中之头譬妄见形相。以乐观眉清目秀，来比喻认妄为真，坚执不舍。不见自己面目，指真心本性无一切诸相。指出：不随妄念来区分本非实有的一切事物；不由前业之因造作今日之果；不随众生的识心而生妄。证悟了这三种因缘，则妄念了断，妄有之心不生。真心本在，识心因妄而生，了断妄有，就是觉悟。佛陀又启发弟子：好比有人，身带如意宝珠，自己却不知道，穷困潦倒、到处乞讨，虽穷困，但宝珠并未遗失。这时遇到了智慧之人，讲出宝珠的妙用之处，遂心想事成，富甲一方。这时才明白，神奇之宝就在自身，不是从外边得到的。佛陀将真心本在，识心因缘而生，产生了妄有心念，只要了断妄心，则本自清静。此处将大乘义理与经验理性相结合，把抽象论证与现实生活现象相联系，其了别真心与识心的方法，知妄归真的论辩，令人深思，开人心智。

四、因明与唯识学

因明学和唯识学是佛教思辨体系中重要的组成部分。因明是从辩论规则逐步发展并成为佛教逻辑的；唯识学属于大乘瑜伽学派（又称法相唯识宗）的理论。这两门学问在佛教义理中，都是高度抽象的哲学思辨，在我国佛教史上以玄奘大师为代表，他不仅是汉地因明学的杰出人物，也是法相唯识宗的创立者。

（一）因明学简述

因明，因指根据，明指学问；因明学就是研究推理形成的学说。因明学起源于古代印度哲学，形成于诸多学派中的正理派（正理，梵文原意为推理）。该派在公元1世纪左右创立，婆罗门教六派学说之一，正理派可以理解为专门探究推理的学派，它的经典是《正理经》，据传作者为足目。《正理经》实际是正理派学者代有传承的集体成果，假托一人而已，大约完成于公元3世纪。全书共分五章，580颂，内容如次：

第一章论述了因明的基本范畴，十六句义；

第二章说明量和疑；

第三、四两章说明所量；

第五章论倒难和堕负，分别是指论辩中反对以及关于失败条件的规定。倒难也可以理解为驳论，堕负即承认失败或不解。

正理派形成后，它的逻辑学就受到了各派哲学的重视，并在不同程度上有所发展。大乘佛教兴起后，全面继承了正理派的推论学说。在佛教典籍里，最早记载因明推理文献的是大约公元1世纪著述的《大乘庄严经论》。作者是大乘佛教著名论师马鸣，他是大乘佛教的主要代表人物，长于论辩，使听法者“莫不开悟”，相传连白马听到他讲经也“垂泪听法，无念食想”，悲鸣不已，因此后世尊称他为马鸣菩萨，而忘却或不称其本名。

以后，经大乘佛教高僧龙树（2—3世纪），弥勒（3—4世纪）、无著（4世纪）、世亲（4世纪末）等的大力弘传，使因明学从论辩术发展成系统的佛教逻辑学。特别是在弥勒著述的《瑜伽师地论》这部百卷经典中，详述了七因明，成为印度古代辩论术的集大成之作。由历代哲学的论法之术，正式称为因明之学的，始于弥勒。这一时期，被佛教称为“古因明”时期。

在公元5世纪至6世纪初，陈那对因明学进行了创造性的改造，他被誉为新因明学的创始人。著有《因明正理门论》《集量论》等数十部论述，被哲学史家称为中世纪正理学之父。陈那的弟子商羯罗撰《因明入正理论》，成为新因明学的代表著述；陈那的另一弟子护法，精研因明，运用自如，主持北印佛学首府那烂陀寺。护法的弟子法称（约7世纪）有七部因明论著，合称因明七论，其中的《正理一滴论》流传甚广，其梵本有英、俄、法、日、德等多种译文。苏联学者舍尔巴茨基在《佛教逻辑》一书中，对法称有专论。护法的高足戒贤法师继任那烂陀寺住持，戒贤与胜军都是护法去世后新因明学的代表。中国佛教因明学的代表人物玄奘在公元632年到北印的那烂陀寺，成为戒贤和胜军两位高僧的传人。

玄奘在公元645年（贞观十九年）返回长安，先后译出了陈那的《因明正理门论》和商羯罗的《因明入正理论》，广为演说。玄奘弟子文轨、窥基等都有因明学论疏传世。近代以来，太虚法师著《因明学概论》，吕澂先生有《因明纲要》，虞愚有《因明入正理论讲义》。

因明学经过中国佛教的改造，成为专门的佛教逻辑学。在论证中确立的是三支做法，即“宗、因、喻”宗指论题、结论，因指论据、理由，喻指例证、论证。这是一种由结论再推及原因和例证的逻辑推理方法，如：

立论即宗：有情众生皆可成佛；

依据即因：一切众生皆有佛性；

例证即喻：如佛祖释迦牟尼。

三支论法与形式逻辑中的三段论法有相同之处，如：

大前提：释迦牟尼是佛；

小前提：一切众生皆有佛性；

结论：有情众生皆可成佛。

我们从上述的例子中，可以看出因明三支做法中的宗和喻都有归纳的内涵，而因则表现为演绎推理的形式。佛教逻辑中，运用归纳和演绎两种推理形式，以自觉觉他、教化众生为目的，始终都是以佛陀与弟子之间的讨论来展开教义的。这是一种把信仰、哲学、逻辑、语言学紧密结合的高度智慧，因此在客观上，也给我们对它的认识和把握增加了一定的难度。但是无论是从佛教史、哲学史、思想文化史的角度看，还是从理解现实生活中的佛教，弘扬传统文化的优秀成分，启发心智、训练思维能力等各方面看，从事佛教逻辑的整理和发掘、学习乃至研究都是一项有深远意义和价值的工作。

佛教逻辑学的最大特点，在于它是一种论辩的艺术，在立论中，有破敌的功效，对于思维能力和表达能力的提高颇有实际效果。玄奘大师在印度的辩论大会上，就是以因明三支的真唯识量而享誉中印诸国。当然，今天看来，其理论同样具有局限性，因为人类的认识水平总是在不断提高的，正如我们今天的认识水平，在后人眼中，也是会具有局限性的。

（二）唯识学简介

万法唯识是大乘瑜伽学派的理论核心。玄奘是印度大乘瑜伽学派的传承者，也是中国法相唯识学的奠基人。由于唯识学认为一切事物的现象形态，即法相皆妄，由心识产生分别，所以后人将大乘瑜伽行派在中国的传承称为法相宗或唯识宗，也合称为法相唯识宗。又因为这一宗派在玄奘长期担任上座长老的皇家寺院大慈恩寺形成，故又称慈恩宗。

玄奘回国后，先后译出了大乘佛教瑜伽师在修行过程中，以心灵感受的十七种境界为核心内容的《瑜伽师地论》以及印度唯识学研究的主要成果《成唯识论》。这两部译著，是唯识学研究的理论基础。玄奘大师弟子甚众，其中以窥基法师成就最大，他才学过人，力扬唯识之学，著述甚丰且有“百部疏主”之称。由于唯识理论百卷《瑜伽师地论》等篇幅宏大，理深义玄，名词概念众多，故传播不易，唐以后唯识宗渐衰。

近现代以来，唯识宗风的研判渐成风气，形成了专研此派学说的专门学问——唯识学。特别是杨仁山（1837—

1911）创办金陵刻经处和支那内学院，一代硕学谭嗣同、章太炎、太虚大师、欧阳竟无，乃至康有为、梁启超等人皆出其门下，深受佛学思想熏陶。

当代黄心川教授创立玄奘研究中心，召开了三届国际学术会议，极大地推动了唯识学和因明学的研究工作，受到了国内外教学两界的关注。成都弘学居士今辑有《唯识论文集》，篇帙浩大。

五、中国佛教宗派华严宗、天台宗的思辨特征

中国佛教在隋唐以后，由于对教义和所持经典的不同理解，形成了八大宗派，分别是律宗、净土、天台、华严、唯识、三论、禅宗、密宗。对上述宗派我们在前面大多有所涉及，这里仅对华严宗和天台宗的思辨特征做一简说。

（一）华严宗的法界缘起理论

华严宗因以《华严经》为根本经典而得名。初祖法顺、二祖智俨、三祖法藏、四祖澄观、五祖宗密，称为华严五祖。该宗的实际创始人法藏，在唐高宗时期常入宫传《华严经》，被武则天授贤首名号，有国师之称，故华严宗亦称贤首宗，又以法界缘起为理论的核心，又称法界宗。

法界缘起说极具理论思辨，认为一切妄有，皆由本自清静心，随缘而生，离妄有之心，更无他物。一切事物无不息息相关，相互包含，互融互具，圆融无碍。以法界缘起理论

为指导，还提出了四法界、六相圆融、十玄缘起等系统的阐述。魏道儒先生著有《中国华严宗通史》，是当代研究华严思想渊源的力作。

唐代由于阗至中原的僧人实叉难陀所译的八十卷三十九品的《华严经》，是现今最为流行的译本。此外还有东晋僧人佛陀跋陀罗所译的六十卷三十四品的《华严经》以及唐贞元的僧人般若所译的四十卷《华严经》。华严宗的祖庭有二：

一是位于西安市城南终南山天子峪的至相寺。该寺始建于北周，在建德三年至六年（574—577）武帝禁佛时期，僧人避于山林时结庐。后来华严宗师智俨、法藏等先后在此弘传华严义理，故被华严学人尊为祖庭。

二是位于西安市长安区少陵原半坡的华严寺。该寺建有华严初祖杜顺、四祖澄观的灵骨塔，故亦被后人尊为祖庭。

（二）天台宗的十界互具、一念三千理论

天台宗以《妙法莲花经》和中观学说的《大智度论》为基本经典，初祖印度龙树、二祖慧文、三祖慧思、四祖智𫖮是实际创始人。智𫖮著有《法华玄义》《摩诃止观》《法华文句》，称天台三部，他常年住在浙江天台山传法，故后人称天台宗。

天台宗认为十界互具即六道众生、三乘道人（声闻、缘觉、独觉）、佛乘，称十界。众生所处世间，皆相互渗透、相互依存，故十界互具构成三千大千世界。认为一切现象

形态，皆依一念，故一念三千，强调止观双运、修心证悟。天台宗将主观与客观的关系，视为辩证的统一体，人与佛之别，只在一心，有一念之差，成三千差异，万有区别，反对二元对立的学说，这些都极具理论价值。前述自然观中无情有性的理论，就是十界互具学说的组成部分。天台学说传承了大乘有宗中观学派的一心三观，是以智观现象形态的空、假、中，称圆融三谛，将事物形态之假（自相）、无常、空（共相）和中（自相与共相统一）联系起来，得出本质如是的空性，有辩证因素。其理论在后世还多有演化，在日本也代有传承。

第十二章　佛教的政事观

佛教在长期发展和演化的历史进程中，与当时当地的社会和政治关系是关乎佛教能否生存和传承发展的现实问题。政教关系也间接反映出时事政治的开明与保守、社会的动荡或安定。政治直接关系到社稷和民生，宗教则影响到社会各阶层的人生和价值取向。佛教和政治如果统一，就形成了政教合一的状况，如南亚诸国以及藏传佛教地区。在汉地，佛教作为外来宗教，未能形成政教合一的局面，在君权神授的天子之国，王权只是借助神权，如果神权与王权的利益发生冲突，就会舍弃旧的神权，并创立一个新的维护王权统治的神权。在汉地社会，从未有过政教合一的政权。宗教只有借助于王权才能生存和发展，佛教如此，其他宗教也是如此。但是，退避于山林的庙宇和居于都市的殿堂，都同样感受着时代脉搏的跳动、社会政治风云的变化，因而相互影响的格局也从未间断过。

一、佛陀的政事思想和实践

佛教在诞生后，就与王权有着千丝万缕的联系，在反对婆罗门神权至上的斗争中，它和刹帝利王权具有共同的价值取向。佛教的创始人佛陀对政治和王权的认知，也是任何其他宗教的创始者所不具备的。作为王子，佛陀从出生到出家，都与生俱来地承担着一种责任。佛陀放弃了王位，去探求解脱人生苦难的真理，并且在这条他选择的人生道路上义无反顾，直至生命的终结。从佛教的基本教义上考察，佛教在本质上是反对专制和压迫的，它是人的心灵的皈依和信仰，而非政治统治的工具。但是，这并不是说佛教与政治的关系是相互排斥的，恰恰相反，佛教教义与政治既有原则区别，又有密切联系。佛陀既是较好地处理了与政治关系的思想家，又是传教弘法的亲践者。他对于政局的把握，对于当时恒河流域王权与婆罗门神权的矛盾，对于国家职能的认识是毫不含糊的。

佛陀在传教中，首先引导北印王舍城的国王频婆娑罗皈依了佛教，从而使王舍城的许多婆罗门也迫于形势而改信佛教。他借用王权来帮助发展佛教，在《城喻经》中认为国家的职能是内稳、外制；在《游行经》中还提出了巩固政权的七个条件，认为佛法与王法在基本利益上并不冲突，国法的牢不可破与佛教四众弟子的念护心意和净修梵行是一种相辅相成的关系。

二、佛教在中国发展中的厄难

佛教在中国传播的过程中，必然要面对中国社会的经济、文化和政治制度的挑战，在这些挑战中，不仅存在思想文化的交锋，还伴随着经济利益的争夺和政教之间的较量。在政教关系中往往伴随着血腥和暴力，这就是佛教界通常所说的法难。东晋道安，这位当时的教界领袖，在总结传法三百年间，特别是其师佛图澄弘法实践时，认为不依国主，则法事难立（《梁高僧传·释道安传》大正藏50册第352页上），这是中国佛弟子对政教关系精辟的概括和总结。当佛教迎合统治者的利益时，就兴盛发展；反之就会受到排斥、打击。

在中国汉地佛教史上，有四次大的灭佛事件，史称“三武一宗”，分别是北魏太武帝、北周武帝、唐武宗、后周世宗。这几次法难，都以寺庙被毁、遣散僧尼、寺产充公，佛教受到巨大重创为标志。处理好佛教与王权的政治以及世俗社会各方面的利益关系，始终都是佛教在中国发展过程中必须面对的问题。

三、唐初政治与佛教

处理好初唐时期错综复杂的政教关系，使佛教从庙堂走入殿堂，从民间走向士林，从印度佛学转变成中国佛学，促使完成这一系列根本性转变的核心人物是享誉中外的玄奘法师。

（一）玄奘的政事观

玄奘法师在贞观初年为“弘扬正法”而“私往天竺”。他在北印那烂陀寺求法期间，与当时声振五竺的戒日王结下了深厚的友谊。在先后举办的曲女城大法会和有五十万人参加不分贵贱的无遮大会上，戒日王在玄奘和诸国二十余王的陪同下赴会，随后戒日王向十方佛陀顶礼。这两次大会表明，这既是统治北印的戒日王与玄奘的一次联袂，也是政教结合的具体表现，标志着从玄奘开始，大乘佛教已经从经院哲学式的寺庙丛林中的辩论和不同教派拘于义理的无休止的论争中摆脱出来，理性地把佛教的发展与世俗社会的实际情况结合起来，从对佛教信众自身的修行证悟向参与社会迈出了一大步。玄奘把佛陀在创教伊始就具有的关注政事的特点进一步发展，形成了独特的政事观。其特征在于：把弘法的理论贯彻到复杂而激烈的各种宗教争取信众的教化实践中去；把在山野林泉之中的禅修内省、经院论诵的佛家内学，融入世俗社会风云变幻、激荡更迭的政事之中，把佛学从梵刹推向了社会。

在五竺纷扰的政治局面中，浓厚的宗教文化背景决定了如果一个政权不能处理好政教之间的关系，要想建立巩固统治权是不可能的。以玄奘为代表的大乘瑜伽行派和戒日王共同把握了历史机遇，使佛教与王权的政事密切合作，不仅稳定了北印的政治格局，而且让已经在印度如夕阳西下的佛学洒下了最后一抹红霞。

（二）玄奘与李唐王朝

在处理好与李唐王朝的政教关系、把握时代发展脉搏的问题上，玄奘继承和发展了佛陀的政事观。这一点不仅在北印的弘法亲践中得到了验证，而且在玄奘返回长安后的社会活动和译经工作中也得到了进一步的证实。

李唐王朝是依靠关陇贵族的军事和政治力量建立起来的。李渊父子在开国之初，就宣称老子李耳为王室之祖，公开表明了独尊道教的宗教政策。对于佛教，则在思革前弊之列。一时，许多佛寺被封，僧尼还俗。面对这种情形，高僧智实以死抗争，法琳亦率众人上表，不惜以身护法。对此，李世民不为所动，斥之为“罪有不恕”。佛教在东土的发展，必须与中国汉地的实际情况相结合，与中国传统的主流思想文化中的儒教、道教相结合，同时也必然会和统治者所力主的文化思想产生直接或间接的冲突。能否使统治者容纳乃至于接受佛教的教义，并使之与社会的稳定、秩序的建立相一致，这是弘法实践中每一位高僧都不能忽视的问题。改变唐代的统治集团对待佛教的立场、维护佛教的生存和开拓发展空间的重担落在了玄奘的肩上。把握历史机遇，处理好与李唐王朝的政教关系，审时度势，这不仅是佛教僧众需要认真对待的问题，也涉及唐王朝能否在思想文化政策上兼容并包，开创思想活跃、社会安定繁荣、人民安居乐业、政权稳固局面的重大政治问题。

唐代贞观盛世局面的开创者李世民，用强权平息了初唐佛道之间的地位纷争，在经济和政治上取得初步成效后，把眼光投向了周边的广大地区——他急于了解外部的世界。历史给这位政治家提供了一个契机，从而为国内政治和思想文化创造了一个宽松的环境，把初唐“防禁特切”的闭关锁国政策变为对外开放，使大唐欣欣向荣，享誉世界。玄奘抓住了千载难逢的历史机遇，为佛教在中国的发展做出了无与伦比的巨大贡献。这一切都取决于他对唐王朝所处的政治局面与社会思想文化背景的深刻认识，以及冷静面对佛教被排斥的现状，审慎处理与李唐王朝关系的超凡脱俗的独特能力。

在历时十六载，声誉五竺后回国途中的玄奘，途经于阗国时，就请高昌信使马玄智带给太宗李世民一封《陈还国表》。这封陈情表虽言简意赅，却是表达玄奘对李唐王朝政治态度的基本资料，至少表述了三层意思：

首先，表明陈情进表者作为一位佛教高僧，为信仰是“无顾身命”的。当年可以冒死求学，今日亦可不惜生命以弘法，这是不会改变的。简单的高压政策不能改变佛教在东土传播的历史事实。因此，期望能够得到太宗的理解。从中发出了一个信息：既然在天竺、西域诸国，外邦王侯对一位汉地高僧都能厚礼有加，为何日益强大、渴望了解外部世界的李唐王朝不能宽容以待呢？

其次，玄奘作为一位大唐僧人，在往返于五竺求学的漫长岁月里，并没有忘记为唐王朝“宣皇风之德泽”，在客观上充当了一位中外交流使者，起到了特殊的作用。他“践流沙”“陟雪岭”，征程“五万”所体现的献身精神，也是唐王朝蓬勃向上精神风貌的体现。玄奘在五竺和西域诸国所取得的声望，也是唐王朝和中华民族的光荣。

另外，玄奘既表明了对李世民本人的敬仰，又表达了归心似箭的心情；既表达了能“早谒轩陛”的愿望，又说明了自己为了返回长安日夜兼程，以至于使能负重善远征的大象也不堪劳累而溺毙于渡水之时。为此只好请信使马玄智随前往长安的商队，先行到长安向太宗进表陈情。应该说，这是一种先入为主、投石问路的策略，其目的就是期望能得到唐太宗的回应，以期收到“投之以桃，报之以李”的效果，达到政教互动的作用。玄奘人虽未至，但善意已到长安宫阙之内。

玄奘的经历对于素怀“开边”之志，“思子晋”“想张骞”的李世民，不啻是“雪中送炭”。李世民在接到《陈还国表》后，立即回复《答玄奘还至于阗国进表诏》，表示“欢喜无量”，请玄奘“可即速来，与朕相见”[①]。由此可见，玄奘是十分善于分析当时政治环境的，他把自己的行为与贞观政治联系起来，并表示竭尽忠诚为唐王朝服务，赢得了李世民的青睐，从而为回国之后的传法开拓了广阔的空间。

玄奘回国后，与李唐王朝有一系列的交往活动，诸如组

---

① 《全唐文》卷七。

织国家译场翻译佛经，与太宗、高宗、武后三代王室诸多的往来，在大量的表、启、书中都不断反映出来。其与王室关系之密切、往来之频繁、相处之长久，并且代有增进，在佛教史上是不多见的。玄奘为佛教的发展，对唐代开始形成的三教合流，并形成中国传统文化的主潮，起到了推波助澜的作用，做出了贡献。

（三）道宣与致拜君亲事件

道宣（596—667）是唐代僧界的代表人物之一，律宗南山宗的创始人。道宣因致力于律法研究，人称南山律师，曾参加玄奘组织的译场，进行文字润色工作。他和玄奘分别任京城皇家寺院西明寺和慈恩寺的首任上座。道宣一生著述甚丰，尤以《四分律》注疏数部和《续高僧传》三十卷最著名，影响巨大，延续至今。他弟子众多，有千余之众。

道宣一生历唐高祖、太宗、高宗，参与了许多弘法活动，在政教关系上，以龙朔二年（662）组织的抵制高宗敕令的“沙门等致拜君亲”①最终取得胜利影响最大。让出家人拜君亲，是王权对宗教采取的一次制约性的措施，是突显君权神圣，在世间具有无上尊崇地位的表现。佛教高僧在世俗强权下，是屈服还是捍卫教义中“僧不拜俗”理念的不可动摇性，关系到佛教戒律的持守，是影响到佛教生存和发展的根本性问题。

---

①参见王亚荣《长安佛教史论》，宗教文化出版社，2005年8月版，第230—260页。

历史经验告诉我们，现实与理想是这个世界不可分割的统一体，既是矛盾的，又是相互联系、相互渗透、相互影响的，僧俗两界也是如此。我们看到信仰主义超越现实和经验理性的同时，也不应忽视现实是信仰生存和产生的土壤；我们在面对现实社会的客观和理性判断的时候，也不能忘记心灵的复杂性和对超现实的渴求。二元对立的立场，舍此非彼、执于一端的认识都是不可取的。政治不能代替宗教及其影响和作用，反之同样如此。

四、佛教政事观与当代社会

两千多年以来，我国基本沿袭了高度中央集权的社会政治体制，国家在一个时期的宗教政策往往决定着宗教的兴衰，佛教也不例外。改革开放以来，我国的宗教政策从极左的政治路线的束缚中解脱出来，正在积极地革弊立新，探索一条有利于社会进步、落实宗教信仰政策以及政教和谐发展进步的道路。佛教也迎来了前所未有的发展机遇。国家最近一个时期又提出建立和谐社会、和谐世界的政治主张，得到了政、教、学界的积极响应，佛教界也做出许多有利于弘法利生、社会繁荣进步的工作。那么，佛教在当代社会的政治和文化活动中，可以发挥哪些有益的作用呢？这里仅提供一点个人的思路。

衆狂已醒君狂已
牛頭智巖禪師語

（一）促进整个社会的稳定和谐

和谐社会概念一经提出，就得到全社会的广泛支持，这是有着深刻的社会政治背景和现实意义的。21世纪以来，人类面临着许多新的挑战，这种挑战不仅仅是一个国家、一个地区所面临的问题，而且具有广泛性和国际性的特征，诸如能源危机、环境危机、恐怖主义、核扩散、战争与杀戮、文明的冲突、宗教与民族冲突等。人类必须共同努力，才能迎接挑战，化解各种冲突和矛盾。和谐是世界各国、各民族共同发展的基础，符合全人类的共同愿望。

和谐同样是中国社会政治、经济、文化建设的基本保证。在市场经济条件下，在各方面利益的驱动下，个人和社会各个方面的积极性和创造性都得到了前所未有的激发，社会财富迅速积累，人们的生活水平不断提高。科学技术的日新月异，经济繁荣所描绘的闪光画面令人目不暇接，高楼大厦鳞次栉比，霓虹灯影灿若繁星。但是，人们在强调个人生存和发展，追求价值最大化的时候，却往往忽视了无私的奉献精神和心灵对理想的渴求；在重视公平竞争、优胜劣汰经济法则的贯彻时，漠视了人与人之间互相关心、互相帮助、共同进步的社会公正和社会文明的需求；在强调个人责任、权利、利益必须得到社会保障时，却淡化了个人对社会应有回报和付出，对一切都心安理得，缺乏责任意识、感恩心态。因此，在现实生活中，仍然存在十分严重的问题。诸如人与人之间关系的淡漠，乃至人与人之间的各种冲突以及对立现象，社会矛盾在某些领域有紧张化的趋向，贪渎腐化，奢侈浪费，犯罪率呈上升趋势。凡此种种，都不能不引起人们的关注。

佛教政事观中主张社会公平正义、众生平等、扬善止恶、信仰超越现实，这些理念的奉行有利于解决国际争端、化解冲突，有利于社会安定、人心向善和社会秩序的稳定，是人类精神文明中宝贵的思想文化资源，有待于我们进一步深入开掘。

（二）寺院与当地的经济文化建设

寺庙积极参与所在地区的经济和文化建设活动，在当前是一个很普遍的现象，佛教的影响和作用也越来越大。这是由于近二十年来，佛教僧人的状况发生了根本性的变化。各个地方寺庙的当家人，住持、监院几乎都受过完整的高等教育，许多僧尼都经过佛学院正规的学习，沟通能力和参与地方文化建设的意识很强，只要有成功的经验，就迅速传往各地，纷纷效仿。由于长期形成的历史原因，绝大部分佛寺都有悠久的文化渊源和优美而令人流连忘返的人文地理环境。这就使各级地方政府积极整修佛寺、组织佛教文化活动及开发旅游文化产业，以期提升当地知名度、繁荣地方经济。这与佛教弟子振兴丛林梵刹的愿望不谋而合，因此政教学三界都有很高的积极性。但是，在无形之中也使有些寺庙和僧人卷入了世俗的经济活动之中，敛财之风、奢侈浪费之风渐起，有的僧人甚至进入股市炒股，以施贫助学为借口敛财。寺院主要以信仰和文化构成其核心，如果以敛财为中心，那么其性质就会发生变化。在历史上，寺院经济一直都是能敏感影响政教关系的重要因素。如果寺庙与民争利、与地方政府争利，就会导致政教关系紧张，佛律松弛，使出家人失其本色，人在寺庙，心存利欲，佛门也就不再清净了。

三、人间佛教的实践

百年来，汉地人间佛教的理念，经太虚、印顺、星云等高僧的不懈推进，已经深入到中国佛教各宗派利乐有情、庄严国土的弘法实践之中，收到了较好的社会评价，对此这里不再赘述。仅就人间佛教理念在促进两岸教内教外人士往来交流、推动两岸和平统一大业中的积极作用谈一点想法。

台湾当代佛教发展很快，山头林立，寺庙众多，如佛光山、法鼓山、慈济功德会的影响都很大，其中的慈济功德会在全球有四百万会员。两岸佛教徒在传承上有共同的法脉，本自一家，因此进一步把人间佛教的理念体现在两岸经济互补、文化同源、政治互信、和平统一上来，仍有很大的发展空间。试想，在台湾一千万佛教信众中，如果大部分人都能接受和平统一大业的理念，那么祖国统一的日子也就不再遥远了。佛教思想文化可资交流的内容十分丰富，我们有必要在这方面下功夫，把各项有利两岸人民福祉的事，扎扎实实地贯彻落实，尤其不要人为地设置各种意识形态方面的障碍，要有开阔的胸襟和发展的眼光，以及长期开展思想文化工作的措施、方法和目标。对这一问题，应当进行系统性的深入研究工作，我们应当开展却还未付诸行动的工作仍有许多。让我们携起手来，为此而共同努力吧。

主要参考书目

任继愈主编：《佛教大辞典》，江苏古籍出版社，2002年.

方广锠主编：《佛教文化大观》，北京大学出版社，2001年.

黄心川：《印度哲学史》，商务印书馆，1989年.

方立天：《中国佛教哲学要义》，中国人民大学出版社（上下卷），2002年.

[俄]舍尔巴茨基：《佛教逻辑》，宋立道、舒晓炜译，商务印书馆，1997年.

[日]忽滑谷快天：《中国禅学思想史》，朱谦之译，上海古籍出版社，1994.

魏道儒：《中国华严宗通史》，江苏古籍出版社，1998年.

王亚荣：《长安佛教史论》，宗教文化出版社，2005年.

王亚荣主编：《陕西·中国汉传佛教祖庭研究》，陕西人民出版社，2007年.

李弘学主编：《唯识论文集》，川新出内（2006），147号.

说明：以上不包括电子佛典《大正藏》。

图书在版编目（CIP）数据

佛蕴禅思 / 荆三隆，邵之茜著. — 西安：太白文艺出版社，2017.9
（三隆讲经堂 / 荆三隆主编）
ISBN 978-7-5513-0983-7

Ⅰ. ①佛… Ⅱ. ①荆… ②邵… Ⅲ. ①佛教－研究 Ⅳ. ①B948

中国版本图书馆CIP数据核字（2017）第186558号

佛蕴禅思
FOYUN CHANSI

作　　者	荆三隆　邵之茜
责任编辑	陈　昕
特约编辑	谭秀丽
整体设计	灵动视线
出版发行	陕西新华出版传媒集团 太 白 文 艺 出 版 社（西安北大街147号　710003） 太白文艺出版社发行：029-87277748
经　　销	新华书店
印　　刷	北京旭丰源印刷技术有限公司
开　　本	960mm×640mm　1/16
字　　数	250千字
印　　张	25.75
版　　次	2017年9月第1版　2018年7月第2次印刷
书　　号	ISBN 978-7-5513-0983-7
定　　价	88.00元